Der Vertragsschluss mit einem englischen Versicherer via Internet

VERSICHERUNGSRECHTLICHE STUDIEN

HERAUSGEGEBEN VON PROFESSOR DR. GERRIT WINTER

BAND 65

PETER LANG
Frankfurt am Main · Berlin · Bern · Bruxelles · New York · Oxford · Wien

Dr. Nikolas Streuf

DER VERTRAGSSCHLUSS MIT EINEM ENGLISCHEN VERSICHERER VIA INTERNET

PETER LANG
Europäischer Verlag der Wissenschaften

Die Deutsche Bibliothek - CIP-Einheitsaufnahme

Streuf, Nikolas :

Der Vertragsschluss mit einem englischen Versicherer via Internet / Nikolas Streuf. - Frankfurt am Main ; Berlin ; Bern ; Bruxelles ; New York ; Oxford ; Wien : Lang, 2002
(Versicherungsrechtliche Studien ; Bd. 65)
Zugl.: Hamburg, Univ., Diss., 2001
ISBN 3-631-39180-3

Diese Arbeit wurde mit Unterstützung des
Vereins zur Förderung der Versicherungwissenschaft
in Hamburg e.V. veröffentlicht.

D 18
ISSN 0178-4382
ISBN 3-631-39180-3

www.peterlang.de

Meinen Großeltern und Marie

„Indem die Wissenschaft das zufällige zu ihrem Gegenstande macht, wird sie selbst zur Zufälligkeit; drei berichtigende Worte des Gesetzgebers und ganze Bibliotheken werden zu Makulatur."

Julius von Kirchmann, Die Werthlosigkeit der Jurisprudenz als Wissenschaft, Berlin 1848

Vorwort

Die vorliegende Arbeit wurde im Februar 2001 dem Fachbereich Rechtswissenschaft der Universität Hamburg als Dissertation vorgelegt.

In erster Linie gilt mein besonderer Dank meinem Doktorvater, Herrn Professor Dr. Gerrit Winter, der die Untersuchung angeregt und ihr Entstehen stets mit großem Interesse und Engagement gefördert hat. Zu danken habe ich für seine Anregungen auch dem Geschäftsführenden Direktor des Seminars für Versicherungswissenschaft, Herrn Professor Dr. Manfred Werber, sowie dem Direktor des Max-Planck-Instituts für ausländisches und internationales Privatrecht, Herrn Professor Dr. Jürgen Basedow, dafür, dass er im Promotionsverfahren das Zweitgutachten erstellt hat.

Ferner habe ich der Konrad-Adenauer-Stiftung für die Gewährung eines Graduiertenstipendiums Dank auszusprechen, welches mir die zügige Fertigstellung der Arbeit sehr erleichtert hat.

Dankbar bin ich darüber hinaus den folgenden Personen für ihre im einzelnen ganz unterschiedliche Unterstützung bei der Realisierung dieser Arbeit: Volker Donhauser, Jürgen Echternach, Dr. Jörg Freiherr Frank von Fürstenwerth, Dr. Karl-Hermann Lowe, Dr. Tibor Pataki, Dr. Wolfgang Peiner, Annemarie Plöger, Prof. Wolfgang Römer, Margaret Schulze, George Stratford und Grit Streuf.

Hamburg, im November 2001 Nikolas Streuf

Inhaltsverzeichnis

Abkürzungsverzeichnis

A.C.	Appeal Cases (Law Reports) ab 1891
All E.R.	All England Law Reports ab 1936
Q.B.	Queen's Bench (Law Reports) ab 1891
B. & C.	Barnewall & Cresswell 1822 – 1830
B. & S.	Best & Smith 1861 – 1871
C.B.	Common Bench 1845 - 1856
C. & P.	Carrington & Payne 1823 – 1841
H.L.Cas.	House of Lords Cases, Clark 1847 - 1866
L.R.	Law Reports First Series
Lloyd's Rep.	Lloyd's Law Reports ab 1951
Ll.L.R.	Lloyd's List Law Reports 1919 - 1950
L.T.	Law Times Report 1859 – 1947
K.B.	King's Bench (Law Reports) ab 1891
S.L.T.	Scots Law Times ab 1893
T.R.	Term Reports
Cl. & Fin.	Clark & Finnelley's House of Lords Cases (1831 – 1846)
Mood. & R.	Moody & Robinson's English Nisi Prius Reports
Peake, Add. Cas.	Peake, Additional Cases (1795 – 1812)

Soweit Erläuterungen zu Abkürzungen nicht bereits im Text enthalten sind, vergleiche im Übrigen: Kirchner, Abkürzungsverzeichnis der Rechtssprache, 4. erneuerte und erweiterte Auflage, Berlin, New York 1993.

Überblick über Thematik und Struktur der Arbeit

Das Internet ist der breiten Öffentlichkeit im westeuropäischen Raum erst seit wenigen Jahren bekannt. Seit ungefähr Mitte des Jahres 1994 entwickelte es sich in phänomenaler Geschwindigkeit von einem zuvor nur militärisch genutzten, dann auch der wissenschaftlichen Kommunikation dienenden Medium zu einem Massenkommunikationsmittel der freien Wirtschaft und der privaten Haushalte[1]. Die deutsche Versicherungswirtschaft engagierte sich erstmals in der ersten Hälfte des Jahres 1995 im Internet[2].

Heute nimmt der Handel von Waren und Dienstleistungen über das Internet stetig zu und ist für viele Menschen schon zu einem selbstverständlichen Teil ihres Lebens geworden. Im Jahr 2000 sollen schätzungsweise 125 Millionen Rechner am Internet angeschlossen sein und die Zahl der Nutzer die 200- Millionen-Grenze erreicht haben[3]. In der Online-Branche in Deutschland wird dabei ein Umsatz von ca. 900 Millionen US-Dollar erwartet[4]. Manchen Prognosen zufolge soll der Anteil des Internet-Handels weltweit auf 16 % im Jahr 2001 steigen[5] und einen Umfang von 200 Mrd. ECU erreichen[6].

Für die europäische Versicherungswirtschaft rechnen Analysten mit einer Gesamtsumme der über das Internet vertriebenen Produkte im Umfang von 4,1 Mrd. US-Dollar im Jahr 2003[7]. Vor allem im Bereich der Personenversicherung wird ein substanzieller Marktanteilsgewinn der Internet-Versicherer erwartet. So soll der Anteil des Internet-Vertriebs in diesem Segment auf 3 – 5% in Europa steigen[8]. Eine Änderung der Wettbewerbsverhältnisse aufgrund des Online-

---

[1]Bleisteiner, S.15; Becker/Schwarz, S.13; Bölscher/Aschenbrenner/ Schulenburg, ZVersWiss 1999, 207; Schöffski/Samusch, ZVersWiss 1997, 171 ff.

[2] Fritz, VW 1998, 1431.

[3] Bleisteiner, S.17; Schöffski/Samusch, ZVersWiss 1997, 171 ff. (aktuelle Zahlen unter http://www.nw.com/zone/www-report.html).

[4] Bleisteiner, S.17.

[5] Lehmann/Drexl, S.76.

[6] „A European Initiative in Electronic Commerce", Kommission der Europäischen Gemeinschaften, KOM (1997) 157 vom 16.04.1997.

[7] Frankfurter Allgemeine Zeitung v. 15. Februar 1999, „Jede zehnte Versicherung nutzt das Internet als Vertriebskanal", S. 28.

[8] Diese Zahlen prognostiziert die Swiss Re in ihrer Studie „E-Business in der Versicherungswirtschaft: Zwang zur Anpassung – Chance zur Erneuerung", Sigma, Nr.5/2000, S.12.

Vertriebs soll sich dabei insbesondere in der Lebensversicherung ergeben. Die sich häufig auf über 100% der Neuprämien belaufenden Abschlusskosten sollen mittels des vergleichsweise kostengünstigeren elektronischen Vertriebsweges vermindert und somit zugleich Markteintrittsschranken für Neueinsteiger wesentlich gesenkt werden[9].

Außergewöhnliche Entwicklungspotenziale im deutschen Versicherungsmarkt zeigt ein Vergleich der Anteile der Beitragseinnahmen der Versicherungswirtschaft in den EU-Staaten. Während in Deutschland lediglich 2,7% (gemessen am BIP) der Beitragseinnahmen auf den Bereich der Lebensversicherung fallen und damit deutlich unterhalb des EU-Durchschnitts von 4,4% liegen, werden in Großbritannien 8,9% erreicht[10]. Auch die Beitragseinnahmen in Frankreich und den Niederlanden liegen mit Zahlen von 5,1% bzw. 5,5% deutlich über dem deutschen Wert[11]. Bemerkenswert ist dies insbesondere vor dem Hintergrund, dass die Anteile im Sektor der Nicht-Lebensversicherungssparten in Deutschland und Großbritannien mit jeweils 3,6% bzw. 3,1% etwa gleich hoch liegen[12].

Ein weiterer Vergleich stützt die Erwartung, dass britische Versicherungsprodukte für deutsche Verbraucher von besonderem Interesse sein können: In Deutschland wurde im Jahre 1999 von den Lebensversicherern eine durchschnittliche Nettoverzinsung der Kapitalanlagen in Höhe von 7,56% erzielt[13]. Die laufende Durchschnittsverzinsung der Kapitalanlagen in der Lebensversicherung ohne Berücksichtigung der Kapitalanlagen der Fondsgebundenen Lebensversicherung betrug lediglich 6,62%[14]. Dagegen sehen bei be-

---

[9] Vgl. die Studie der Swiss Re: „E-Business in der Versicherungswirtschaft: Zwang zur Anpassung – Chance zur Erneuerung", Sigma, Nr.5/2000, S.21.

[10] Vgl. GDV, „Statistisches Taschenbuch der Versicherungswirtschaft 2000", Tabelle 68. In Japan und den USA werden Beitragseinnahmen in Höhe von 9,4% bzw. 4,1% des BIP erzielt.

[11] Vgl. GDV, „Statistisches Taschenbuch der Versicherungswirtschaft 2000", Tabelle 68.

[12] Vgl. GDV, „Statistisches Taschenbuch der Versicherungswirtschaft 2000", Tabelle 68.

[13] Vgl. GDV, „Die deutsche Lebensversicherung in Zahlen – Geschäftsentwicklung 1999", S.28.

[14] Vgl. GDV, „Statistisches Taschenbuch der Versicherungswirtschaft 2000", Tabelle 19.

stimmten Verträgen in Großbritannien vertragliche Garantien eine Verzinsung des angehäuften Versicherungskapitals zwischen 11% und 16% vor[15].

Diese Zahlen machen deutlich, welches beachtliche wirtschaftliche Potenzial im Internet-Vertrieb von Versicherungsprodukten steckt und welche Bedeutung dieser Vertriebsweg zukünftig insbesondere im bilateralen Wirtschaftsverkehr zwischen Großbritannien und Deutschland haben kann[16]. In dieser Untersuchung wird daher die nicht unrealistische Ausgangslage zugrunde gelegt, dass ein englischer Versicherer mit Hilfe des Internet deutschen Verbrauchern[17] für den britischen Markt entwickelte Lebensversicherungsprodukte anbietet und der Vertragsschluss ausschließlich auf elektronischem Wege erfolgt[18]. Da bislang jedoch nicht umfassend wissenschaftlich analysiert wurde, inwieweit die bestehenden rechtlichen Grundlagen den neuen technischen Herausforderungen gewachsen sind bzw. welcher Novellierungsbedarf für den deutschen Gesetzgeber gegebenenfalls besteht, soll diese Lücke mit dieser Untersuchung geschlossen werden.

Im ersten Teil der Untersuchung wird zunächst geprüft, welchen Schranken grenzüberschreitende, elektronisch abgeschlossene Versicherungsverträge internationalprivatrechtlich unterliegen. Besonderes Augenmerk wird auf die Grenzen der Zulässigkeit von Vereinbarungen über den Gerichtsstand und das Vertragsstatut gelegt werden. In diesem Zusammenhang wird das Institut der Korrespondenzversicherung unter versicherungsvertragsrechtlichen Ge-

---

[15] Vgl. Neue Züricher Zeitung vom 16. Januar 1999, S.13.

[16] Die größte Lebensversicherungsgruppe Europas, Standard Life, hat sich bereits zu Investitionen im deutschen Markt entschlossen, da dieser der bei weitem größte und reichste Europas sei: „Obviously Germany was a place we had to be – it is by far the biggest and richest market in Europe", so der Vorstandsvorsitzende von Standard Life, Scott Bell, in der Financial Times vom 07. Januar 2000, S.22.

[17] Gemäß Art. 2 Nr. 2 der Richtlinie 97/7/EG vom 20.5.1997 über den Verbraucherschutz bei Vertragsabschlüssen im Fernabsatz (Fernabsatz-Richtlinie) soll auch hier im Folgenden unter dem Begriff „Verbraucher" jede natürliche Person verstanden werden, die beim Abschluss eines Vertrages zu Zwecken handelt, die nicht ihrer gewerblichen oder selbständigen beruflichen Tätigkeit zugerechnet werden können.

[18] In den USA wird der Online-Abschluss von Lebensversicherungsverträgen bereits als selbstverständlich betrachtet, vgl. Rudolf, VM 03/2000, 34.

sichtspunkten als Maßstab für Rechtswahlfreiheiten untersucht. Alsdann werden die spezifischen Beschränkungen des elektronischen Versicherungsgeschäftsverkehrs durch Richtlinien bzw. Richtlinienentwürfe des europäischen Gemeinschaftsgesetzgebers beleuchtet. In einem Exkurs wird anschließend erörtert, welche Anpassungserfordernisse der Internet-Vertrieb von Versicherungen für das deutsche Versicherungsaufsichts-, Versicherungsvertrags- und sonstige Verbraucherschutzrecht mit sich bringt. Ein Schwerpunkt wird diesbezüglich auf die entsprechenden Formvorschriften zu legen sein.

Im Rahmen der Untersuchung zu den verbraucherschutzrechtlichen Bestimmungen des europäischen sekundären Gemeinschaftsrechts ist das kontrovers diskutierte Allgemeininteresse als Richtschnur für die Anwendbarkeit nationaler Vorschriften unter aufsichts-, kollisions- und vertragsrechtlichen Gesichtspunkten zu konkretisieren. Hierbei gilt es im Besonderen, das Spannungsverhältnis zwischen dem Streben nach dem angemessenen Schutz des Versicherungsnehmers einerseits und der Förderung der neuen Kommunikationsmedien als Mittel zur Verwirklichung des Binnenmarktes andererseits zu einem vertretbaren Ausgleich zu bringen. Weiterer Gegenstand des zweiten Teils der Arbeit ist die Bestimmung des Verbraucherschutzes im englischen Lebensversicherungsvertragsrecht.

Der dritte Teil der Untersuchung widmet sich der Frage nach der aufsichtsrechtlichen Zuständigkeit für den elektronischen Versicherungsgeschäftsverkehr im Verhältnis zwischen Deutschland und Großbritannien. Mittelpunkt der Erörterungen bildet hierbei die Bestimmung der im Rahmen des VAG durch das Institut der Korrespondenzversicherung ermöglichten aufsichtsrechtlichen Freiheiten. Ferner ist der Rahmen des britischen Versicherungsaufsichtsrechts für die Kontrolle von mit Hilfe des Internet geschlossenen grenzüberschreitenden Versicherungsverträgen aufzuzeigen.

1. Teil: Schranken des elektronischen Versicherungsvertriebs

Kapitel I. Schranken der Rechtswahl für Versicherungsgeschäfte im internationalen Dienstleistungsverkehr

Wird ein Lebensversicherungsvertrag in internationalem Rahmen geschlossen, haben die Vertragspartner also - wie in der dieser Abhandlung zugrundeliegenden Konstellation - ihren Aufenthaltsort bzw. Sitz auf der einen Seite in Deutschland und auf der anderen in Großbritannien, ist die Anwendung deutschen Rechts ebenso wenig wie die Anwendung britischen Rechts von vornherein selbstverständlich. Die diesbezüglich entstehenden kollisionsrechtlichen Fragen nach dem den Verträgen zugrundeliegenden Rechtsstatut sind im internationalen Privatrecht (IPR) geregelt. Das deutsche IPR gelangt jedoch nur dann zur Anwendung, wenn auch deutsche Gerichte international zuständig sind[19].

1. Internationales Zivilprozessrecht für Versicherungssachen

Kommt es zu Rechtsstreitigkeiten zwischen an einem Versicherungsvertrag beteiligten Parteien, stellt sich die Frage, welches Gericht international für die prozessuale Durchsetzung von Ansprüchen zuständig ist. Diese gerichtliche Zuständigkeit für Klagen zwischen den Vertragsparteien ist im Europäischen Gerichtsstands- und Vollstreckungsübereinkommen (EuGVÜ)[20] normiert. In den Artt. 7 – 12a EuGVÜ sieht das Übereinkommen ein abschließend geregeltes Zuständigkeitssystem für Versicherungssachen vor[21].

---

[19] Geimer, Rn.58; Schack, Rn.23.

[20] Sowohl das Vereinigte Königreich als auch die Bundesrepublik Deutschland haben sich dem EuGVÜ unterworfen, vgl. Thomas/Putzo, Vorbemerkung zum EuGVÜ Rn.1. Zum 1. Januar 2002 wird das EuGVÜ allerdings durch die EG-Verordnung 44/2001 ersetzt, ohne dass dies jedoch Auswirkungen inhaltlicher Art für die dieser Arbeit zugrunde liegenden Konstellationen hätte.

[21] Geimer/Schütze, Art.7 Rn.1; Kropholler, vor Art.7 Rn.1; Rauscher, S.66; Thomas/Putzo, Vorbemerkung zu Art. 7 – 12 Rn.1; Valloni, S.83.

a) Begriff der „Versicherungssache“

Der Begriff der „Versicherungssache“ ist nicht legal definiert, jedoch vertragsautonom auszulegen[22]. Hierunter fallen alle Streitigkeiten, die sich auf den Abschluss, die Durchführung, Auslegung, Beendigung sowie das Bestehen eines privaten[23] Versicherungsvertrages beziehen[24]. Dazu zählen mithin auch private Lebensversicherungsvertragsverhältnisse.

b) Verfahrensbeteiligte

Zu den Verfahrensbeteiligten zählen gemäß den Artt. 8, 9, 10 Absatz 2, 11 Absatz 1 und 12 Nr.2 EuGVÜ der Versicherer, der Versicherungsnehmer, der Versicherte, der Begünstigte sowie der Verletzte. Hierbei handelt es sich nicht um eine enumerative Aufzählung möglicher Verfahrensbeteiligter, so dass Verfahrensbeteiligter jede Person sein kann, für die der Versicherungsvertrag Rechte und/oder Pflichten begründet[25].

Unerheblich für die Frage nach der Anwendung der Artt. 7 ff. EuGVÜ ist die Rechtsform, unter welcher der Versicherer sein Geschäft betreibt[26]. Entscheidendes Anknüpfungsmoment ist vielmehr die privatrechtliche Natur des Versicherungsvertragsverhältnisses[27]. Für ausländische Versicherungsgesellschaften ist darüber hinaus zu fordern, dass sie durch ihr Heimatrecht als rechtsfähig beurteilt werden[28].

---

[22] Bülow/Böckstiegel/Auer, Art.7 Rn.12; Geimer/Schütze, Art.7 Rn.12; Kropholler, vor Art.7 Rn.5; Rauscher, S.66; Schack, Rn.283; Schlosser, Art.7 Rn.6; Thomas/Putzo, Art.7 Rn.1; Valloni, S.84.
[23] Kropholler, vor Art.7 Rn.6; Schlosser, Art.7 Rn.6; Thomas/Putzo, Art.7 Rn.1.
[24] Geimer/Schütze, Art.7 Rn.13; Rauscher, S.66 f.; Schlosser, Art.7 Rn.6; Valloni, S.84.
[25] Geimer/Schütze, Art.7 Rn.14; Kropholler, vor Art.7 Rn.7; Schlosser, Art.7 Rn.9; Valloni, S.85 f.
[26] Bülow/Böckstiegel/Auer, Art.7 Rn.22; Geimer/Schütze, Art.7 Rn.15; Kropholler, vor Art.7 Rn.7; Valloni, S.86.
[27] Geimer/Schütze, Art.7 Rn.15.
[28] Bülow/Böckstiegel/Auer, Art.7 Rn.22; Kropholler, vor Art.7 Rn.7.

Auch für die Rechtsnachfolger der genannten natürlichen und juristischen Personen gelten die Vorschriften der Artt. 7 – 12a EuGVÜ[29].

c) Zuständigkeit für Klagen gegen den Versicherer

Die Zuständigkeit der Gerichte für Klagen gegen Versicherer ergeben sich aus den Artt. 8 – 10 EuGVÜ, wobei vor dem Hintergrund des dieser Arbeit zugrunde liegenden Untersuchungsgegenstandes eine Betrachtung der Artt. 9 und 10 EuGVÜ unterbleiben kann, da sich diese lediglich mit der Regelung besonderer Gerichtsstände für Haftpflichtversicherungen bzw. Versicherungen unbeweglicher Sachen sowie der in Deutschland unzulässigen Interventionsklage[30] befassen.

aa) Anknüpfungspunkte gemäß Art. 8 EuGVÜ

Gemäß Art. 8 Absatz 1 EuGVÜ kann ein Versicherer, der seinen „Wohnsitz" im Hoheitsgebiet eines Vertragsstaates des EuGVÜ hat, an drei Gerichtsorten verklagt werden. Zum einen ist die Klageerhebung vor dem Gericht des Staates, in dem der Versicherer seinen „Wohnsitz" hat (Art. 8 Absatz 1 Nr.1 EuGVÜ), zulässig. Mangels Regelung im Übereinkommen selbst ist die weitere örtliche Zuständigkeit dem innerstaatlichen Recht des Gerichtsstaates zu entnehmen[31].

Möglich ist ferner die Konzentration mehrerer Verfahren gegen alle Mitversicherer vor dem Gericht des Vertragsstaates, in dem der federführende Versicherer verklagt wird, vgl. Art. 8 Absatz 1 Nr.3 EuGVÜ. Zwingend ist eine Verfahrenskonzentration für den Versicherungsnehmer jedoch nicht[32].

---

[29] Geimer/Schütze, Art.7 Rn.16; Kropholler, vor Art.7 Rn.7; Differenzierend Schlosser, der einen Schutz von Einzelrechtsnachfolgern bestreitet, vgl. Art.7 Rn.9 sowie Bülow/Böckstiegel/Auer, die in der Klage eines Einzelrechtsnachfolgers aus abgetretenem Recht eine allgemeine Vertragstreitigkeit sehen, vgl. Art.7 Rn.25.

[30] Zur Unzulässigkeit der Interventionsklage vgl. Rauscher, S.68, der auf einen von deutscher Seite erklärten Vorbehalt gegen dieses Instrument hinweist; Ebenso Thomas/Putzo, Art.10 Rn.1.

[31] Geimer/Schütze, Art.8 Rn.5.

[32] Geimer/Schütze, Art.8 Rn.10; Thomas/Putzo, Art.8 Rn.3.

Darüber hinaus kann der Versicherer gemäß Art. 8 Absatz 1 Nr.2 EuGVÜ in dem Vertragsstaat vor dem Gericht des Bezirks, in dem der Versicherungsnehmer seinen Wohnsitz hat, verklagt werden. Maßgeblicher Zeitpunkt für die Beurteilung des Wohnsitzes des Versicherungsnehmers ist insoweit nicht der Zeitpunkt des Vertragsschlusses, sondern der Zeitpunkt der Klageerhebung[33]. Dies birgt zwar insbesondere bei Lebensversicherungsgeschäften für den Versicherer Risiken, da der Versicherungsnehmer häufig auch versicherte Person ist und der Gerichtsstand daher mit jeder Wohnsitzänderung des Versicherungsnehmers wechseln kann. Insofern hätte eine Regelung, die auf den Wohnsitz des Versicherungsnehmers zum Zeitpunkt des Vertragsschlusses abstellt, für den Versicherer ein besser zu kalkulierendes Risiko dargestellt. Da der Versicherer gegenüber dem Verbraucher jedoch regelmäßig sowohl in wirtschaftlicher als auch juristischer Hinsicht der Potentere der Vertragspartner sein wird, scheint die Regelung zu Gunsten des Versicherungsnehmers hier durchaus nicht unangemessen[34].

Zu beachten ist allerdings, dass für die möglichen Beteiligten – wie beispielsweise den Begünstigten im Lebensversicherungsvertrag – nicht deren eigener Wohnsitz, sondern ausschließlich der Wohnsitz des Versicherungsnehmers entscheidender Anknüpfungspunkt im Sinne der Regelung des Art. 8 Absatz 1 Nr.2 EuGVÜ ist[35].

Haben hingegen mehrere Versicherungsnehmer einen Lebensversicherungsvertrag gemeinsam geschlossen (Bsp.: Partnerpolice), so kann jeder Versicherungsnehmer an seinem Wohnsitz die Klage erheben. Sofern die beteiligten Versicherungsnehmer unterschiedliche Wohnorte haben, besteht insoweit für mögliche Drittberechtigte ein Wahlrecht bezüglich des Gerichtsstands zwischen den jeweiligen Wohnorten der Versicherungsnehmer[36].

---

[33] Geimer/Schütze, Art.8 Rn.8; Rauscher, S.67; Schlosser, Art.8 Rn.1; Thomas/Putzo, Art.8 Rn.2.

[34] Wie hier: Kropholler, Art.8 Rn.1; Rauscher, S.67; A.A. wohl Geimer/Schütze, die durch diese Regelung die Zuständigkeitsinteressen des Versicherers übergangen sehen, vgl. Art.8 Rn.8.

[35] BGHZ 74, 248 (252); Bülow/Böckstiegel/Auer, Art.8 Rn.7; Geimer/Schütze, Art.8 Rn.6; Kropholler, Art.8 Rn.2; Schlosser, Art.8 Rn.1.

[36] Vgl. Bülow/Böckstiegel/Auer, Art.8 Rn.9.

bb) Anknüpfung gemäß Art. 7 i.V.m. Art. 5 EuGVÜ

Art. 7 i.V.m. Art. 5 Nr.5 EuGVÜ eröffnet dem Versicherungsnehmer die Gerichtspflichtigkeit des Versicherers auch am Sitz seiner Zweigniederlassung, Agentur oder sonstigen Niederlassung. Voraussetzung ist dabei jedoch, dass es sich bei den Streitigkeiten um solche aus dem Betrieb der Niederlassung bzw. der Agentur handelt. Unter diesen Betriebsbegriff fallen unter anderem der Abschluss des Vertrags, dessen Durchführung und Pflege sowie die mögliche Schadensabwicklung. Soweit allerdings keinerlei Anknüpfungspunkte der genannten Art zu einer bestimmten Niederlassung bestehen, lässt der eindeutige Wortlaut der Vorschrift des Art. 5 Nr.5 EuGVÜ eine Ausdehnung auf mittels Internet grenzüberschreitend geschlossene Versicherungsverträge jedoch nicht zu.

d) Zuständigkeit für Klagen des Versicherers

Der Gerichtsstand für Klagen des Versicherers ergibt sich aus Art. 11 EuGVÜ. Der Versicherer kann den Versicherungsnehmer, Versicherten oder Begünstigten nur vor den Gerichten des Vertragsstaates an dessen Wohnsitz verklagen. Der Schutz der schwächeren Partei umfasst mithin nicht nur den Versicherungsnehmer, sondern auch weitere Dritte[37].

Maßgeblicher Zeitpunkt für die Bestimmung des Gerichtsstands ist hier ebenfalls der Zeitpunkt der Klageerhebung durch den Versicherer. Haben mehrere Personen den Versicherungsvertrag geschlossen, muss der Versicherer jede in ihrem jeweiligen Wohnsitzstaat verklagen[38].

Auch hier regelt das Übereinkommen nur die internationale Zuständigkeit[39], sodass die weitere örtliche Zuständigkeit der Gerichte dem jeweiligen innerstaatlichen Recht zu entnehmen ist.

---

[37] Kropholler, Art.11 Rn.1; Richter, VersR 1978, 801 (802).
[38] Geimer/Schütze, Art.11 Rn.2.
[39] Geimer/Schütze, Art.11 Rn.3; Thomas/Putzo, Art.11 Rn.1.

e) Zulässigkeit von Gerichtsstandsvereinbarungen

Die Artt. 12 und 12a EuGVÜ sind gegenüber der Vorschrift des Art. 17 EuGVÜ lex specialis für Versicherungssachen. Parteiautonome Gerichtsstandsvereinbarungen sind nur in den dort genannten Grenzen zulässig. Art. 12 EuGVÜ entgegenstehende Vereinbarungen sind gemäß Art. 17 Absatz 3 EuGVÜ im übrigen unwirksam.

Problematisch könnte sich für den Vertrieb von Versicherungsprodukten auf elektronischem Weg der auf Formvorschriften von Gerichtsstandsvereinbarungen Anwendung findende Art. 17 Absatz 1 Satz 2 EuGVÜ erweisen[40]. Da die Vereinbarungen schriftlich oder mündlich mit schriftlicher Bestätigung getroffen werden müssen, stellt sich auch hier die Frage, ob die elektronische Form diesen Anforderungen genügen kann. Insoweit kann an dieser Stelle allerdings auf die ausführlichen Erörterungen zu den Schriftformerfordernissen hinsichtlich der Einbeziehung von AVB im nächsten Abschnitt verwiesen werden[41].

Versicherungsverträge werden regelmäßig unter Zugrundelegung umfangreicher Bedingungs- und Klauselwerke vereinbart. Um den Schutz des üblicherweise schwächeren Vertragspartners, des Versicherungsnehmers, auch hinsichtlich der Wahl des Gerichtsstands zu gewährleisten, bestimmt Art. 12 Nr.1 EuGVÜ, dass von den Artt. 7 ff. EuGVÜ abweichende Vereinbarungen grundsätzlich nur nach Entstehung der Streitigkeit möglich sind. Auf diese Weise soll verhindert werden, dass der Versicherer den Versicherungsnehmer bei Abschluss des Vertrages mittels formularmäßiger Klauseln zur Vereinbarung nachteiliger Gerichtsstände zwingen kann[42]. Erforderlich ist daher, dass die Vertragsverhandlungen bereits beendet und der Versicherungsvertrag geschlossen ist[43].

Vereinbarungen, die die Gerichtspflichtigkeit zugunsten der geschützten Personen i.S.d. Artt. 7 ff. EuGVÜ gegen den Versicherer

---

40 Eine Anwendung bejahend auch Thomas/Putzo, Art.12 Rn.1.

41 Siehe S.101 ff. in Abschnitt 2.b)bb) in Kapitel III des ersten Teils dieser Arbeit.

42 Geimer/Schütze, Art.12 Rn.1; Kropholler, Art.12 Rn.1.

43 Geimer/Schütze, Art.12 Rn.4.

erweitern, sind unabhängig von der zeitlichen Beschränkung des Art. 12 Nr.1 EuGVÜ zulässig (Art. 12 Nr.2 EuGVÜ)[44].

Trotz der grundsätzlichen „inter partes"–Wirkung von Vereinbarungen zwischen den Vertragsparteien, sind auch Begünstigte und Versicherte aufgrund ihrer Nähe zum Versicherungsnehmer an dessen Gerichtsstandsvereinbarung gebunden[45].

Unabhängig vom Rahmen des Art. 12 EuGVÜ kann eine Zuständigkeit allerdings dadurch begründet werden, dass sich der Beklagte rügelos auf ein Verfahren vor dem vom Versicherer gewählten Gerichtsstand einlässt[46].

Für den hier interessierenden Untersuchungsgegenstand des grenzüberschreitenden Vertriebs von Lebensversicherungsprodukten via Internet können die Vorschriften der Artt. 12 Nr. 3 – 5 und 12a EuGVÜ unberücksichtigt bleiben, da diese andere Fälle einer Lösung zuführen wollen.

f) Ergebnis

Bei auf elektronischem Weg geschlossenen grenzüberschreitenden Versicherungsverträgen sind Klagen gegen den Versicherer zum einen vor dem Gericht des Staates, in dem der Versicherer seinen „Wohnsitz" hat (Art. 8 Absatz 1 Nr.1 EuGVÜ), zulässig, ferner ist eine Konzentration mehrerer Verfahren gegen alle Mitversicherer vor dem Gericht des Vertragsstaates, in dem der federführende Versicherer verklagt wird, vgl. Art. 8 Absatz 1 Nr.3 EuGVÜ, möglich. Darüber hinaus kann der Versicherer gemäß Art. 8 Absatz 1 Nr.2 EuGVÜ in dem Vertragsstaat vor dem Gericht des Bezirks, in dem der Versicherungsnehmer seinen Wohnsitz hat, verklagt werden.

Zu beachten ist allerdings, dass für die möglichen Beteiligten – wie beispielsweise Begünstigte – nicht deren eigener Wohnsitz, sondern ausschließlich der Wohnsitz des Versicherungsnehmers entscheidender Anknüpfungspunkt im Sinne der Regelung des Art. 8 Absatz

---

[44] Geimer/Schütze, Art.12 Rn.6.
[45] Bülow/Böckstiegel/Auer, Art.12 Rn.9, 22 mit Hinweis auf die Rechtsprechung des EuGH zu Art.12 Nr.2 EuGVÜ; EuGH, RIW 1984, 62 ff.
[46] Bülow/Böckstiegel/Auer, Art.12 Rn.11.

1 Nr.2 EuGVÜ ist. Haben mehrere Versicherungsnehmer einen Lebensversicherungsvertrag gemeinsam geschlossen (Bsp.: Partnerpolice), so kann jeder Versicherungsnehmer an seinem Wohnsitz die Klage erheben. Sofern die beteiligten Versicherungsnehmer unterschiedliche Wohnorte haben, besteht insoweit für mögliche Drittberechtigte ein Wahlrecht bezüglich des Gerichtsstands zwischen den jeweiligen Wohnorten der Versicherungsnehmer.

Die Artt. 12 und 12a EuGVÜ sind gegenüber der Vorschrift des Art. 17 EuGVÜ lex specialis für Versicherungssachen. Parteiautonome Gerichtsstandsvereinbarungen sind nur in den dort genannten Grenzen zulässig. Unabhängig vom Rahmen des Art. 12 EuGVÜ kann eine Zuständigkeit allerdings dadurch begründet werden, dass sich der Beklagte rügelos auf ein Verfahren vor dem vom Versicherer gewählten Gerichtsstand einlässt.

Der Rahmen zulässiger Gerichtsstände für Klagen des Versicherers ist demgegenüber vergleichsweise enger, wie sich aus Art. 11 EuGVÜ ergibt. Versicherungsnehmer, Versicherte oder Begünstigte können vom Versicherer nur vor den Gerichten des Vertragsstaates an deren Wohnsitzen verklagt werden.

Für versicherungsrechtliche Streitigkeiten zwischen deutschen Versicherungsnehmern bzw. entsprechend beteiligten Dritten und ausländischen Versicherern sind somit regelmäßig deutsche Gerichte international zuständig.

2. Internationalprivatrechtliche Schranken

Aufgrund der soeben festgestellten internationalen Zuständigkeit deutscher Gerichte für mittels Internet abgeschlossene Lebensversicherungsverträge zwischen deutschen Versicherungsnehmern und britischen Versicherern ergibt sich die Anwendbarkeit des deutschen IPR.

Beim grenzüberschreitenden Versicherungsvertrieb treffen aus deutscher Sicht zwei internationalprivatrechtliche Kollisionsrechtssysteme aufeinander. Auf der einen Seite stehen die Vorschriften des EGBGB sowie auf der anderen die des EGVVG. Die beiden Systeme sind voneinander abzugrenzen und die Schranken der Rechtswahl zu bestimmen[47].

Das EGBGB regelt seine Anwendbarkeit gegenüber dem EGVVG negativ. Art. 37 Nr. 4 Satz 1 EGBGB schließt die direkte Anwendung der Normen des EGBGB für Versicherungsverträge, die in dem Geltungsbereich des Vertrages zur Gründung der Europäischen Wirtschaftsgemeinschaft belegene Risiken decken – mit der Ausnahme von Rückversicherungsverträgen -, aus. Für diese Fälle bilden statt dessen die Art. 7 ff. EGVVG, das sogenannte Europäische Internationale Versicherungsvertragsrecht, eine Sonderregelung[48].

Den Art. 27 ff. EGBGB verbleibt im wesentlichen die Regelung der Rechtswahlschranken der grenzüberschreitenden Versicherungsverträge, die Schutz für ein außerhalb der EU bzw. des EWR belegenen Risikos bieten. Art. 27 EGBGB gewährt für solche Verträge grundsätzlich Rechtswahlfreiheit. Eine Begrenzung der Parteiautonomie ist allerdings in Art. 29 Absatz 1 EGBGB für sogenannte Verbraucherverträge vorgesehen. Hierunter fallen freilich auch Versicherungsverträge[49], deren Vertrieb über das Internet erfolgt, soweit sie die beschriebene Voraussetzung der Risikobelegenheit erfüllen. Gemäß Art. 29 Absatz 2 EGBGB unterliegen diese Verträge - soweit ein anderes Schuldstatut nicht bestimmt wurde – dann dem Recht des Staates, in dem der Verbraucher seinen gewöhnlichen Aufenthalt hat.

3. Schranken der Rechtswahl durch die Vorschriften des Europäischen Internationalen Versicherungsvertragsrechts

Beim Abschluss von Versicherungsverträgen stehen sich regelmäßig zwei unterschiedlich starke Parteien gegenüber. Die Verbraucher als die schwächeren der beiden Parteien bedürfen daher des Schutzes vor einer Rechtswahldominanz der Versicherer. Mit diesem Schutzzweck kollidiert das gemeinschaftsgesetzgeberische Ziel, den freien Dienstleistungsverkehr im Binnenmarkt zu verwirkli-

---

[47] Eine kaum verhüllte kritische Haltung zu den Sonderregeln für Versicherungsverträge offenbart Junker mit seiner einleitenden Bemerkung: „Das IPR der Versicherungsverträge haben die Organe der Europäischen Union mitgestaltet; es ist an ‚Kompliziertheit kaum zu überbieten'", Rn.421.

[48] MüKo/Martiny, IPR, Art.37 Rn.60.

[49] Prölss/Martin, VVG, Art.7 EGVVG Rn.17.

chen, also der Möglichkeit, auch für den Verbraucher fremde Vertragsstatuten zu vereinbaren. Einen Ausgleich dieser widerstreitenden Interessen sollen die Regelungen der Artt. 7 ff. EGVVG schaffen.

Mit den Art. 7 bis 15 EGVVG hat der deutsche Gesetzgeber in Umsetzung der Zweiten Richtlinien „Schaden"[50] und „Leben"[51] ein gesetzgebungstechnisch semi-optimales, da neben die Regeln des EGBGB tretendes spezielles Kollisionsrecht für den internationalen Versicherungsgeschäftsverkehr innerhalb des EWR bzw. der EU geschaffen.

a) Art. 7 EGVVG

Art. 7 EGVVG bestimmt den Regelungsbereich des Europäischen Internationalen Versicherungsvertragsrechts im Gegensatz zu Art. 37 Nr.4 EGBGB in positiver Weise. Räumlich ist die Anwendbarkeit auf innerhalb der Europäischen Gemeinschaft und des Europäischen Wirtschaftsraums belegene Risiken begrenzt. Sachlich umfasst die Regelung grundsätzlich alle Direktversicherungsverträge, zu denen nach dem Dritten Durchführungsgesetz vom 21.7.1994[52] nunmehr auch die Lebensversicherungen zählen[53].

aa) Belegenheit des Risikos

In Art. 7 Abs. 2 EGVVG wird der Begriff der Belegenheit des Risikos bestimmt. Belegenheit meint dabei die örtliche Anbindung des Risikos[54]. Auf diese Weise bewirkt der Begriff eine Verknüpfung mit ei-

---

[50] Zweite Richtlinie des Rates vom 22.6.1988 (88/357/EWG) zur Koordinierung der Rechts- und Verwaltungsvorschriften für die Direktversicherung (mit Ausnahme der Lebensversicherung) und zur Erleichterung der tatsächlichen Ausübung des freien Dienstleistungsverkehrs sowie zur Änderung der Richtlinie 73/239/EWG, im folgenden kurz 2. RLSV.

[51] Zweite Richtlinie zur Koordinierung der Rechts- und Verwaltungsvorschriften für die Direktversicherung (Lebensversicherung) und zur Erleichterung der tatsächlichen Ausübung des freien Dienstleistungsverkehrs, im folgenden kurz 2. RLLV.

[52] Drittes Gesetz zur Durchführung versicherungsrechtlicher Richtlinien des Rates der Europäischen Gemeinschaften vom 21.7.1994, BGBl. I S.1630.

[53] Kramer, S.165.

[54] MüKo/Martiny, Art. 37 Rn.67.

ner bestimmten Rechtsordnung und ist somit nicht nur Richtschnur für den räumlichen Anwendungsbereich, sondern auch für das anzuwendende Recht selbst[55]. Dieser Begriff entstammt der 2. RLSV, während bei Lebensversicherungen vom „Mitgliedstaat der Verpflichtung" gesprochen wird[56].

Das Gesetz differenziert in Art. 7 Abs. 2 Nr. 1 – 4 EGVVG hinsichtlich der Belegenheit zwischen unbeweglichen Sachen (Abs. 2 Nr. 1), Fahrzeugen (Abs. 2 Nr. 2), Reise- und Ferienrisiken (Abs. 2 Nr. 3) sowie allen anderen Fällen (Abs. 2 Nr. 4). In den Fällen gemäß Art. 7 Abs. 2 Nr. 4 EGVVG ist der gewöhnliche Aufenthaltsort des Versicherungsnehmers (Nr. 4 a) bzw., wenn es sich nicht um eine natürliche Person handelt, der Ort des Unternehmens, der Betriebsstätte oder der entsprechenden Einrichtung, auf die sich der Vertrag bezieht, entscheidender Anknüpfungspunkt für die Belegenheit des Risikos. Bei Art. 7 Abs. 2 Nr. 4 EGVVG handelt es sich mithin um einen Auffangtatbestand, zu dem insbesondere die hier interessierenden Fälle der Lebensversicherung gehören[57].

bb) Gewöhnlicher Aufenthaltsort

Die Masse der Versicherungsnehmer von über das Internet vertriebenen Lebensversicherungsprodukten werden natürliche Personen sein. Daher gilt es, auf diese Gruppe besonderes Augenmerk zu legen. Für diese Personen legt Art. 7 Abs. 2 Nr. 4 a EGVVG fest, dass maßgeblicher Anknüpfungspunkt für die Risikobelegenheit der gewöhnliche Aufenthaltsort des Versicherungsnehmers ist. Eine Legaldefinition findet sich im Gesetz dafür nicht. Es handelt sich daher um einen unbestimmten Rechtsbegriff, der einer konkretisierenden Auslegung bedarf. Nach unbestrittener Auffassung ist der tatsächliche Lebensmittelpunkt des Versicherungsnehmers Ort des gewöhnlichen Aufenthalts[58]. Nach der Rechtsprechung soll entscheidendes Kriterium dafür die Eingewöhnung, die durch den Umfang der so-

---

[55] Basedow/Drasch NJW 1991, 785 (787); Fricke VersR 1994, 773 (774); MüKo/Martiny, Art. 37 Rn.67; Soergel/von Hoffmann, Art. 37 Rn.77.
[56] Vgl. Art.2 lit. e der 2. RLLV.
[57] Basedow/Drasch NJW 1991, 785 (787); Fricke VersR 1994, 773 (774); Kramer, S.162 f.; MüKo/Martiny, Art. 37 Rn.75 m.w.N.; Soergel/von Hoffmann, Art. 37 Rn.81.
[58] Firsching/von Hoffmann IPR 1995, § 5 Rn.72 ff.

zialen Bindungen am Aufenthaltsort festgestellt wird, sein[59]. Der Aufenthaltsort wird somit zwar regelmäßig, muss aber mit dem Wohnsitz des Versicherungsnehmers nicht identisch sein[60].

b) Grundsatz des Art. 8 EGVVG

Entgegen dem Prinzip der Artt. 27 ff. EGBGB, das vom Grundsatz der Rechtswahlfreiheit ausgeht, ist die objektive Anknüpfung des Versicherungsvertrages an die Risikobelegenheit gemäß Art. 8 EGVVG der gesetzliche Regelfall[61]. Soweit demnach der Versicherungsnehmer zum Zeitpunkt des Vertragsschlusses seinen gewöhnlichen Aufenthalt oder seine Hauptverwaltung in einem EU- oder EWR-Staat hat, in dem das Risiko belegen ist, ist das Recht dieses Staates anzuwenden. Demzufolge ist bei in Deutschland lebenden Versicherungsnehmern von Lebensversicherungen, die zugleich versicherte Person sind, deutsches Recht grundsätzlich Vertragsstatut. Dieser divergierende Ansatz der Vorschriften des EGBGB und EGVVG verdeutlicht den den Verbraucherschutz betonenden Charakter der Regelungen des EGVVG.

Maßgeblicher Zeitpunkt für die Bestimmung des Sachrechts ist der Abschluss des Versicherungsvertrages. Auf diese Weise soll ein späterer Statutenwechsel verhindert werden, da Sinn und Zweck der Norm im Konvergenzfall der Schutz des Versicherungsnehmers vor fremden Rechtsordnungen ist[62].

c) Rechtswahlmöglichkeiten gemäß Art. 9 I – III EGVVG

Art. 9 EGVVG lässt in Abweichung von der Grundregel des Art. 8 EGVVG unter bestimmten Voraussetzungen Rechtswahlmöglichkeiten der Vertragsparteien zu. In Absatz 1 wird zunächst das Auseinanderfallen von Belegenheits- und Aufenthaltsland des versicherten Risikos geregelt. Im zweiten Absatz wird dann eine Rechtswahl bei einer bestimmten beruflichen Tätigkeit des Versicherungsnehmers und einer Teilbelegenheit des Risikos zugelassen. Mit dem

---

[59] Firsching/von Hoffmann IPR 1995, § 5 Rn.75.
[60] Kramer, S.159 f.; MüKo/Martiny, Art. 37 Rn.76.
[61] MüKo/Martiny, Art. 37 Rn.81.
[62] Kramer, S.185; MüKo/Martiny, Art. 37 Rn.80, 85.

dritten Absatz ermöglicht das Gesetz ferner eine Rechtswahl bei Auslandsschäden außerhalb des Belegenheitslandes.

d) Rechtswahl bei der Korrespondenzversicherung gemäß Art. 9 IV EGVVG

Für den grenzüberschreitenden Vertrieb von Versicherungsdienstleistungen innerhalb der EU bzw. des EWR ist die Vorschrift des Art. 9 Absatz 4 EGVVG von besonderer Bedeutung[63]. Die Norm erlaubt eine völlige Rechtswahlfreiheit für Fälle der sogenannten Korrespondenzversicherung. Hier kann der Versicherungsvertrag somit jedem beliebigen, auch drittstaatlichen, Recht unterstellt werden. Mit dieser Form der Versicherung betreibt das Versicherungsunternehmen weder unmittelbar (z.B. durch eine Niederlassung) noch mittelbar (z.B. durch Makler o.ä.) das Versicherungsgeschäft im Geltungsbereich dieses Gesetzes[64]. Kennzeichen dieser Verträge ist vielmehr, dass die Initiative zum Abschluss mit den ausländischen Versicherern unter Ausschluss von Maklern oder Agenten von den Versicherungswilligen selbst ausgeht[65].

aa) Definition der Korrespondenzversicherung

Das ehemals für die Versicherungsaufsicht zuständige Bundesministerium für Wirtschaft (BWM) hat im Jahr 1956 folgende Definition für die Korrespondenzversicherung formuliert:

„Korrespondenzversicherungen sind solche Versicherungsverträge, die ohne Einschaltung eines im Inland geschäftsmäßig handelnden Vermittlers zwischen einem ausländischen Versicherer und einem Versicherungsnehmer, der im Inland seinen gewöhnlichen Aufenthalt hat, abgeschlossen werden."[66]

Das Bundesaufsichtsamt für das Versicherungswesen (BAV) sah später einen Beschränkungsbedarf der Definition dahingehend, dass nicht nur der Abschluss sondern auch die Durchführung des

---

[63] Als „Sonderregelung" bezeichnet Kramer die Vorschrift, S.183.
[64] MüKo/Martiny, Art. 37 Rn.99.
[65] Kramer, S.204 ff.; Soergel/von Hoffmann, Art.37 Rn.102.
[66] Erlass des Bundesministers für Wirtschaft vom 24.10.1956 – VI B 5/VA 9 b – 17265/56 abgedruckt in: Versicherungsvermittlung 1956, 118.

Vertrags ohne Mitwirkung eines im Inland tätigen Vermittlers erfolgen müsse, da der Betrieb nicht in Abschluss und Durchführung aufgeteilt werden könne und insoweit eine Einheit bilde[67].

Umstritten ist, ob Art. 9 Absatz 4 EGVVG einer zusätzlichen Einschränkung dahingehend bedarf, dass bereits die Existenz von Mittelspersonen bzw. Niederlassungen von Versicherern im Mitgliedstaat der Verpflichtung die freie Rechtswahl ausschließt[68]. Einer derartigen Begrenzung ist jedoch entgegenzuhalten, dass zum einen der Sinn und Zweck des Art. 9 Absatz 4 EGVVG als Ausnahmeregelung zu Art. 8 EGVVG in der Eröffnung von Rechtswahlmöglichkeiten besteht. Seitens der Befürworter einer weiten Auslegung des Anwendungsrahmens wird ferner darauf hingewiesen, dass die freie Rechtswahl „ein Spurenelement des Wettbewerbs in der Versicherungswirtschaft" darstelle und sich am ehesten durch eine großzügige Auslegung in seinem bisherigen Umfang erhalten lasse[69]. Für diese Auffassung spricht auch die durch die dritten Richtlinien erfolgte Aufhebung des Kumulverbots. Der Versicherer hat damit die Möglichkeit, seine Produkte auch dann auf dem Dienstleistungswege anzubieten, wenn er zugleich über eine Niederlassung in dem betreffenden Mitgliedstaat verfügt. Das gesetzgeberische Ziel lag insofern offenkundig nicht in einer Begrenzung der wirtschaftlichen Wirkungsmöglichkeiten der Versicherer. Eben darauf liefe aber ein verengtes Verständnis vom Anwendungsfeld der Korrespondenzversicherung hinaus.

bb) Teleologische Rechtfertigung der Rechtswahlfreiheit

Teleologisch wird die Rechtswahlfreiheit damit begründet, dass sich die potentiellen Versicherungsnehmer bewusst an den ausländischen Versicherer wenden, sich also eines fremden Versicherungsmarktes bedienen und daher nicht des besonderen Schutzes der Rechtsordnung des Mitgliedsstaates ihres gewöhnlichen Aufenthalts bedürfen[70].

---

[67] BAV, GB 1966, 53.

[68] Eine Beschränkung bejahen Prölss/Martin, VVG, Art.9 EGVVG Rn.10 und Kramer, S.208 f.

[69] So Basedow/Drasch, NJW 1991, 785 (792).

[70] Basedow/Drasch, NJW 1991, 785 (791); Kozuchowski, Rn.136 – 139; Mewes, S.139; Müller Rn.68; Reithmann/Martiny/Schnyder Rn.1103; Soergel/von Hoffmann, Art. 37 Rn.103; Von Criegern, S.48 f. und 131.

cc) Internet-Vertrieb von Versicherungsdienstleistungen als ein Fall der Korrespondenzversicherung

Inwieweit der Abschluss von Verträgen mittels Internet zwischen einem britischen Lebensversicherer und einem deutschen Verbraucher einen Fall der Korrespondenzversicherung[71] im Sinne des Art. 9 Absatz 4 EGVVG darstellt, bedarf einer genaueren Betrachtung, da diese Kollisionsnorm bereits vor Umsetzung der 2. RLLV unverändert existierte.

Gemäß Art. 4 Absatz 1 Satz 2 der 2. RLLV ist eine Kompetenz zum Erlass einer Vorschrift i.S.d. Art. 9 Absatz 4 EGVVG gegeben[72]. Die Vorschrift entspricht insoweit dem Art. 7 Absatz 1 lit. a Satz 2 lit. d, auf den Art. 9 Absatz 4 EGVVG zurückgeht[73]. Der Regelungsrahmen der 2. RLLV ließ die Schaffung einer Regelung wie der des Art. 9 Absatz 4 EGVVG somit zu, so dass eine Schaffung bzw. Änderung des bestehenden Art. 9 Absatz 4 EGVVG nicht erforderlich war, da sich diese Vorschrift im Rahmen der nationalen Gestaltungskompetenzen hielt. Eine Anwendung des Art. 9 Absatz 4 EGVVG auch auf Lebensversicherungsverträge ist daher zulässig[74]. Hinsichtlich der möglichen Nutzung des Internets als Vertriebsmedium für Versicherungsprodukte sind insoweit im wesentlichen drei verschiedene Varianten zu unterscheiden.

(1) Möglichkeiten des Vertragsschlusses mittels Internet

In der Praxis verbreitet ist die Nutzung des Internets als Medium zur Darstellung der Produktpalette der Versicherer mit der Möglichkeit für potentielle Versicherungsnehmer, weitere Unterlagen bzw. Antragsformulare telefonisch oder per Post vom Versicherer anzufordern. Der Versicherungswillige füllt den erhaltenen Antrag aus und sendet diesen an den ausländischen Versicherer zurück. Der Versicherer erklärt nach Prüfung der Antragsunterlagen anschließend schriftlich auf dem Postweg gegebenenfalls die Annahme.

---

[71] Als „Unterart der Dienstleistungsfreiheit" bezeichnet Müller die Korrespondenz-versicherung, vgl. Rn.524.

[72] Darauf weist auch Kramer hin, S.244.

[73] Vgl. Kramer, S.244.

[74] Ebenso Kramer, S.244 f.

Weitergehend denkbar ist neben der Werbung für die Produkte im Internet zudem die mögliche Antragstellung an den Versicherer per Email. Der Versicherer erklärt seine Annahme später nach der Risikoprüfung dem Versicherungsnehmer gegenüber ebenfalls schriftlich per Post.

Eine dritte - und im Hinblick auf den Vertragsabschluss weitestgehende - Variante ist darin zu sehen, dass der Versicherer nicht nur die Antragstellung mittels Internet ermöglicht, sondern zugleich auch nach entsprechender Prüfung die Annahmeklärung unter vollständigem Verzicht auf eine Übersendung der Vertragsunterlagen in Papierform als Email an den Kunden abgibt.

(2) Anwendung der Definition auf die Vertragsschlussvarianten

Nach der oben genannten Definition der Korrespondenzversicherung ist erforderlich, dass die Versicherungsverträge ohne Einschaltung eines im Inland geschäftsmäßig handelnden Vermittlers zwischen einem ausländischen Versicherer und einem Versicherungsnehmer, der im Inland seinen gewöhnlichen Aufenthalt hat, abgeschlossen werden.

Den beschriebenen Varianten von Vertragsschlüssen unter zu Hilfenahme der elektronischen Kommunikationsmedien wie Internet und Email ist gemein, dass sie der Einschaltung von Mittelspersonen weder für den Abschluss der Verträge noch für deren Durchführung bedürfen.

Sonstige Tätigkeiten des Versicherers im Inland, die nicht auf den konkreten Vertrag gerichtet sind, schließen die Möglichkeit einer Rechtswahl im übrigen nicht aus[75]. Hierzu zählen unter anderem Werbemaßnahmen – auch mittels Internet –, die vom Versicherer auf das Inland gerichtet waren und aufgrund derer der Kontakt zwischen Versicherer und Verbraucher erst angebahnt wurde[76].

---

[75] Dörner, Art.9 Rn.42.

[76] Allgemein zu Werbemaßnahmen, ohne zu der speziellen Frage von Werbung im Internet Stellung zu nehmen: Soergel/von Hoffmann, Art.37 Rn.102 m.w.N.

Versicherungsverträge, deren konkrete Anbahnung, Abschluss und Durchführung zumindest teilweise mittels Internet erfolgt und auch ansonsten nicht über Mittelspersonen abgewickelt wird, unterliegen mithin als Korrespondenzverträge der völligen Rechtswahlfreiheit des Art. 9 Absatz 4 EGVVG.

e) Rechtswahl bei Lebensversicherungen gemäß Art. 9 V EGVVG

Außerhalb der Korrespondenzverträge eröffnet Art. 9 Absatz 5 EGVVG speziell für Lebensversicherungsverträge[77] zusätzliche Rechtswahloptionen für Fälle, in denen ein Versicherungsnehmer die Staatsangehörigkeit eines anderen Mitgliedsstaates als desjenigen seines gewöhnlichen Aufenthaltsortes besitzt. In diesen Fällen kann von den Parteien dann das Recht des Mitgliedslandes gewählt werden, dessen Staatsangehörigkeit der Versicherungsnehmer hat.

Die Rechtswahlmöglichkeit des Art. 9 Absatz 5 EGVVG steht dabei ausschließlich natürlichen Personen offen, wobei gleichgültig bleibt, ob der Versicherungsnehmer auch zugleich versicherte Person ist[78].

Für den der Untersuchung zugrunde liegenden Geschäftsverkehr gilt dies freilich lediglich für eine vergleichsweise geringe Anzahl von in Deutschland lebenden britischen Staatsangehörigen, wobei diese als Doppel- oder Mehrstaatler unschädlich auch die deutsche Staatsangehörigkeit besitzen können[79].

f) Zweifelsregelung des Art. 11 EGVVG: Anknüpfung mangels Rechtswahl

Art. 11 Absatz 1 Satz 1 EGVVG regelt den Fall, dass Sitz des Versicherungsnehmers und Ort der Risikobelegenheit in unterschiedlichen Staaten liegen und eine den Parteien nach den Art. 9 und 10 EGVVG mögliche Rechtswahl nicht vorgenommen wurde[80].

---

[77] Unter den Begriff der Lebensversicherung fallen hier Versicherungen auf den Erlebens- und den Todesfall, gemischte Versicherungen, Versicherungen mit Prämienrückgewähr, Tontinenversicherungen sowie Heirats- und Geburtenversicherungen; vgl. den Nachweis in: Dörner, Art.9 Rn.45.

[78] Dörner, Art.9 Rn.46.

[79] Dörner, Art.9 Rn.51; MüKo/Martiny, Art.37 EGBGB Rn.107.

[80] Str., a.A. Kramer, S.237 f., vgl. zum Meinungsstand Dörner, Art.11 Rn.5.

Sollte demnach beispielsweise der Versicherungsnehmer eines Lebensversicherungsvertrages seinen gewöhnlichen Aufenthaltsort in Deutschland, die versicherte Person jedoch ihren Sitz in einem anderen Mitgliedsstaat haben, so gilt nach der Vermutungsregel des Absatz 2 das Recht des Staates als vereinbart, in dem das Risiko belegen ist, also die versicherte Person ihren gewöhnlichen Aufenthalt hat. Soweit die versicherte Person ihren gewöhnlichen Aufenthalt nicht in Großbritannien hat, sind die Parteien daher gehalten, britisches Recht ausdrücklich als Vertragsstatut zu vereinbaren.

g) Verweisung auf das EGBGB gemäß Art. 15 EGVVG

Gemäß Art. 15 EGVVG können die Regeln der Artt. 27 – 36 EGBGB subsidiär für die Lösung von Problemen herangezogen werden, die in den Art. 7 ff. EGVVG nicht geregelt sind. Zu beachten ist bei einem Rückgriff auf die Normen des EGBGB freilich die Grundentscheidung des Gesetzgebers, der mit der Einräumung von Rechtswahlmöglichkeiten im EGVVG die Vereinbarung ausländischen Rechts, und damit die Abwendung vom deutschen Recht, grundsätzlich akzeptiert.

aa) Rückgriff auf Art. 27 EGBGB

Die Artt. 7 ff. EGVVG sind hinsichtlich der Grenzen der Rechtswahlfreiheit für Versicherungsverträge im Verhältnis zu den Artt. 27 ff. EGBGB als lex specialis abschließend geregelt, so dass ein Rückgriff auf Art. 27 Absatz 1 Satz 1 und 2 EGBGB insoweit jedenfalls nicht zulässig ist[81].

bb) Rückgriff auf die Verbraucherschutznorm des Art. 29 EGBGB

Ebenfalls nicht subsidiär anwendbar ist - trotz des eine Anwendung zulassenden Wortlauts - Art. 29 EGBGB, da die Vorschriften des EGVVG bereits ein eigenständiges Schutzkonzept enthalten, welches das Verhältnis zwischen Parteiautonomie und Verbraucher-

---

[81] Vgl. Prölss/Martin, VVG, Art.15 EGVVG Rn.2; Soergel/von Hoffmann, Art.37 Rn.136 m.w.N. sowie hinsichtlich Art.9 Absatz 4 EGVVG auch Kramer, S.272.

schutz abschließend festgelegt hat[82]. Ein Rückgriff auf Art. 29 EGBGB für den der Rechtswahl zugänglichen Bereich, wie er von Martiny befürwortet wird[83], widerspräche nicht nur der Entscheidung des Normgebers, den Parteien die Entscheidung über die Wahl des Vertragsstatuts in den ohnehin nicht sonderlich weiten Grenzen des EGVVG zu überlassen, sondern würde auch zu einer größeren Kompliziertheit der Normanwendung und damit zu einem höheren Maß an Rechtsunsicherheit beitragen.

cc) Rückgriff auf die Eingriffsnormen des Art. 34 EGBGB

Anders ist hingegen die Verweisung auf Art. 34 EGBGB zu bewerten. Zwar bedarf die Regelung einer restriktiven Anwendung, soweit es sich um ein im EWR zugelassenes Versicherungsunternehmen handelt, da anderenfalls dem gesetzgeberischen Ziel der Vereinheitlichung des Versicherungsaufsichtsrechts entgegengewirkt würde[84]. Der Umfang der als zwingend anzusehenden Vorschriften ist innerhalb der Literatur jedoch umstritten[85].

(1) Verzicht auf Sonderanknüpfung über Art. 34 EGBGB bei VVG-Vorschriften

Dörner vertritt die Ansicht, dass auf eine Sonderanknüpfung bei VVG-Normen verzichtet werden solle[86]. Er begründet seine Auffassung mit den Erwägungen, dass die Anwendung von Eingriffsnormen neben denen des Vertragsstatuts einerseits Anpassungsprobleme mit sich bringe und andererseits für die Durchsetzung ganz grundlegender deutscher Wertvorstellungen ohnehin das Instrument des ordre public gemäß Art. 6 EGBGB zur Verfügung stünde[87]. Im Rahmen des Versicherungsvertragsrechts plädiert er für eine Son-

---

[82] Vgl. Prölss/Martin, VVG, Art.15 EGVVG Rn.2; Soergel/von Hoffmann, Art.37 Rn.137 mit Nachweisen zum Meinungsstand; a.A. Kramer, S.284 f.
[83] Vgl. MüKo/Martiny, Art.37 Rn.166, der beispielhaft den Fall einer nach Art.9 Absatz 5 EGVVG geschlossenen Lebensversicherung nennt.
[84] Basedow/Drasch, NJW 1991, 785 (790); Soergel/von Hoffmann, Art.37 Rn.153.
[85] Für einen allgemeinen Überblick über den Meinungsstand vgl. Mäsch, S.126 ff.
[86] Dörner, Art.15 Rn.37.
[87] Dörner, Art. 15 Rn.36.

deranknüpfung nur insoweit, als die Artt. 12 Absatz 2 und 13 Absatz 1 EGVVG die Anwendung deutschen Rechts ausdrücklich fordern[88].

(2) Sonderanknüpfung von VVG-Vorschriften über Art. 34 EGBGB

Nach wohl herrschender Auffassung wird dagegen die direkte Sonderanknüpfung einer Reihe von Vorschriften des VVG befürwortet. Dazu zählen das Verschuldensprinzip und das Kausalitätserfordernis für den Verlust des Versicherungsschutzes gemäß § 6 VVG[89], die drittschützenden Normen der §§ 99 – 107 c VVG bezüglich des Schutzes von Grundpfandrechtsgläubigern[90], die Unverzichtbarkeit des Rechts auf Irrtumsanfechtung gemäß § 5 Absatz 4 VVG[91], die Leistungsfreiheit und der Rücktritt des Versicherers bei unterlassener Gefahranzeige i.S.d. §§ 16 Absatz 3, 17 Absatz 2, 21, 25, 28 Absatz 2 und 29 VVG[92] sowie die Zustimmung des Versicherten bei Abschluss einer Lebens- oder Unfallversicherung auf die Person eines anderen (§§ 159 Absatz 2 Satz 1; 179 Absatz 2 Satz 1 VVG)[93].

(3) Eigene Auffassung

Art. 34 EGBGB stellt als solche keine Kollisionsnorm dar, sondern ist lediglich als Hinweis auf die Möglichkeit zu verstehen, dass neben dem ausländischen Vertragsstatut auch deutsche international zwingende Rechtsvorschriften mittels einseitiger deutscher Kollisionsnormen zur Geltung gebracht werden können[94]. Regelmäßig wird daher eine Sonderanknüpfung über ausdrückliche gesetzliche Kollisionsnormen in den jeweiligen Regelwerken zu fordern sein[95].

---

[88] Dörner, Art.15 Rn.37.

[89] Dörner, Art.15 Rn.30; Fricke, VersR 1994, 773 (781); Soergel/von Hoffmann, Art.37 Rn.152.

[90] Vgl. Dörner, Art.15 Rn.33; Fricke, VersR 1994, 773 (781); Prölss/Martin, VVG, Art.15 EGVVG Rn.1;Soergel/von Hoffmann, Art.37 Rn.152 m.w.N.

[91] Vgl. Übersicht in Dörner, Art.15 Rn.31 m.w.N.

[92] Vgl. Übersicht in Dörner, Art.15 Rn.32 m.w.N.

[93] Vgl. Übersicht in Dörner, Art.15 Rn.34 m.w.N.

[94] Wie hier: Dörner, Art.15 Rn.25; Mäsch, 159 ff.; Roth, RIW 1994, 275 (277); Sonnenberger, FS Fikentscher, 283 (288).

[95] Beispielhaft genannt sei hier § 12 AGBG, der als ausdrückliche Kollisionsnorm eine Sonderanknüpfung bei Vorliegen der entsprechenden Voraussetzungen gebietet, vgl. auch Lorenz, ZVersWiss 1991, 121 (130).

Selbst wenn man jedoch eine Sonderanknüpfung auch aufgrund von ungeschriebenen Kollisionsregeln grundsätzlich anerkennt[96], so bleibt jedenfalls für die Anwendung von Vorschriften des VVG über Art. 34 EGBGB dennoch kein Raum, soweit diese nicht auf ausdrücklichen Kollisionsvorschriften des EGVVG beruhen. Zwar spricht der Wortlaut des Art. 34 EGBGB nicht gegen eine Anwendung auch anderer Normen des VVG. Mit dem europäischen Internationalen Versicherungsvertragsrecht hat der Gesetzgeber aber ein Normengefüge geschaffen, dass nur in sehr begrenztem und detailliert geregeltem Umfang die Abweichung vom deutschen Recht als Vertragsstatut zulässt. In Fällen, in denen er die Geltung deutschen Rechts für unverzichtbar ansah, sieht das Gesetz einen entsprechenden ausdrücklichen Verweis auf dieses vor. Soweit ein derartiger Verweis wie beispielsweise für die Art. 9 Absatz 4 und 5 EGVVG nicht erfolgt ist, wird dies richtigerweise mit der geringeren Schutzbedürftigkeit der Versicherungsnehmer begründet[97]. Weder aus den gesetzgeberischen Motiven noch aus dem Sinn und Zweck des Gesetzes lässt sich insofern ein Erfordernis zur Annahme ungeschriebener Kollisionsregeln als Regelungsbestandteil für Normen des VVG herleiten[98].

h) „Ordre public" - Klausel des Art. 6 EGBGB

Neben Art. 34 EGBGB enthält Art. 6 EGBGB eine weitere Schranke des Anwendungsbereichs des kollisionsrechtlich zulässigerweise dem Vertrag zugrundeliegenden ausländischen Rechts. Gemäß Art.

---

[96] So jedenfalls Dörner, Art.15 Rn.25.

[97] Waldenberger will eine Berücksichtigung von Verbraucherschutzvorschriften über Art.34 EGBGB grundsätzlich nicht in Betracht ziehen, da der Gesetzgeber mit Art.29 EGBGB deutlich gezeigt habe, dass er Fragen des Verbraucherschutzes bedacht hat, vgl. Waldenberger in: Hoeren/Sieber, Rn.104. Da Art.29 EGBGB zwar durch die Spezialvorschriften der Art.7 ff EGVVG überlagert wird, der Gesetzgeber allerdings auch in diesen Normen Verbraucherschutzgedanken deutlich verankert hat, kann das Argument insoweit auf die Frage der Anwendbarkeit von VVG-Vorschriften übertragen werden.

[98] Basedow/Drasch weisen ferner darauf hin, dass ausländische Versicherer es aufgrund der Gefahr einer Verdoppelung der Wirksamkeitskontrolle, nämlich an dem ausländischen Recht einerseits und dem deutschen andererseits, vorzögen, ihre Produkte nach deutschem Recht anzubieten und damit das wettbewerbspolitische Ziel der Dienstleistungsfreiheit – einer größeren Vielfalt der Versicherungsbedingungen – aufs Spiel gesetzt würde, vgl. NJW 1991, 785 (790).

6 Satz 1 EGBGB ist eine Rechtsnorm ausländischen Rechts dann nicht anzuwenden, wenn die Anwendung zu einem Ergebnis führt, das mit den wesentlichen Grundsätzen deutschen Rechts offensichtlich unvereinbar ist. Dies gilt nach Satz 2 insbesondere bei einer Unvereinbarkeit mit den Grundrechten.

Entgegen sonstigen Sonderanknüpfungsnormen ist Art. 6 EGBGB nicht darauf gerichtet, ausländisches Recht zur Geltung zu bringen. Die Vorschrift charakterisiert vielmehr statt dessen deren Ziel, unerträgliche Rechtsfolgen, die aus der Anwendung der maßgeblichen ausländischen Rechtsordnung folgen, abzuwenden.

Der Vorbehalt des ordre public nach Art. 6 EGBGB gilt dabei trotz fehlendem ausdrücklichen Verweis in Art. 15 EGVVG ebenso im Rahmen des europäischen Internationalen Versicherungsvertragsrechts[99].

Auch gegenüber Rechtsordnungen anderer EU-Mitgliedsstaaten kann Art. 6 EGBGB Anwendung finden, wobei zu berücksichtigen ist, dass eine Anwendung bei gemäß einer EU-Richtlinie angeglichenem Recht eines Mitgliedsstaates ausgenommen ist[100].

Die Rechtsprechung legt als Maßstab für die Überprüfung eines möglichen Verstoßes gegen Art. 6 EGBGB die Frage zugrunde, ob das Ergebnis der Anwendung ausländischen Rechts den Grundgedanken der entsprechenden deutschen Regelung und der in ihr liegenden Gerechtigkeitsvorstellung in so starkem Maße widerspricht, dass dieses für untragbar gehalten wird[101]. Innerhalb und mit der Literatur besteht Einigkeit darüber, dass Art. 6 EGBGB mit größter Zurückhaltung anzuwenden ist[102]. Ein extensiver Gebrauch verbietet sich nicht zuletzt schon aus dem Wortlaut der Vorschrift, nach dem die Unvereinbarkeit des Ergebnisses der Normanwendung mit den Grundsätzen deutschen Rechts offensichtlich sein muss.

---

[99] MüKo/Martiny, Art. 37 Rn.175 m.w.N.; Soergel/von Hoffmann, Art. 37 Rn.133.
[100] MüKo/Martiny, Art. 6 Rn.78.
[101] BGH, NJW 1993, 1801 (1802) m.w.N.; Zustimmend: MüKo/Sonnenberger, Art.6 Rn.60.
[102] Vgl. Soergel/Kegel, Art.6 Rn.25 m.v.w.N.

Über die Anwendung dieser Vorschrift sind zweifellos auch Korrekturen versicherungsvertraglicher Bestimmungen ausländischer Rechtsordnungen nicht von vornherein ausgeschlossen, sofern das Ergebnis ihrer Anwendung mit der deutschen öffentlichen Ordnung offensichtlich unvereinbar wäre. Dem Verbraucher steht mit dem Vorbehalt des ordre public mithin ein weiteres, allerdings sehr eng begrenztes, Instrument zum Schutz vor der Hinnahme unerträglicher Rechtsfolgen zur Verfügung. Als Beispiel kann hier das Einwilligungserfordernis Dritter bei der Lebensversicherung gemäß § 159 Absatz 2 VVG genannt werden.

i) Ergebnis

Über das Internet nach Deutschland vertriebene Lebensversicherungsprodukte britischer Versicherer genießen als sogenannte Korrespondenzversicherungen gemäß Art. 9 Absatz 4 EGVVG völlige Freiheit in der Wahl des Vertragsstatuts. Begrenzende Wirkungen können sich zunächst lediglich aus Art. 34 EGBGB sowie Art. 6 EGBGB ergeben, wobei über Art. 34 EGBGB keine Normen des VVG zur Anwendung gebracht werden können.

Sofern der in Deutschland seinen gewöhnlichen Aufenthalt habende Versicherungsnehmer zumindest auch britischer Staatsangehöriger ist, lässt sich die Vereinbarung britischen Versicherungsrechts bei dem Abschluss von Lebensversicherungsverträgen auch auf Art. 9 Absatz 5 EGVVG stützen. Diese Verträge unterliegen ebenfalls den beschrieben Beschränkungen aus den Artt. 34 und 6 EGBGB.

Ein subsidiärer Rückgriff auf die Regelungen der Artt. 27 Absatz 1 Satz 1 und 2 sowie 29 EGBGB ist hinsichtlich der Rechtswahl nicht zulässig, da die Vorschriften der Artt. 7 ff. EGVVG insoweit abschließend sind.

4. Internationaler Geltungsbereich des AGBG

Bis zum 30.06.2000, dem Zeitpunkt der Außerkraftsetzung des § 12 AGBG und Ersetzung durch die Vorschrift des Art. 29 a EGBGB, stellte die spezielle Kollisionsvorschrift des § 12 AGBG eine weitere mögliche Schranke der Parteiautonomie dar. Da für die vor diesem Zeitpunkt geschlossenen Verträge die Regelung des § 12 AGBG jedoch Gültigkeit besaß, sind Ausführungen hierzu noch angebracht.

Gemäß § 12 AGBG waren die den Verbraucher schützenden Vorschriften des AGBG auch dann anzuwenden, wenn der Vertrag ausländischem Recht unterlag. Voraussetzung dafür war dem Wortlaut zufolge das Bestehen eines engen Zusammenhangs des Vertrags mit dem Gebiet der Bundesrepublik Deutschland. Als Regelbeispiel für einen derartigen Zusammenhang beschrieb das Gesetz in § 12 Satz 2 Nr.1 und 2 AGBG Voraussetzungen die kumulativ vorliegen mussten. Der Vertrag musste demnach (1) auf Grund eines öffentlichen Angebots, einer öffentlichen Werbung oder einer ähnlichen im Geltungsbereich des Gesetzes entfalteten geschäftlichen Tätigkeit des Verwenders zustande gekommen sein und (2) musste der andere Vertragsteil bei Abgabe seiner auf den Vertragsschluss gerichteten Erklärung seinen Wohnsitz oder seinen gewöhnlichen Aufenthalt im Geltungsbereich des AGBG und seine Willenserklärung in diesem Geltungsbereich abgeben haben.

Im Folgenden ist zu untersuchen, ob eine Anwendbarkeit des AGBG auch für den Fall anzunehmen war, dass mittels Internet ein Lebensversicherungsvertrag zwischen einem deutschen Verbraucher und einem britischen Versicherer auf der Grundlage englischen Versicherungsvertragsrechts geschlossen wurde.

a) Voraussetzungen der Sonderanknüpfung

Zunächst ist der Wortlaut der Vorschrift einer näheren Betrachtung zu unterziehen. Das AGBG sieht dabei in § 12 ein die Generalklausel des Satzes 1 konkretisierendes Regelbeispiel für die Anwendbarkeit der Vorschriften des AGBG in Satz 2 vor. Die in Satz 2 genannten Voraussetzungen vermitteln insofern einen gewissen Eindruck von der vom Gesetzgeber erwarteten Intensität der Nähebeziehung des Vertrags zum Wohnsitzstaat des Verbrauchers. Es bietet sich daher an, die Prüfung der Anwendbarkeit des AGBG auf die beschriebene Fallsituation mit den Erfordernissen des Regelbeispiels zu beginnen.

aa) Geschäftliche Tätigkeit des Verwenders

Als Beispiele einer inlandsbezogenen Geschäftstätigkeit des Verwenders der AGB nennt § 12 Satz 2 AGBG in Nr.1 öffentliche Angebote, öffentliche Werbung oder ähnliche geschäftliche Tätigkeiten im Inland. Ob darunter auch die Fälle von Vertragsschlüssen via Internet subsumierbar sind, ist bislang weder im Schrifttum noch in der Rechtsprechung – soweit ersichtlich - eindeutig beantwortet. Auch eine Verabschiedung des Vorschlags der Europäischen Kommission für eine Richtlinie betreffend den Fernabsatz von Finanzdienstleistungen[103] lässt diesbezüglich keine weiterführenden Anhaltspunkte erwarten. In Art. 11 Absatz 3 wird dort ebenfalls schlicht auf das Erfordernis eines „engen Zusammenhangs" des Vertrags mit der Gemeinschaft verwiesen[104].

(1) Position von Lindacher

Innerhalb der Literatur spricht zunächst Lindacher[105] § 12 AGBG mit Blick auf das Internet ausdrücklich an. Unter Hinweis auf die Ansichten von Hoffmanns[106] und Martinys[107] zu Art. 29 Absatz 1 Nr.1 EGBGB, die für dessen Anwendung genügen lassen, dass den Verbraucher per Internet eine Werbung erreicht, die bestimmungsgemäß zumindest unter anderem in dessen Aufenthaltsort abrufbar ist, könnten diese - Lindacher zufolge – auf Grund des vergleichbaren Inhalts der Vorschriften keine andere Auffassung zu § 12 AGBG vertreten[108]. Inwieweit Lindacher selbst dieser Ansicht folgt, bleibt allerdings unklar.

(2) Position von Moritz

Auf die verwendete Sprache, Maßeinheiten und die Kaufpreisangaben will Moritz als Kriterien abstellen, um zu entscheiden, ob es sich bei einem Angebot im Internet um eine gezielte Werbemaßnahme für einen bestimmten Verbraucherstaat handelt[109]. Solche Kriterien werden jedoch allenfalls von sehr begrenzter Tauglichkeit sein kön-

---

[103] Vorschlag für eine Richtlinie des Europäischen Parlaments und des Rates über den Fernabsatz von Finanzdienstleistungen an Verbraucher und zur Änderung der Richtlinie 90/619/EWG des Rates und der Richtlinien 97/7/EG (98/C 385/10) KOM (1998) 468 endg. – 98/0245 (COD).

[104] Mit der Formel vom „engen Zusammenhang" hat der Gesetzgeber nach Auffassung von Kronke dem Richter „Steine statt Brot" gegeben, vgl. Kronke, RIW 1996, 985 (989).

[105] In: Wolf/Horn/Lindacher, AGBG, § 12 Rn.21.

[106] Vgl. Soergel/von Hoffmann, Art.29 Rn.18.

[107] Vgl. MüKo/Martiny, Art.29 Rn.20.

[108] Wolf/Horn/Lindacher, AGBG, § 12 Rn.21.

[109] Moritz, CR 2000, 61 (65).

nen, da insbesondere innerhalb der Europäischen Union eine starke Tendenz zur Vereinheitlichung festzustellen ist. Hinzuweisen ist nur auf eine zunehmend selbstverständlicher werdende englische Sprachkompetenz der Verbraucher. Sogar die Briten wechseln beispielsweise ihr System der Maßeinheiten bei Mengen und Strecken zugunsten des kontinentalen Systems. Und auch die Kaufpreisangaben bilden im Zeitalter des Euro keinen dauerhaft tauglichen Anknüpfungspunkt. Zwar hat sich Großbritannien bislang (noch) nicht zur Einführung der Gemeinschaftswährung entschlossen, doch scheint dies nur eine Frage der Zeit zu sein. Die von Moritz formulierten Kriterien lassen im Rahmen des grenzüberschreitenden Vertriebs von Versicherungsprodukten zwischen Großbritannien und Deutschland daher keinen überzeugenden Rückschluss auf die Anwendbarkeit des § 12 AGBG zu.

(3) Position von Scherer und Butt

Nach Ansicht Scherers und Butts ist die Anwendung von § 12 AGBG bei aufgrund von Website-Angeboten zustande gekommenen Verträgen regelmäßig angezeigt, wenn „der deutsche User seinen Wohnsitz oder gewöhnlichen Aufenthalt in Deutschland hat"[110]. Inwieweit die Autoren mit der Formulierung „...der deutsche User..." zusätzlich eine entsprechende deutsche Staatsbürgerschaft zur Voraussetzung machen wollen, ist nicht recht erkennbar. Aus dem AGBG ist eine derartige Beschränkung des Anwendungsbereichs jedenfalls nicht herzuleiten.

(4) Position von Pfeiffer

Die kollisionsrechtlichen Fragen von Vertragsschlüssen im Internet greift ferner Pfeiffer - jedoch ebenfalls nur bezogen auf die Art. 28 und 29 EGBGB – auf. Dennoch lohnt sich eine nähere Betrachtung seiner Ausführungen zu Art. 29 Absatz 1 Nr.1 EGBGB, da der Wortlaut dieser Norm dem des § 12 AGBG hinsichtlich des Merkmals „Werbung" ähnlich ist. So werden seiner Ansicht zufolge von der Vorschrift jedenfalls die Fälle erfasst, in denen sich die Werbung gezielt an deutsche Besteller vor deren heimischen PCs wendet,

[110] Scherer/Butt, DB 2000, 1009 (1010 f.), unter Hinweis auf Moritz, dessen Auffassung wenn nicht gar anders, so doch zumindest deutlich differenzierter erscheint.

auch wenn es sich dabei um englischsprachige Angebote handelt[111]. Demnach käme es auf die in der Werbung verwendete Sprache allein nicht entscheidend an.

Ob darüber hinausgehend die am heimischen PC des Verbrauchers erscheinende Werbung des ausländischen Anbieters als Produktanpreisung „im Wohnsitzstaat" des Verbrauchers anzusehen ist, soll davon abhängig sein, inwieweit der Anbieter nach der Art seines Angebots damit rechnen musste, dass es von einem Verbraucher eben dieses Staates empfangen wird[112].

(5) Eigene Auffassung

Das Internet ist mittels eines Notebooks und eines Mobiltelefons faktisch an jedem Ort der Erde nutzbar. Die Tauglichkeit des von Pfeiffer vorgeschlagenen Kriteriums, inwieweit der Anbieter einer Website mit der Empfangsmöglichkeit durch einen Verbraucher rechnen musste, darf daher sehr bezweifelt werden. Im Gegensatz zu Werbemaßnahmen in Presseorganen oder auch über Rundfunk- und Fernsehsender lässt sich das Vertriebsgebiet im Internet geografisch nicht begrenzen. Eine Zuordnung nach regionalen Erscheinungsorten der Werbemaßnahmen ist im virtuellen Raum des Cyberspace daher nicht zu treffen. Demnach müsste der Anbieter immer „damit rechnen", dass seine Werbung in jedem denkbaren „Wohnsitzstaat" von Verbrauchern empfangen wird.

Nun ließe sich argumentieren, dass der Anbieter in Kenntnis der regionalen Unbegrenzbarkeit seiner Werbung dann eben auf eine Webpräsenz verzichten müsse, wenn er die rechtlichen Risiken nicht zu tragen bereit ist. Damit legte man dem Medium allerdings in so erheblicher Weise Fesseln an, dass das europapolitische Ziel des freien Verkehrs von Diensten der Informationsgesellschaft geradezu konterkariert würde, da allenfalls Großunternehmen bereit und in der Lage wären, sich auf die Vielzahl der möglichen Rechtsordnungen einzustellen. Aus diesem Grunde sind die in § 12 Satz 2 Nr.1 AGBG genannten Beispiele keine nützlichen Instrumente zur Abgrenzung des Anwendungsbereichs dieser Norm bei Vertragsschlüssen im Internet.

---

[111] Pfeiffer, NJW 1997, 1207 (1214).
[112] Pfeiffer, NJW 1997, 1207 (1214).

bb) Ansässigkeit und Abgabe der Erklärung des Verbrauchers im Inland

Obschon die Voraussetzungen des Regelbeispiels kumulativ vorliegen müssen, die Bedingung der Nr.1 jedoch bereits nach hier vertretener Auffassung nicht erfüllt ist, soll an dieser Stelle nicht auf die Prüfung der weiteren in Nr.2 beschriebenen Voraussetzungen verzichtet werden. Schließlich handelt es sich hierbei (nur) um Bedingungen eines Regelspiels. Zur späteren Bestimmung des Anwendungsbereichs der Generalklausel kann die Prüfung der Kriterien der Nr.2 trotzdem dienlich sein.

Nach § 12 Satz 2 Nr.2 AGBG muss der Verbraucher bei Abgabe seiner auf den Vertragsschluss gerichteten Willenserklärung seinen Wohnsitz oder gewöhnlichen Aufenthalt im Geltungsbereich des AGBG haben und zudem seine Willenserklärung in diesem Geltungsbereich abgeben. Auf die Staatsangehörigkeit des Verbrauchers kommt es dabei nicht an[113].

Für die Annahme eines „gewöhnlichen Aufenthalts" wird gefordert, dass der Verbraucher den gewollten bzw. zumindest den tatsächlichen Schwerpunkt seiner Lebensverhältnisse, insbesondere Bindungen familiärer und beruflicher Art, im Geltungsbereich des AGBG hat[114]. Diese Bedingung wird zwar in den hier unterstellten Fällen regelmäßig unproblematisch erfüllt sein. Zugleich verlangt das Gesetz allerdings darüber hinaus, dass der Verbraucher seine auf den Vertragsschluss gerichtete Willenserklärung im Geltungsbereich des AGBG abgegeben hat. Den Nachweis, an welchem Ort die Erklärung erfolgte, kann der Verbraucher jedoch schon aus technischen Gründen letztlich nicht erbringen. Mit einem Notebook und einem Mobiltelefon wäre der Abschluss eines Vertrages über das Internet beispielsweise auch anlässlich eines Badeurlaubs vom Strand einer entlegenen Südseeinsel aus denkbar, ohne dass dies für den Anbieter erkennbar wäre.

---

[113] Allg. M.; vgl. nur Wolf/Horn/Lindacher, AGBG, § 12 Rn.22.

[114] Palandt/Heldrich, Art. 5 EGBGB Rn.10; Wolf/Horn/Lindacher, AGBG, § 12 Rn.22.

cc) Ergebnis

Lediglich der in § 12 Satz 2 Nr.2 AGBG geforderte Wohnsitz bzw. gewöhnliche Aufenthaltsort des Verbrauchers ist bei Vertragsschlüssen im Internet objektiv nachprüfbar. Die anderen in Nr.1 und 2 formulierten Bedingungen sind ohne ganz erheblichen technischen Aufwand weder seitens des Anbieters noch des Verbrauchers nachweisbar. Sie sind daher für die hier unterstellten Geschäftstätigkeiten im Internet keine tauglichen Kriterien zur Bestimmung der Anwendbarkeit des AGBG.

b) Generalklausel

Einen engen Zusammenhang mit dem Gebiet der Bundesrepublik Deutschland fordert die Generalklausel gemäß § 12 Satz 1 AGBG. Inwieweit ein derartiger enger Zusammenhang vorliegt, ist auf der Grundlage einer Gesamtwürdigung jedweder Umstände des Einzelfalls zu ermitteln[115].

Ein solcher Zusammenhang kann nach der oben bereits dargestellten Untersuchung bei den Internet-Fällen darin gesehen werden, dass der Verbraucher seinen Wohnsitz bzw. gewöhnlichen Aufenthalt in der Bundesrepublik Deutschland hat. Ein vergleichbar enger Zusammenhang besteht dann allerdings ebenso zum britischen Staatsgebiet, da sich hier der Sitz des Anbieters befindet. Der inländische Wohnsitz bzw. gewöhnliche Aufenthaltsort begründet daher als solcher zunächst keinen hinreichenden Bezug zum Gebiet der Bundesrepublik Deutschland i.S.d. § 12 AGBG[116]. Zu beachten ist jedoch der Sinn und Zweck des AGBG. Das Gesetz ist zum Schutz der Verbraucher erlassen worden und führt daher zu einer verbraucherfreundlichen Auslegung mit der Folge, dass ein enger Zusammenhang zugunsten des Versicherungsnehmers zunächst bejaht werden könnte.

Einen zusätzlichen Anknüpfungspunkt sieht Sonnenberger darin, den Erfüllungsort der vertraglich geschuldeten Leistung in die Be-

---

[115] Palandt/Heldrich, § 12 AGBG Rn.5; Wolf/Horn/Lindacher, AGBG, § 12 Rn.26.

[116] Im Ergebnis ebenso: Sonnenberger, ZEuP 1996, 382 (394); Wolf/Horn/Lindacher, AGBG, § 12 Rn.26.

trachtung einzubeziehen[117]. Ein enger Zusammenhang mit dem Gebiet der Bundesrepublik Deutschland soll daher bereits darin gesehen werden können, dass der Vertrag im Geltungsbereich des AGBG zu erfüllen ist.

Gerade dies ist aber bei über das Internet abgeschlossenen Verträgen mit englischen Lebensversicherern nach herrschender Auffassung nicht der Fall, da die charakteristische Hauptleistungspflicht des Versicherers in der Erbringung des Versicherungsschutzes besteht[118]. Der Erfüllungsort der genannten Pflichten ist in dem hier zugrunde liegenden Beispiel der Sitz des Versicherers, also ein Ort außerhalb des Geltungsbereichs des AGBG[119].

Weitere Bezugspunkte, die über den genannten Anknüpfungspunkt des gewöhnlichen Aufenthalts hinaus einen engen Zusammenhang angezeigt scheinen lassen, sind nicht ersichtlich.

Aus europarechtlicher Sicht sprechen allerdings gewichtige Gründe gegen die zwingende Anwendbarkeit des AGBG auf internationale Versicherungsverträge:

c) Europarechtliche Dimension des § 12 AGBG

Die Vorschrift des § 12 AGBG wurde durch das Gesetz zur Änderung des AGBG vom 19.7.1996 neu gefasst. Auslöser für die Novellierung war die EG-Richtlinie über missbräuchliche Klauseln in Verbraucherverträgen[120].

Gegen die Anwendbarkeit des AGBG auf im Internet geschlossene Verträge zwischen einem britischen Versicherer und einem deutschen Verbraucher ergeben sich auch aus einem Vergleich der Richtlinie mit der deutschen Durchführungsvorschrift Bedenken.

---

[117] Sonnenberger, ZEuP 1996, 382 (394 f.).
[118] Überblick über den Streitstand in Prölss/Martin, VVG, § 1 Rn.20 ff.
[119] Palandt/Heinrichs, § 269 Rn.1, 13.
[120] Richtlinie 93/13/EWG des Rates vom 5.4.1993 über missbräuchliche Klauseln in Verbraucherverträgen, abgedruckt in NJW 1993, 1838 – 1841.

In Art. 6 Absatz 2 der Richtlinie (RiLi) heißt es:

„Die Mitgliedsstaaten treffen die erforderlichen Maßnahmen, damit der Verbraucher den durch diese Richtlinie gewährten Schutz nicht verliert, wenn das Recht eines Drittlandes als das auf den Vertrag anzuwendende Recht gewählt wurde und der Vertrag einen engen Zusammenhang mit dem Gebiet der Mitgliedstaaten aufweist."

In der novellierten Fassung des § 12 Satz 1 AGBG hat der deutsche Gesetzgeber daraufhin bestimmt:

„Unterliegt ein Vertrag ausländischem Recht, so sind die Vorschriften dieses Gesetzes gleichwohl anzuwenden, wenn der Vertrag einen engen Zusammenhang mit dem Gebiet der Bundesrepublik Deutschland aufweist."

Entgegen Art. 6 Absatz 2 RiLi soll § 12 AGBG damit nicht nur der Abwehr drittstaatlichen Rechts dienen, sondern erfasst ebenso die Fälle, in denen wie hier das Recht eines anderen EU-Mitgliedslandes Vertragsstatut ist. Zudem wird begrenzend nur auf einen engen Zusammenhang zu dem Gebiet der Bundesrepublik abgestellt.

Aufgrund dieser inhaltlichen Differenzen zwischen der Richtlinie und der deutschen Durchführungsvorschrift bezeichnen einige Stimmen in der Literatur die Regelung des § 12 AGBG auch als völkerrechts- bzw. europarechtswidrig[121]. Sonnenberger verneint eine ausschließliche Heranziehung des AGBG als richtlinienkonformen Schutzstandard zumindest in Fällen, in denen – wie hier – das Recht eines anderen EU-Mitgliedsstaates Vertragsstatut ist, da dies gegen den Grundsatz der Gleichwertigkeit angeglichenen Rechts verstoße[122].

Für eine Anwendung von § 12 AGBG auch auf Fälle mit Verträgen, deren Vertragsstatut das eines EU-Mitgliedslandes ist, plädiert hingegen Eckert mit der Begründung, dass ansonsten eine Verbands-

---

[121] So Ahrens in: Ulmer/Hübner, S.90 und Sonnenberger, ZEuP 1996, 382 (396).
[122] Sonnenberger, ZEuP 1996, 382 (396).

klage nach den §§ 13 ff. AGBG nicht möglich wäre und so der Verbraucherschutz erschwert und nicht gefördert würde[123].

Dagegen wird zu Recht eingewandt, dass die internationale Zuständigkeit für die Unterlassungsklage nicht dem Schuldvertragsstatut, sondern dem Europäischen Gerichtsstands- und Vollstreckungsübereinkommen (EuGVÜ) unterliegt[124]. Insofern ist der Weg über die §§ 13 ff. AGBG schon nicht erforderlich.

Für Verträge, die auf einen grenzüberschreitenden Dienstleistungsverkehr innerhalb des Binnenmarktes gerichtet sind, gewährleisten die Grundfreiheiten des EG-Vertrags Rechtswahlfreiheit[125]. Einschränkungen der Parteiautonomie bedürfen einer Rechtfertigung durch zwingende Erfordernisse des Allgemeinwohls. Der EuGH hat den Schutz privater Verbraucher als derartiges zwingendes Erfordernis, welches Beschränkungen der Grundfreiheiten legitimiert, anerkannt[126]. Von daher wäre die Anwendbarkeit des AGBG auf solche Verträge nicht von vornherein ausgeschlossen.

Mit der Regelung der Art. 7 ff. EGVVG hat der Gesetzgeber die Kollisionsregeln für internationale Versicherungsverträge geschaffen und damit die Entscheidung darüber getroffen, in welchem Umfang Rechtswahlfreiheiten für Anbieter und Verbraucher im grenzüberschreitenden Versicherungsgeschäftsverkehr bestehen sollen. Gemäß Art. 9 Absatz 4 EGVVG haben die Vertragspartner bei Vertragsschlüssen im Korrespondenzwege beispielsweise völlige Rechtswahlfreiheit. Das AGBG auch auf diese Verträge anzuwenden hieße, die schrankenlos gewährte Rechtswahlfreiheit für eine Gruppe von Verbrauchern zu begrenzen, die gerade nicht als besonders schutzwürdig erachtet wird, da die Initiative zum Vertragsschluss mit dem ausländischen Versicherer von ihr ausgeht. Dies gilt ebenso für den durch die Art. 7 ff. EGVVG im übrigen gesteckten Rahmen zulässiger Rechtswahlmöglichkeiten.

---

[123] Eckert, ZIP 1996, 1238 (1241).

[124] Staudinger/Schlosser, AGBG, § 12 Rn.1.

[125] Vgl. Wilmowsky, ZEuP 1995, 735 (767).

[126] Mit vielen Nachweisen zur Rechtsprechung des EuGH, freilich ohne die hier behandelte Fragestellung zu entscheiden: Groeben/Thiesing/Ehlermann/Müller-Graff, Art.30 Rn.93 – 96.

d) Ergebnis

Auf internationale Versicherungsverträge findet das AGBG nur dann Anwendung, soweit den Verträgen entweder kraft gesetzlicher Anknüpfung oder aufgrund zulässiger Parteivereinbarung deutsches Recht zugrunde liegt.

5. Zusammenfassung der Ergebnisse

Begrenzende Wirkungen für über das Internet nach Deutschland vertriebene Lebensversicherungsprodukte britischer Versicherer können sich zunächst lediglich aus Art. 34 EGBGB sowie Art. 6 EGBGB ergeben, wobei über Art. 34 EGBGB keine Normen des VVG zur Anwendung gebracht werden können. Darüber hinaus genießen die Vertragsparteien für die sogenannten Korrespondenzversicherungen gemäß Art. 9 Absatz 4 EGVVG völlige Freiheit in der Wahl des Vertragsstatuts.

Auf die der Untersuchung zugrunde liegenden Verträge findet das AGBG keine Anwendung, da diesen englisches Versicherungsvertragsrecht zugrunde liegt.

Kapitel II. Der grenzüberschreitende elektronische Versicherungsvertrieb im Rahmen sekundären Gemeinschaftsrechts

Die Europäische Union zeigt sich als Richtliniengeber bemüht, die Entwicklung des Internet-Geschäftsverkehrs durch eine Reihe von Richtlinien und Richtlinienentwürfen zu fördern. Ziele sind dabei u.a. das Nutzen zusätzlicher Beschäftigungspotentiale, der Abbau von die europäischen Völker trennenden Schranken, die Steigerung des Wachstums und der Wettbewerbsfähigkeit der europäischen Wirtschaft[127] sowie die Gewährleistung von Rechtssicherheit und Vertrauen der Verbraucher in die neuen Kommunikationsmedien[128]. Erreicht werden soll dies durch eine weitreichende rechtliche Integration des Gemeinschaftsrechts und der besonderen Merkmale der Rechtsordnung der Gemeinschaft in die Rechtsordnungen der Mitgliedsstaaten[129].

Mit Blick auf den grenzüberschreitenden Vertrieb von Versicherungsdienstleistungen mittels der elektronischen Kommunikationsmedien bedürfen diesbezüglich vor allem der Vorschlag für eine Richtlinie des Europäischen Parlaments und des Rates über bestimmte rechtliche Aspekte der Dienste der Informationsgesellschaft, insbesondere des elektronischen Geschäftsverkehrs, im Binnenmarkt (sog. „E-Commerce- Richtlinie")[130], der Vorschlag für eine Richtlinie des Europäischen Parlaments und des Rates über den Fernabsatz von Finanzdienstleistungen an Verbraucher[131] sowie ferner die Richtlinie über gemeinschaftliche Rahmenbedingungen für elektronische Signaturen[132] einer dezidierteren Analyse.

---

[127] Vgl. den gemeinsamen Standpunkt (EG) Nr.22/2000 vom Rat festgelegt am 28. Februar 2000, Erwägungsgründe Nr.1 und 2.

[128] Vgl. Erwägungsgrund 7 des gemeinsamen Standpunkts (EG) Nr.22/2000; KOM (1998) 468 endg., Nr.3; Richtlinie 1999/93/EG, Nr.4, 21, 24.

[129] KOM (1999) 427 endg., S.10 f, Nr.2a.

[130] Gemeinsamer Standpunkt (EG) Nr.22/2000.

[131] KOM (1998) 468 endg.

[132] Richtlinie 1999/93/EG des Europäischen Parlaments und des Rates vom 13. Dezember 1999 über gemeinschaftliche Rahmenbedingungen für elektronische Signaturen.

1. Die Richtlinie über den elektronischen Geschäftsverkehr

Die Europäische Kommission nahm am 18. November 1998 den Vorschlag für eine Richtlinie des Europäischen Parlaments und des Rates über bestimmte rechtliche Aspekte des elektronischen Geschäftsverkehrs im Binnenmarkt an[133]. Anschließend legte der Rat gemäß Art. 251 Absatz 2 EG-Vertrag einen gemeinsamen Standpunkt zu dem Richtlinienvorschlag fest[134]. Zwischenzeitlich ist die Richtlinie 2000/31/EG des Europäischen Parlaments und des Rates über bestimmte rechtliche Aspekte der Dienste der Informationsgesellschaft, insbesondere des elektronischen Geschäftsverkehrs, im Binnenmarkt („Richtlinie über den elektronischen Geschäftsverkehr") am 8. Juni 2000 in Kraft getreten.

a) Ratio der Richtlinie

Die Zielsetzung der Richtlinie liegt ihrem Artikel 1 zufolge darin, das einwandfreie Funktionieren des Binnenmarktes, insbesondere den freien Verkehr von Diensten der Informationsgesellschaft zwischen den Mitgliedstaaten, sicherzustellen[135].

b) Begriffsbestimmungen

Eine zentrale Rolle für den Anwendungsbereich und damit die Reichweite der Richtlinie spielen die zwei Begriffe „Dienste der Informationsgesellschaft" und „koordinierter Bereich". Da die Begriffe nicht allgemein geläufig sind, bedürfen sie für das weitere Verständnis der Definition.

aa) „Dienste der Informationsgesellschaft"

Als „Dienste der Informationsgesellschaft" bezeichnet die Richtlinie gemäß Art. 2 lit. a „jede in der Regel gegen Entgelt elektronisch im

---

[133] KOM (1998) 586 endg.

[134] Vgl. ABl. C 128/32 ff.

[135] Gemäß Nr.2 der Mitteilung der Kommission vom 20. März 2000 soll mit der Richtlinie sichergestellt werden, „dass die Dienste der Informationsgesellschaft in den Genuss der dem Binnenmarkt zugrundeliegenden Prinzipien der Dienstleistungs- und Niederlassungsfreiheit kommen und dass die Anbieter ihre Dienstleistungen ohne rechtliche Schranken in der gesamten Europäischen Union anbieten können".

Fernabsatz und auf individuellen Abruf eines Empfängers erbrachte Dienstleistung"[136]. Da diese Definition bereits in mehreren anderen Richtlinien[137] enthalten und von den Mitgliedsstaaten anerkannt ist, bedurfte es keiner neuerlichen Begriffsbestimmung in dieser Richtlinie[138].

bb) „Koordinierter Bereich"

Der in Art. 2 lit. h genannte Begriff des „koordinierten Bereichs" begrenzt die Reichweite des in Art. 3 normierten Herkunftslandprinzips, indem damit „die für die Anbieter von Diensten der Informationsgesellschaft und die Dienste der Informationsgesellschaft in den Rechtssystemen der Mitgliedsstaaten festgelegten Anforderungen, ungeachtet der Frage, ob sie allgemeiner Art oder speziell für sie bestimmt sind", beschrieben werden. Hierzu zählen die vom Diensteanbieter zu erfüllenden Anforderungen im Hinblick auf die Aufnahme sowie die Ausübung der Tätigkeit als Dienst der Informationsgesellschaft[139]. Nicht darunter fallen die Anforderungen bezüglich der Ware als solcher, hinsichtlich deren Lieferung sowie betreffend Dienste, die nicht auf elektronischem Weg erbracht werden[140].

c) Anwendungsbereich der Richtlinie über den elektronischen Geschäftsverkehr

aa) Allgemeine Regelungsbereiche

Die Richtlinie sieht vor, die für die Dienste der Informationsgesellschaft geltenden innerstaatlichen Regeln einander anzugleichen, welche das Binnenmarktprinzip, die Niederlassung der Diensteanbieter, kommerzielle Kommunikationen, elektronische Verträge, die

---

[136] In der Richtlinie selbst ist diese Definition nicht enthalten. Allerdings findet sich in Art.2 der Verweis auf diese bereits in Art.1 Nr.2 der Richtlinie 98/48/EG („Richtlinie über ein Informationsverfahren auf dem Gebiet der Normen und technischen Vorschriften und der Vorschriften für die Dienste der Informationsgesellschaft") enthaltene Definition.

[137] Vgl. Richtlinie 98/48/EG, ABl L 217 vom 5.8.1998, 18 – 26 sowie Richtlinie 98/84/EG, ABl 320 vom 28.11.1999.

[138] Vgl. Bender/Sommer, RIW 2000, 260 (261); Maennel, MMR 1999, 187 (188).

[139] Vgl. Art.2 lit.h) i), erster und zweiter Spiegelstrich.

[140] Vgl. Art.2 lit.h) ii), erster bis dritter Spiegelstrich.

Haftung von Vermittlern, Verhaltenskodizes, Systeme der außergerichtlichen Beilegung von Streitigkeiten, Klagemöglichkeiten sowie die Zusammenarbeit zwischen den Mitgliedsstaaten betreffen[141]. Daneben lässt er das durch und aufgrund bestehender Gemeinschaftsregeln eingeführte Schutzniveau für öffentliche Gesundheit und Verbraucher unberührt und ergänzt das auf die Dienste der Informationsgesellschaft weitere anwendbare Gemeinschaftsrecht[142]. Des weiteren stellt Art. 1 Absatz 4 klar, dass weder zusätzliche IPR-Regeln geschaffen, noch durch die Richtlinie die Zuständigkeitsvorschriften der Gerichte berührt werden sollen[143].

bb) Anwendbarkeit der „E-Commerce"-Richtlinie für auf elektronischem Wege vertriebene Versicherungsprodukte

Nicht eindeutig geklärt ist in der Richtlinie jedoch die Frage, inwieweit Anbieter von Dienstleistungen im Versicherungsgewerbe – insbesondere Lebensversicherer -, die ihre Produkte über das Internet vertreiben, unter den Regelungsrahmen der Richtlinie fallen. Zur insoweit erforderlichen Bestimmung des Anwendungsbereichs ist zunächst eine tiefergehende Betrachtung der einzelnen Elemente der Definition des Begriffs der „Dienste der Informationsgesellschaft" zweckmäßig.

(1) Kritik am Begriff der „Dienste der Informationsgesellschaft"

Der Richtliniengeber hat die einzelnen Elemente des Dienstes der Informationsgesellschaft legal definiert[144]. Die Formulierung „im Fernabsatz erbrachte Dienstleistung" bezeichnet demnach eine Dienstleistung, die ohne gleichzeitige physische Anwesenheit der

[141] Vgl. Art.1 Absatz 2 der Richtlinie 2000/31/EG.
[142] Vgl. Art.1 Absatz 3 der Richtlinie 2000/31/EG.
[143] Tettenborn weist in diesem Zusammenhang darauf hin, dass diese Kompromissformel im vertraglichen Bereich lediglich im Business-to-Business (sog. „B-2-B") – Bereich Relevanz erlangt, wenn keine Rechtswahl getroffen wurde, K&R 2000, 59 (60).
[144] Vgl. die Richtlinie 98/34/EG in der Fassung der Richtlinie 98/48/EG vom 20. Juli 1998, Art.1 Nr.2.

Vertragsparteien erbracht wird[145]. Dieses Kriterium wird von der dieser Abhandlung zugrundeliegenden Form des Versicherungsgeschäftsverkehrs problemlos erfüllt, da der potentielle Versicherungsnehmer auf der einen Seite in Deutschland am elektronischen Geschäftsverkehr teilnimmt, währenddessen sich der (möglicherweise sogar virtuelle) Sachbearbeiter des entsprechenden Versicherers andererseits in physischer Abwesenheit vom deutschen Verbraucher in England befindet.

Schwierigkeiten bereitet jedoch die weitere Bedingung, dass es sich hierbei um eine „elektronisch erbrachte Dienstleistung" handeln muss, wobei damit eine Dienstleistung gemeint ist, „die mittels Geräten für die elektronische Verarbeitung (einschließlich digitaler Kompression) und Speicherung von Daten am Ausgangspunkt gesendet und am Endpunkt empfangen wird und die vollständig über Draht, Funk, auf optischem oder anderem elektromagnetischen Wege gesendet, weitergeleitet und empfangen wird"[146]. Inwieweit die Hauptleistungspflicht eines Versicherers als Dienstleistung in diesem Sinne elektronisch *erbracht* werden kann, stößt jedoch insofern auf Bedenken, als unter der typischen „Dienstleistung" eines Versicherers im Sinne der dem Versicherungsnehmer gegenüber vertraglich geschuldeten Hauptleistungspflicht jedenfalls nicht die Übermittlung von Verbraucherinformationen wie Versicherungsbedingungen oder auch Policen u.ä. gesehen wird[147].

Diese Bedenken werden durch das weitere Element der Definition, dass es sich um eine „auf individuellen Abruf eines Empfängers *erbrachte* Dienstleistung" handeln muss[148], noch verstärkt. Der richtli-

---

[145] Vgl. Art.1 Nr.2 erster Spiegelstrich der Richtlinie 98/48/EG vom 20. Juli 1998. Gemeint ist präziser wohl eine Dienstleistung, die ohne gleichzeitige physische Anwesenheit der Vertragsparteien an einem Ort erbracht wird.

[146] Vgl. Art.1 Nr.2 zweiter Spiegelstrich der Richtlinie 98/48/EG vom 20. Juli 1998.

[147] Zwar ist innerhalb der Literatur und der Rechtsprechung lebhaft umstritten, ob die typische Leistungspflicht eines Versicherers in der Geldleistung, der Gefahrtragung oder schlicht in der Geschäftsbesorgung zu sehen ist. In der Übermittlung der Verbraucherinformationen u.ä. wurde eine Hauptleistungspflicht bislang allerdings nicht angenommen, vgl. zum Streitstand nur Prölss/Martin, VVG, § 1 Rn.20 ff.

[148] Vgl. Art.1 Nr.2 dritter Spiegelstrich der Richtlinie 98/48/EG vom 20. Juli 1998.

nieneigenen Definition zufolge meint dies eine Dienstleistung, „die *durch* die *Übertragung* von Daten auf individuelle Anforderung *erbracht* wird“[149]. Mittels dieses Kriteriums soll eigentlich die Abgrenzung des Anwendungsbereichs zu demjenigen der Rundfunk-Richtlinie[150] gelingen[151]. Zugleich erschwert es jedoch die Subsumtion des elektronischen Versicherungsvertriebs unter den herkömmlichen Dienstleistungsbegriff des Art. 60 EGV[152], da diesbezüglich wiederum auf die Übertragung von Daten als die zu erbringende Leistung des Diensteanbieters abgestellt wird.

(2) Auslegung des Begriffs der „Dienste der Informationsgesellschaft“

Aus den vorangegangen Ausführungen wurde deutlich, dass die Lösung der Problemstellung, inwieweit der elektronische Vertrieb von Versicherungsprodukten in den Anwendungsbereich der E-Commerce-Richtlinie fällt, über das Verständnis des Dienstleistungsbegriffs und damit die Feststellung seines Umfangs geleistet werden muss.

Der Begriff wird in der Richtlinie allerdings in einem sehr unscharfen Sinn verwendet[153]. Daher bedarf es im Anschluss an die Definition der Elemente des Begriffs der „Dienste der Informationsgesellschaft“ im folgenden der Auslegung des Terminus „Dienstleistung“. Maßgebend sind für die Auslegung einer Rechtsnorm dabei der Wortsinn, der Bedeutungszusammenhang, die Entstehungsgeschichte sowie der Sinn und Zweck der Vorschrift[154].

---

149 Vgl. Art.1 Nr.2 dritter Spiegelstrich der Richtlinie 98/48/EG vom 20. Juli 1998.

150 Richtlinie 89/552/EWG, ABl L 298 vom 17.10.1989 in der Fassung der Richtlinie 97/36/EG, ABl L 202 vom 30.7.1997.

151 Vgl. den Erwägungsgrund 18 sowie Maennel, MMR 1999, 187 (188); Waldenberger, EuZW 1999, 296.

152 Vgl. nur Groeben/Thiesing/Ehlermann/Troberg, Art.60 Rn.1, die am Beispiel einer Versicherungspolice klarstellen, dass es sich bei dieser lediglich um die Verkörperung der Risikoübernahme eines Versicherers handelt, die eigentliche Dienstleistung jedoch im „Aufbau einer Risikogemeinschaft nach bewährten, oft mathematisch fundierten Versicherungstechniken“ liegt.

153 So auch Waldenberger, EuZW 1999, 296 (297).

154 Palandt/Heinrichs, Einl. Rn.35 m.w.N.

(a) Grammatikalische Auslegung

Mit dem Verweis des Art. 2 lit. a der Richtlinie auf die in der Richtlinie 98/34/EG[155] enthaltene Definition nimmt die „E-Commerce"-Richtlinie zugleich Bezug auf den dort enthaltenen Erwägungsgrund 19. Darin knüpft der Richtliniengeber hinsichtlich des Verständnisses des Dienstleistungsbegriffs ausdrücklich an Art. 60 EGV entsprechend der Auslegung des EuGH an. Daher kann diese Vorschrift des EG-Vertrags als ein Maßstab für die Wortlautanalyse herangezogen werden.

Der Begriff der Dienstleistungen wird in Art. 60 Satz 1 EGV als „Leistungen, die in der Regel gegen Entgelt erbracht werden, soweit sie nicht den Vorschriften über den freien Waren- und Kapitalverkehr und über die Freizügigkeit der Personen unterliegen" legal definiert. Dienstleistungen sind damit insbesondere auch vom Warenverkehr abzugrenzen. Das Wesen des Dienstleistungsbegriffs charakterisierende Merkmale im Sinne des EG-Vertrags sind insbesondere die Entgeltlichkeit, die Immaterialität sowie die Transnationalität der Leistung[156]. Der EuGH nimmt die Abgrenzung in jüngerer Zeit zudem anhand der sogenannten „Schwerpunkttheorie" vor[157]. Unzweifelhaft ist der Schwerpunkt der Tätigkeit eines Lebensversicherers im elektronischen Geschäftsverkehr zwischen Großbritannien und Deutschland demzufolge im Dienstleistungsbereich zu sehen. Allerdings ist dem Dienstleistungsbegriff des Art. 60 EGV ferner das Merkmal der Leistungserbringung immanent. Zu erbringen ist insoweit die Leistung, auf welcher der Schwerpunkt der Tätigkeit des Dienstleisters liegt.

Wie zuvor bereits festgestellt, liegt der Schwerpunkt der vertraglich geschuldeten Leistung jedoch nicht in der Übermittlung von Verbraucherinformationen o.ä., sodass bei einer strikt am Wortlaut orientierten Betrachtung der direkte elektronische Versicherungsvertrieb zwischen Versicherer und Versicherungsnehmer zunächst

155 Richtlinie 98/34/EG des Europäischen Parlaments und des Rates vom 22. Juni 1998 über ein Informationsverfahren auf dem Gebiet der Normen und technischen Vorschriften und der Vorschriften für die Dienste der Informationsgesellschaft in der Fassung der Richtlinie 98/48/EG vom 5. August 1998.

156 Vgl. Groeben/Thiesing/Ehlermann/Troberg, Art.60 Rn.1 ff.

157 Näher dazu Bleckmann, Rn.1673; Hailbronner/Nachbaur, EuZW 1992, 105 (107); Waldenberger, EuZW 1999, 296 (297).

nicht dem Anwendungsbereich der „E-Commerce"-Richtlinie unterliegen würde.

(b) Systematische Auslegung

Der Gesamtzusammenhang, in dem die Vorschrift des Art. 2 lit. a der Richtlinie steht, lässt freilich einen Rückschluss auf die Erkenntnis zu, dass der Richtliniengeber durchaus einen Bezug des Anwendungsbereichs zu elektronischen Geschäftstätigkeiten der Versicherungswirtschaft gesehen hat. Schließlich sieht der Anhang des Richtlinienvorschlags eine Reihe von Bereichen vor, auf die Art. 3 Absatz 1 und 2 der Richtlinie keine Anwendung finden soll. Hierzu zählt unter anderem Titel IV der Richtlinie 92/96/EWG[158]. Darin enthalten sind die Bestimmungen über die freie Niederlassung und den freien Dienstleistungsverkehr für die Direktversicherung (Lebensversicherung)[159]. Diese Regelungen aus dem Anwendungsbereich des Art. 3 Absatz 1 und 2 herauszunehmen, wäre jedoch überflüssig gewesen, wenn Aktivitäten der Versicherungswirtschaft im elektronischen Geschäftsverkehr den Regelungen der Richtlinie ohnehin nicht unterliegen würden.

Als Anbieter virtueller Leistungen im Bereich der Versicherungswirtschaft, deren Dienste elektronisch erbracht werden können, kommen insbesondere die Vermittler von Versicherungsprodukten in Betracht. Diese könnten ihre Dienste auf eigenen Websites anbieten, den Kunden den gewünschten Versicherungsschutz bei einem Versicherer ver- und die entsprechenden Vertragsunterlagen online übermitteln[160]. In einem derartigen 3-Personen-Verhältnis (Kunde – Vermittler – Versicherer) wäre den grammatikalischen Anforderungen der Definition der Dienste der Informationsgesellschaft genüge getan. Zugleich wäre auch die oben genannte Ausnahme im Anhang des Richtlinienentwurfs bezüglich der Bestimmungen über die

---

[158] Vgl. den 4. Spiegelstrich des Anhangs der Richtlinie.

[159] Vgl. Titel IV der Richtlinie 92/96/EWG vom 10. November 1992 zur Koordinierung der Rechts- und Verwaltungsvorschriften für die Direktversicherung (Lebensversicherung) sowie zur Änderung der Richtlinien 79/267/EWG und 90/619/EWG (Dritte Richtlinie Lebensversicherung).

[160] Ein ähnliches Beispiel nennt Tettenborn mit der elektronischen Buchung im Reisebüro einschließlich der elektronischen Ticketerstellung via Internet, K&R 2000, 59 (61). Das Reisebüro ist ebenfalls regelhaft lediglich Vermittler der Reisen und nicht deren Veranstalter.

freie Niederlassung und den freien Dienstleistungsverkehr erklärbar. Für die Anwendbarkeit der Richtlinie auf den elektronischen Geschäftsverkehr im direkten Verhältnis von Versicherer und Versicherungsnehmer lassen sich insoweit allerdings keine klärenden Argumente aus dem Bedeutungszusammenhang entnehmen.

(c) Historische Auslegung

Zu beachten ist jedoch, dass der Richtliniengeber in seinem Erwägungsgrund 18 ausdrücklich auch den Online-Verkauf von Waren als Tätigkeit eines Dienstes der Informationsgesellschaft bezeichnet. Dies macht deutlich, dass der Richtliniengeber hier von einem wesentlich weiteren Verständnis des Dienstleistungsbegriffs ausgeht, als er in Art. 60 EGV vorausgesetzt wird. Möglicherweise könnte daher seitens des Richtliniengebers auch hinsichtlich des Erfordernisses der Leistungserbringung ein weiterer Bedeutungsrahmen beabsichtigt sein.

Für diese Annahme spricht auch das Postulat des Richtliniengebers in Erwägungsgrund 4, dass es wichtig sei zu gewährleisten, dass der elektronische Geschäftsverkehr die Chancen des Binnenmarktes voll nutzen könne. Damit wird der elektronische Geschäftsverkehr zunächst einmal in seiner Gesamtheit angesprochen. Ausnahmen davon werden in dem Richtlinienentwurf in einer Reihe von Bestimmungen explizit genannt[161]. Etwaige Gründe dafür, weshalb gerade der Vertrieb von Versicherungsprodukten durch die Versicherer selbst darüber hinaus ohne ausdrückliche Bezeichnung nicht hierunter fallen sollte, sind aber weder aus den Bestimmungen noch aus den Erwägungsgründen ersichtlich.

Insbesondere spricht für ein entsprechend weites Verständnis jedoch die im Erwägungsgrund 27 getroffene Feststellung, dass diese Richtlinie zusammen mit der Richtlinie über den Fernabsatz von Finanzdienstleistungen dazu beitrage, einen rechtlichen Rahmen für die Online-Erbringung von Finanzdienstleistungen zu schaffen. Zu den von der Richtlinie über den Fernabsatz von Finanzdienstleistungen erfassten Formen sollen vor allem auch Verträge über Le-

---

[161] Vgl. nur Art.1 Absatz 4 – 6, Art.2 lit. h) ii), Art.3 Absatz 3 der Richtlinie 2000/31/EG.

bensversicherungen gehören[162]. Diese Überlegungen erlauben zwar noch keine zwingende Festlegung des Anwendungsbereichs, sie sind jedoch für die Ermittlung des Gesetzeszwecks von erheblicher Bedeutung[163]. Weitere entstehungsgeschichtliche Argumente lassen sich aus den Erwägungsgründen des Richtliniengebers aber nicht fruchtbar machen.

(d) Teleologische Auslegung

Sinn und Zweck der zu erlassenden Richtlinie ist es, einen das Vertrauen der Verbraucher gewinnenden klaren Rechtsrahmen zur Sicherstellung des freien Verkehrs von Diensten der Informationsgesellschaft zu schaffen, indem sie Rechtsbegriffe auf Gemeinschaftsebene klarstellt und den elektronischen Geschäftsverkehr betreffende nationalstaatliche Rechtsvorschriften harmonisiert[164]. Dabei umfassen die Dienste der Informationsgesellschaft neben den reinen Dienstleistungen im Sinne des Art. 60 EGV insbesondere auch Tätigkeiten, die im Online-Verkauf von Waren bestehen[165]. Lediglich Tätigkeiten wie die Auslieferung von Waren als solche, die Erbringung von Offline-Diensten, Fernseh- und Radiosendungen im Sinne der Richtlinie 89/552/EWG sowie die E-Mail-Kommunikation zwischen natürlichen Personen zu privaten Zwecken, einschließlich der Verwendung für den Abschluss von Verträgen zwischen ihnen, zählen nicht zu den Diensten der Informationsgesellschaft[166].

Fällt somit gar insbesondere der Vertrieb von Waren via Internet unter den Regelungsbereich der Richtlinie, obschon Waren zweifellos nicht elektronisch übermittelbar sind, dann ist im Wege eines argumentum a majore ad minus der Schluss zu ziehen, dass trotz des Wortlauts der Definition der Dienste der Informationsgesellschaft, einschließlich der dieser zugrunde liegenden Definition des Dienstleistungsbegriffs im Sinne des Art. 60 EGV, der elektronische Vertrieb von Versicherungsprodukten im direkten Verhältnis zwischen Versicherer und Versicherungsnehmer in den Anwendungsbereich

---

[162] Vgl. Erwägungsgrund 18 des Richtlinienvorschlags über den Fernabsatz von Finanzdienstleistungen an Verbraucher.
[163] Palandt/Heinrichs, Einl. Rn.37.
[164] Vgl. die Erwägungsgründe 6 – 8 sowie Art.1 Absatz 1 der Richtlinie 2000/31/EG.
[165] Vgl. Erwägungsgrund 18 der Richtlinie 2000/31/EG.
[166] Vgl. Erwägungsgrund 18 der Richtlinie 2000/31/EG.

des „E-Commerce"-Richtlinienentwurfs fällt. Dieses Auslegungsergebnis findet in den Erwägungsgründen 4, 18 und 27 eine zusätzliche Stütze.

(3) Ergebnis

Dem Anwendungsbereich der „E-Commerce"-Richtlinie unterliegt der grenzüberschreitende elektronische Vertrieb von Versicherungsprodukten via Internet sowohl im direkten Verhältnis von Versicherer zum Versicherungsnehmer als auch beim Vertrieb durch Versicherungsvermittler an Versicherungsnehmer.

d) Die Grenzen des Herkunftslandprinzips gemäß Art. 3 aus versicherungsrechtlicher Perspektive

Mit der Binnenmarktklausel des Art. 3 Absatz 1 wird das Herkunftslandprinzip festgeschrieben, welches die Mitgliedsstaaten verpflichtet dafür Sorge zu tragen, dass die Dienste der Informationsgesellschaft, die von einem Anbieter in deren Hoheitsgebiet erbracht werden, in Übereinstimmung mit den jeweiligen innerstaatlichen Normen stehen, die in den koordinierten Bereich fallen.

Zugleich dürfen die Mitgliedstaaten gemäß Art. 3 Absatz 2 den freien Verkehr der Dienste der Informationsgesellschaft aus einem anderen Mitgliedstaat nicht aus Gründen beschränken, die in den durch die Richtlinie koordinierten Bereich fallen.
Diese Regelung untersagt es einem Mitgliedsstaat somit, Maßnahmen gegen in dessen Hoheitsbereich verbotene Dienstleistungen von Diensteanbietern zu treffen, sofern sie von dem Hoheitsgebiet eines anderen Mitgliedsstaates aus zulässigerweise erbracht werden dürfen[167] und innerhalb des koordinierten Bereichs liegen. Die Diensteanbieter müssen sich insoweit nur der Rechtsordnung ihres „Niederlassungsstaates" unterwerfen und brauchen Beschränkungen in den „Abrufstaaten" nicht zu befürchten, so dass sich die Diensteanbieter auch nicht mit deren Rechtsordnungen befassen müssen[168]. Auf diese Weise sollen der freie Dienstleistungsverkehr

[167] Ebenso Brisch, CR 1999, 235 (237).
[168] Wie hier Bender/Sommer, RIW 2000, 260 (261); Maennel, MMR 1999, 187 (189).

und die Rechtssicherheit für Anbieter und Nutzer gewährleistet werden[169].

Ausgenommen von dieser Vorschrift sind allerdings gemäß Art. 3 Absatz 3 i.V.m. dem 4. Spiegelstrich des Anhangs der Art. 30 und Titel IV der Richtlinie 92/49/EWG, der Titel IV der Richtlinie 92/96/EWG sowie die Artt. 7 und 8 der Richtlinie 88/357/EWG und ferner der Art. 4 der Richtlinie 90/619/EWG. Hierbei handelt es sich um eine Reihe von versicherungsrechtlichen Regelungen der Schadens- und Lebensversicherung. Für diese Bereiche können die Mitgliedsstaaten abweichend von den Regelungen der Richtlinie restriktivere Bestimmungen in ihren nationalen Rechtsordnungen vorsehen[170].

Darüber hinaus ist die Freiheit der Rechtswahl für die Vertragsparteien[171] vom Herkunftslandprinzip ausgenommen, wobei dies nur insoweit gilt, als nicht zwingende Bestimmungen des Verbraucherrechts Vorrang genießen, da auch vertragliche Schuldverhältnisse in Bezug auf Verbraucherverträge[172] im Ausnahmekatalog des Anhangs zu Art. 3 enthalten sind[173].

Ausdrücklich stellt der Richtlinienvorschlag entgegen früheren Entwürfen[174] ferner nunmehr klar, dass die Richtlinie weder zusätzliche Regeln für den Bereich des internationalen Privatrechts schaffen, noch Vorschriften über die Zuständigkeit von Gerichten tangieren soll[175]. Grundlage für die Bestimmung des einem Versicherungsvertrag zugrundeliegenden Rechtsstatuts sowie des zuständigen Gerichts verbleiben daher die entsprechenden Normen des EGVVG bzw. des EuGVÜ.

---

169 Vgl. Erwägungsgrund 22 der Richtlinie 2000/31/EG.
170 So auch Bender/Sommer, RIW 2000, 260 (262).
171 Vgl. Art.3 Absatz 3 i.V.m. dem 5. Spiegelstrich des Anhangs der Richtlinie 2000/31/EG.
172 Vgl. Art.3 Absatz 3 i.V.m. dem 6. Spiegelstrich des Anhangs der Richtlinie 2000/31/EG.
173 Tettenborn, K&R 2000, 59 (61).
174 Vgl. die weniger eindeutigen Formulierungen der Erwägungsgründe 7 und 19 in KOM (1999) 427 endg.
175 Vgl. Art.1 Absatz 4 sowie Erwägungsgrund 23 der Richtlinie 2000/31/EG.

e) Grundsatz der Zulassungsfreiheit

Gemäß Artikel 4 Absatz 1 des Richtlinienentwurfs sollen die Mitgliedsstaaten verpflichtet werden, in ihren Rechtsordnungen dafür Sorge zu tragen, dass Anbietern von Diensten der Informationsgesellschaft ohne behördliche Genehmigungen o.ä. der Zugang zu ihrer Tätigkeit ermöglicht wird. Ausgenommen sind davon lediglich Zulassungsverfahren, die nicht speziell und ausschließlich Anbieter der Informationsgesellschaft betreffen, Art. 4 Absatz 2.

Mit dieser Regelung ist klargestellt, dass im Internet präsente Versicherer lediglich den üblichen versicherungsaufsichtsrechtlichen Zulassungserfordernissen der jeweiligen Mitgliedsstaaten unterliegen. Hinsichtlich des gewählten Vertriebsweges über das Internet dürfen insofern keine gesonderten Zulassungsschranken errichtet werden.

f) Abschluss von Verträgen auf elektronischem Weg

Um das Funktionieren des Binnenmarktes auch für den elektronischen Geschäftsverkehr sicherzustellen, bedarf es bezüglich des elektronischen Abschlusses von Verträgen im grenzüberschreitenden Verkehr einer grundlegenden Regelung zur Vermeidung rechtlicher Hindernisse. Die Vorschriften der Art. 9 – 11 sind dabei eng auf die Regelungen der Richtlinie 1999/93/EG des Europäischen Parlaments und des Rates vom 13. Dezember 1999 über gemeinschaftliche Rahmenbedingungen für elektronische Signaturen abgestimmt[176].

aa) Behandlung von elektronisch geschlossenen Verträgen, Art. 9

Die Mitgliedsstaaten werden durch Art. 9 Absatz 1 Satz 1 der Richtlinie verpflichtet, ihre nationalstaatlichen Rechtsvorschriften so zu gestalten, dass sie den Abschluss elektronischer Verträge ermöglichen. Insbesondere soll sichergestellt sein, dass die Vorschriften weder eine tatsächliche Benutzung elektronischer Verträge verhindern noch dazu führen, dass deren Gültigkeit oder Rechtswirksamkeit aufgrund der Art des Zustandekommens auf elektronischem Wege in Frage gestellt wird, Art. 9 Absatz 1 Satz 2. Die Harmonisie-

---

[176] Ebenso Maennel, MMR 1999, 187 (190).

rung nationalstaatlicher Zivilrechtsvorschriften sei damit jedoch nicht beabsichtigt[177]. Die Regelungen seien vielmehr als „technische Anleitungen" zu verstehen[178].

Durch diese Norm werden die Mitgliedsstaaten insbesondere zur Änderung von Formvorschriften, die beispielsweise Verträge nur in Papierform zulassen, mit der Maßgabe angehalten, zukünftig einen papierlosen elektronischen Abschluss von Verträgen zu ermöglichen[179]. Mit Blick auf das deutsche Versicherungsrecht dürfen somit Änderungen im Aufsichts- als auch im Vertragsrecht zu erwarten sein. Zu nennen sind hier nur beispielhaft einige zentrale Bestimmungen wie § 10a VAG und die §§ 3, 5 und 5a VVG[180].

bb) Informationspflichten des Dienstanbieters, Art. 10

Da der Umgang mit den elektronischen Medien, insbesondere als Mittel zur Abwicklung von Waren- und Dienstleistungsverkehr, für die Masse der Verbraucher relativ neu und damit ungewohnt ist, sieht die Richtlinie in Art. 10 einige Informationspflichten der Diensteanbieter gegenüber Verbrauchern vor, um so das Vertrauen in die Zuverlässigkeit des elektronischen Geschäftsverkehrs zu steigern.

Hierzu zählen Informationen über die einzelnen technischen Schritte, die zu einem Vertragsschluss führen[181], Angaben dazu, ob der Vertragstext nach Vertragsabschluss gespeichert und ob er zugänglich sein wird[182], die technischen Mittel zur Erkennung und Korrektur von Eingabefehlern vor Abgabe der Bestellung[183] sowie die für den Vertragsabschluss zur Verfügung stehenden Sprachen[184]. Diese Informationen muss der Diensteanbieter in klarer, verständlicher und

---

[177] Vgl. Ernst, VuR 1999, 397 (403), der sich auf Aussagen der Kommission bezieht.
[178] Vgl. Tettenborn, K&R 2000, 59 (62).
[179] Vgl. Erwägungsgrund 34 der Richtlinie 2000/31/EG.
[180] Näher dazu siehe unten S.82 ff. und S.109 ff.
[181] Vgl. Art.10 Absatz 1 lit. a der Richtlinie 2000/31/EG.
[182] Vgl. Art.10 Absatz 1 lit. b der Richtlinie 2000/31/EG.
[183] Vgl. Art.10 Absatz 1 lit. c der Richtlinie 2000/31/EG.
[184] Vgl. Art.10 Absatz 1 lit. d der Richtlinie 2000/31/EG.

unzweideutiger Form erteilen, bevor der Nutzer des Dienstes seine Bestellung abgibt[185].

Sinnvoll erscheint, vor allem vor dem Hintergrund der Neuartigkeit der elektronischen Medien für die Verbraucher, die Verpflichtung der Diensteanbieter zur Information über die einzelnen Schritte zum elektronischen Vertragsschluss. Die Gefahr ist groß, dass durch geschickte Aufbereitungen der Websites die Nachvollziehbarkeit und Übersichtlichkeit der einzelnen Verfahrensschritte verloren geht und die Verbraucher auf diese Weise zu ungewollten Vertragsschlüssen verleitet werden. Aus dem selben Grund zählt zu den aus verbraucherschutzrechtlicher Sicht vernünftigen Vorschriften ebenso das Erfordernis zur Information über die technischen Mittel zur Erkennung und Korrektur von Eingabefehlern[186].

Zu den weniger überzeugenden Vorschriften gehört dagegen die Verpflichtung der Diensteanbieter zu Angaben über die Speicherung und die Zugänglichkeit des Vertragstextes. Da der Diensteanbieter durch die Richtlinie nicht zur Speicherung des Vertragstextes gezwungen wird, ist nicht recht erkennbar, welchen Nutzen der Verbraucher aus der unter Umständen seitens des Anbieters zu leistenden Angabe, dass eine Speicherung nicht vorgesehen und eine Zugänglichkeit nicht gegeben sei, haben wird[187]. Bezogen auf die Versicherungswirtschaft ist diese Angabe ohnehin entbehrlich, da diese zur Übermittlung bzw. Bereitstellung der Vertragsunterlagen unabhängig von der Richtlinie gefordert sind.

Überflüssig ist darüber hinaus die Angabe zu den für den Vertragsabschluss zur Verfügung stehenden Sprachen. Wenn Diensteanbieter den Aufwand der Bereitstellung einer Mehrzahl von Sprachen für den Vertragsabschluss treiben, werden sie schon aus eigenem

[185] Vgl. Art.10 Absatz 1 der Richtlinie 2000/31/EG.

[186] A.A. ist offenbar Waldenberger, der Sonderregelungen über vorvertragliche Informationspflichten über die Bestimmungen der Fernabsatzrichtlinie hinaus mit dem Argument ablehnt, dass es sich bei online geschlossenen Verträgen nicht um Verträge besonderer Art handele, EuZW 1999, 296 (300).

[187] Waldenberger vermisst darüber hinaus eine Begründung der Kommission dafür, weshalb die Dienste der Informationsgesellschaft, anders als beispielsweise ein klassisches Versandhaus, die Rechtspflicht treffen solle, den Kunden darüber zu informieren, ob und wo der Vertragstext gespeichert werde, EuZW 1999, 296 (300).

Ertragssteigerungsinteresse auf diese besonders aufmerksam machen.

Kritisch zu sehen ist auch die Verpflichtung der Diensteanbieter gemäß Art. 10 Absatz 2 zur Angabe aller Verhaltenskodizes, denen er sich unterwirft, einschließlich der Information, wie diese auf elektronischem Weg zugänglich sind[188], zumal die Unterwerfung unter die Kodizes freiwillig ist[189]. Eine vergleichbare Verpflichtung besteht für auf konventionellem Wege geschlossene Verträge nicht. Weshalb diese Angaben dagegen für den Abschluss von Verträgen auf elektronischem Weg erforderlich sein sollen, lässt der Richtliniengeber offen.

Als sinnvolle Ergänzung zu den Vorschriften der Artt. 3 ff. der Richtlinie über den Fernabsatz von Finanzdienstleistungen erscheint allerdings die Verpflichtung der Diensteanbieter gemäß Art. 10 Absatz 3, die Vertragsbestimmungen und die allgemeinen Geschäftsbedingungen dem Nutzer so zur Verfügung zu stellen, dass er sie speichern und reproduzieren kann. Insbesondere für die deutsche Versicherungswirtschaft dürfte Art. 10 Absatz 3 von einiger Bedeutung sein, da deren Versicherer traditionell mit sehr umfangreichen Bedingungs- und Klauselwerken arbeiten. Ausreichender Mindeststandard in der Bereitstellung von AVB, auch unter Verbraucherschutzerwägungen, wird zukünftig damit die speicher- und reproduzierbare elektronische Darstellung innerhalb der Websites der Versicherer sein können. Die Verpflichtung zur Übermittlung der Verbraucherinformationen in Papierform vor Abschluss des Vertrags, wie dies beispielsweise das BAV mit Hinweis auf § 10 a VAG fordert[190], entfällt spätestens nach der entsprechenden Umsetzung der Richtlinie durch den deutschen Gesetzgeber.

---

188 Grundsätzlich positiv bewertet diese Vorschrift hingegen Ernst, freilich ohne nähere Begründung, VuR 1999, 397 (404). Zugleich liefert er indirekt ein Argument gegen diese Regelung, indem er das Fehlen eines Hinweises darauf bemängelt, inwieweit alle Amtssprachen vertreten sein müssen, da Berufsregeln und Verhaltenskodizes regelmäßig in einer Weise verfasst seien, die non-native-speaker nicht verstünden.

189 Dies stellt Erwägungsgrund 49 der Richtlinie 2000/31/EG deutlich heraus.

190 Näher dazu unten S.82 ff. im Kapitel III des ersten Teils dieser Arbeit.

cc) Abgabe einer Bestellung, Art. 11

Art. 11 Absatz 1 verlangt von den Diensteanbietern, dass sie den Eingang von Bestellungen der Nutzer unverzüglich auf elektronischem Wege bestätigen müssen. Bestellung und Empfangsbestätigung gelten demnach als eingegangen, wenn die Parteien sie abrufen können. Zwar ist die Vorschrift damit gegenüber der ursprünglichen Fassung deutlich vereinfacht[191], sie ist hinsichtlich ihrer rechtlichen Bedeutung zugleich jedoch auch unklarer geworden. Mit der Bestätigung des Empfangs der Bestellung des Nutzers ist eine Annahme durch den Diensteanbieter noch nicht erfolgt, da nach deutschem Verständnis Websites regelmäßig keine Angebote, sondern lediglich rechtlich unverbindliche Aufforderungen zur Abgabe von Angeboten darstellen[192]. Berücksichtigt man ferner die Haltung der Kommission, dass ein die nationalen Zivilrechtsvorschriften harmonisierender Eingriff durch diese Richtlinie nicht beabsichtigt sei, kann Art. 11 Absatz 1 nur als Obliegenheit des Dienstanbieters verstanden werden, deren Beachtung auf das wirksame Zustandekommen des Vertrages letztlich aber keinen Einfluss hat[193]. Dafür spricht auch der Verzicht auf die Regelung des Vertragsschlusses in der Richtlinie selbst, wie dies noch in früheren Vorschlägen vorgesehen war[194].

Mit Art. 11 Absatz 2 werden die Mitgliedsstaaten zusätzlich aufgefordert sicherzustellen, dass den Nutzern Mittel zur Erkennung und Korrektur von Eingabefehlern vor Abgabe der Bestellung von den Diensteanbietern zur Verfügung gestellt werden. Auf diese Weise soll verhindert werden, dass ein „Anklicken" der falschen Ikone zu

---

[191] Ursprünglich verlangte die Richtlinie in Art.11 Absatz 1 a.F. nicht nur die Bestätigung seitens des Dienstanbieters, sondern zusätzlich die Bestätigung des Nutzers, dass er diese Bestätigung erhalten hat, KOM (1998) 586 endg. vom 18.11.1998. Dieses Verfahren stieß jedoch auf sehr deutliche Kritik und wurde dem Änderungsvorschlag Nr.42 des Europäischen Parlaments entsprechend abgemildert, KOM (1999) 427 endg. Zur Kritik in der Literatur vgl. nur Waldenberger, EuZW 1999, 296 (300).

[192] Vgl. dazu Ernst, VuR 1999, 397 (404) m.w.N.

[193] A.A. insoweit Ernst, VuR 1999, 397 (404) und Maennel, MMR 1999, 187 (191), die das Zustandekommen des Vertrages an die erfolgte Bestätigung knüpfen.

[194] So war in Art.11 Absatz 1 a.F. noch detailliert geregelt, auf welche Weise ein Vertrag elektronisch geschlossen werden sollte, vgl. KOM (1999) 427 endg.

weitreichenden rechtlichen Konsequenzen führt[195]. Gerade vor dem Hintergrund der Neuartigkeit des Mediums ist dieser Vorschrift, insbesondere auch aus Verbraucherschutzaspekten, zuzustimmen. Die von Waldenberger geäußerte Befürchtung[196], dass der Nutzer damit die Möglichkeit erhalte, nachträglich einseitig die Vertragsbedingungen zu ändern, ist m.E. unbegründet, da die Richtlinie ausdrücklich nur eine Korrekturmöglichkeit *vor* Abgabe der Bestellung fordert.

2. „Finanzdienstleistungsfernabsatz – Richtlinie"

Die Europäische Kommission hatte dem Europäischen Parlament am 19. November 1998 einen Vorschlag für eine Richtlinie des Europäischen Parlaments und des Rates über den Fernabsatz von Finanzdienstleistungen an Verbraucher und zur Änderung der Richtlinie 90/619/EWG des Rates und der Richtlinien 97/7/EG und 98/27/EG vorgelegt. Zwischenzeitlich liegt ein von der Kommission auf der Basis der Änderungsvorschläge des Europäischen Parlaments und der Beratungen des Rates geänderter Richtlinienentwurf vor[197].

a) Ratio des Richtlinienvorschlags

Der Richtlinienvorschlag will durch die Schaffung eines rechtlichen Rahmens für den Fernabsatz von Finanzdienstleistungen dazu beitragen, das Vertrauen der Verbraucher in die Nutzung der neuen Fernabsatztechniken für Finanzdienstleistungen zu stärken[198]. Zur Vermeidung negativer Folgen für den Binnenmarkt als solchen und den Wettbewerb der Unternehmen im Binnenmarkt aufgrund unterschiedlicher oder abweichender Verbraucherschutzbestimmungen der Mitgliedstaaten im Bereich des Fernabsatzes von Finanzdienstleistungen an Verbraucher, sollen gemeinsame Regeln auf Gemeinschaftsebene für diesen Bereich eingeführt werden[199].

---

[195] Ebenso auch Maennel, MMR 1999, 187 (191).
[196] Vgl. EuZW 1999, 296 (300).
[197] Vgl. „Geänderter Vorschlag für eine Richtlinie des Europäischen Parlaments und des Rates über den Fernabsatz von Finanzdienstleistungen an Verbraucher und zur Änderung der Richtlinien 97/7EG und 98/27/EG, 599 PC 0385.
[198] Vgl. Erwägungsgrund 5 des Richtlinienentwurfs, 599 PC 0385.
[199] Vgl. Erwägungsgrund 8 des Richtlinienentwurfs, 599 PC 0385.

b) Begriffsklärungen

Nach Art. 2 lit. a des Richtlinienentwurfs wird unter einem „Vertragsabschluss im Fernabsatz“ jeder zwischen einem Anbieter und einem Verbraucher geschlossene, Finanzdienstleistungen betreffende Vertrag verstanden, der im Rahmen eines für den Fernabsatz organisierten Vertriebs- bzw. Dienstleistungssystems des Anbieters geschlossen wird, wobei dieser für den Vertrag bis zu dessen Abschluss einschließlich ein oder mehrere Fernkommunikationsmittel verwendet.

Als Finanzdienstleistung in diesem Sinne gilt u.a. auch jede Dienstleistung von Versicherungsunternehmen, beispielsweise in Form von Lebensversicherungen bzw. Lebensversicherungen in Verbindung mit Anlagefonds[200].
Die elektronische Datenübermittlung via Internet bzw. der Informationsaustausch mittels Email u.ä. entspricht dem Begriff des Fernkommunikationsmittels i.S.d. Richtlinie, da gemäß Art. 2 lit. e hierunter jedes Kommunikationsmittel verstanden wird, welches ohne gleichzeitige körperliche Anwesenheit des Anbieters und des Verbrauchers für den Fernabsatz einer Dienstleistung zwischen den Parteien eingesetzt werden kann.

c) Anwendungsbereich

Die Bestimmungen der Richtlinie sollen für die Rechts- und Verwaltungsvorschriften der Mitgliedstaaten über den Fernabsatz von Finanzdienstleistungen an Verbraucher Angleichungen erreichen, Art. 1 Absatz 1.

Bei Verträgen über Finanzdienstleistungen, die sukzessive Vorgänge oder eine Reihe von getrennten Vorgängen erfassen, die sich über einen bestimmten Zeitraum erstrecken, gelten die Bestimmungen der Richtlinie gemäß Art. 1 Absatz 2 nur für den ersten der Vorgänge, ungeachtet dessen, ob diese Vorgänge nach den Rechtsvorschriften der Mitgliedsstaaten als Bestandteile eines einzigen Vertrags oder getrennter Verträge betrachtet werden können. Sie betreffen somit auch den Bereich der von Versicherern mit Sitz in einem Mitgliedsland der Europäischen Union via Internet bzw. ver-

---

[200] Vgl. Art.2 lit. a des Richtlinienentwurfs, 599 PC 0385.

gleichbarer Kommunikationsmedien vertriebenen Lebensversicherungen als einer Form der Finanzdienstleistung an Verbraucher.

d) Elektronische Übermittlung von Vertragsbedingungen

Einen beachtlichen Schritt auf dem Weg zur Verwirklichung eines funktionierenden elektronischen Geschäftsverkehrs auch im Bereich der Versicherungswirtschaft geht der Richtliniengeber mit dem Vorschlag, die Übermittlung von Vertragsbedingungen gemäß Art. 3a Absatz 1 i.V.m. Art. 2 lit. f des Richtlinienentwurfs auch auf einem anderen dauerhaften Datenträger als Papier zuzulassen, soweit der Datenträger es dem Verbraucher gestattet, an ihn persönlich gerichtete spezifische Informationen auf seinem Computer aufzubewahren. Der Definition des Art. 2 lit. f zufolge entspricht einem dauerhaften Datenträger i.S.d. Richtlinie jedes Medium, das es dem Verbraucher gestattet, Informationen zu speichern, ohne dass dieser selber diese Informationen aufzeichnen muss. Insbesondere sind dies Computerdisketten, CD-ROMs und die Festplatte zur Speicherung der per Email übermittelten Daten im Computer des Verbrauchers.

Damit stellt der Richtliniengeber die elektronische Datenübermittlung der Übergabe von Vertragsbedingungen in Papierform zumindest für den Bereich des in Art. 4 normierten Widerrufsrechts jedenfalls formell gleich.

Art. 3a Absatz 1 des Richtlinienvorschlags verlangt von dem Anbieter, dass er dem Verbraucher die Vertragsbedingungen auf einem dauerhaften Datenträger i.S.d. Richtlinie übermittelt. Zugleich trägt der Versicherer als Anbieter der Dienstleistung gemäß Art. 13 die Beweislast dafür, dass er seiner Verpflichtung zur Unterrichtung des Verbrauchers auch tatsächlich nachgekommen ist. Insoweit handelt es sich aber vermutlich um eine sprachliche Ungenauigkeit des Richtliniengebers. Sollte jedoch tatsächlich die *Übermittlung auf einem* dauerhaften *Datenträger* beabsichtigt sein, würden die Versicherer mit erheblichen praktischen Problemen konfrontiert. Die Vorschrift des Art. 3a ginge ihrem Wortlaut zufolge in diesem Fall längst nicht weit genug. Die Verpflichtung, dem Verbraucher die Vertragsbedingungen auf einem dauerhaften Datenträger, also einer Computerdiskette, CD-ROM oder Festplatte zur Speicherung der per Email übermittelten Daten im Computer des Verbrauchers, ohne dass dieser selber diese Informationen speichern muss, zu übermitteln, würde bedeuten, dass der Versicherer eben solche Datenträger übermitteln müsste, auf denen die Bedingungen gespeichert sind. Eine Übermittlung der Daten per Email allein wäre dann nicht ausreichend. Derartiges zu fordern hieße aber, zumindest den rein elektronischen Fernabsatz von Versicherungsdienstleistungen faktisch zu unterbinden. Der entscheidende Vorteil des Mediums, einen schnellen, kostengünstigen und unkomplizierten Vertragsschluss zu erreichen, wäre dahin. Schließlich müssten die Versicherer ihren potentiellen Kunden die Datenträger vor Vertragsschluss auf dem konventionellen Postweg zusenden, der innerhalb Europas regelmäßig mehrere Tage und nicht selten einige Wochen in Anspruch nimmt.

Das Problem der - zumindest missverständlichen - Formulierung ließe sich jedoch vergleichsweise einfach lösen. Der Richtliniengeber müsste die entsprechenden Vorschriften lediglich dahingehend ändern, dass die Anbieter der Finanzdienstleistungen nicht mehr zur Übermittlung der Bedingungen auf *einem* sondern auf *einen* dauerhaften Datenträger verpflichtet werden. Damit wäre auch die Übersendung der Bedingungen per Email eindeutig zulässig.

Zugleich wäre eine Präzisierung des Begriffs der „Übermittlung" in der Weise wünschenswert, dass auch die Bereitstellung der Daten durch die Versicherer zum „download" und zur Speicherung seitens der Versicherungsnehmer ausreicht, wie es die „E-Commerce"-Richtlinie in Art. 10 Absatz 3 für Vertragsbestimmungen und AGB vorsieht. Zwingende verbraucherschutzrechtliche Gründe, die gegen eine derartige Verfahrensweise sprechen, sind m. E. nicht vorhanden. Eine qualitativ bessere Information der Verbraucher ist durch die Zusendung von Computerdisketten u.ä. jedenfalls nicht zu erwarten.

3. Signatur-Richtlinie

Auf Vorschlag der Europäischen Kommission haben das Europäische Parlament und der Rat der Europäischen Union die Richtlinie 1999/93/EG vom 13. Dezember 1999 über gemeinschaftliche Rahmenbedingungen für elektronische Signaturen erlassen. Die Richtlinie ist mit ihrer Veröffentlichung im Amtsblatt der Europäischen Gemeinschaften am 19. Januar 2000 in Kraft getreten[201]. Die Mitgliedsstaaten sind nunmehr aufgefordert, vor dem 19. Juli 2001 die erforderlichen Rechts- und Verwaltungsvorschriften zu erlassen, um der Richtlinie nachzukommen. In Deutschland ist bereits am 1. August 1997 ein Gesetz zur digitalen Signatur in Kraft getreten[202]. Die Haftung der Zertifizierungsdienste sowie die Rechtsfolgen digitaler Signaturen sind darin jedoch bislang nicht geregelt.

a) Ratio der Richtlinie

Die Richtlinie soll gemäß Art. 1 Absatz 1 die Verwendung elektronischer Signaturen erleichtern und zu ihrer rechtlichen Anerkennung beitragen. Das Ziel ist auch hier das reibungslose Funktionieren des Binnenmarktes durch die Festlegung rechtlicher Rahmenbedingungen für elektronische Signaturen und für bestimmte Zertifizierungsdienste.

b) Anwendungsbereich

Der Anwendungsbereich der Richtlinie ist negativ begrenzt. Unter den Regelungsrahmen sollen gemäß Art. 1 Absatz 2 weder Aspekte des Abschlusses und der Gültigkeit von Verträgen oder anderen rechtlichen Verpflichtungen, für die nach nationalem oder Gemeinschaftsrecht Formerfordernisse zu erfüllen sind, fallen, noch im nationalen oder Gemeinschaftsrecht vorgesehene Regeln und Beschränkungen für die Verwendung von Dokumenten berührt werden.

Der Regelungsbereich der Richtlinie berührt somit auch Fragen der Sicherung vertraulicher Daten beim Vertrieb von Versicherungsprodukten im elektronischen Geschäftsverkehr.

c) Begriffsbestimmungen

Die Richtlinie unterscheidet zwei Formen elektronischer Signaturen. Neben der „einfachen" elektronischen Signatur, die zur Authentifizierung von Daten in elektronischer Form dient, kennt die Richtlinie ferner die sogenannte „fortschrittliche elektronische Signatur". Dar-

---

[201] Vgl. Amtsblatt der Europäischen Gemeinschaften, ABl. L 13/12 vom 19. Januar 2000.

[202] BGBl. 1997 I, S.1870 ff.

unter ist eine elektronische Signatur zu verstehen, die zusätzlich vier Anforderungen erfüllt: (1) Sie ist ausschließlich dem Unterzeichner zugeordnet, (2) ermöglicht dessen Identifizierung, (3) sie wird mit Mitteln hergestellt, die der Unterzeichner unter seiner alleinigen Kontrolle halten kann und (4) ist sie derartig mit den Daten, auf die sie sich bezieht, verknüpft, dass eine nachträgliche Veränderung der Daten erkannt werden kann[203].

Als „Unterzeichner" bezeichnet die Richtlinie eine Person, die eine Signaturerstellungseinheit besitzt und die entweder im eigenen Namen oder im Namen der von ihr vertretenen Stelle oder juristischen oder natürlichen Person handelt[204].

Gemäß Art. 2 Absatz 5 der Richtlinie ist eine „Signaturerstellungseinheit" eine konfigurierte Soft- oder Hardware, die zur Implementierung der Signaturerstellungsdaten verwendet wird.

Unter „Signaturerstellungsdaten" sind einmalige Daten wie Codes oder private kryptografische Schlüssel zu verstehen, die vom Unterzeichner zur Erstellung einer elektronischen Signatur verwendet wird, vgl. Art. 2 Absatz 4 der Richtlinie.

Die Richtlinie definiert ferner den Begriff „Zertifikat" als eine elektronische Bescheinigung, mit der Signaturprüfdaten einer Person zugeordnet werden und die Identität dieser Person bestätigt wird[205]. „Signaturprüfdaten" sind dabei Daten wie Codes oder öffentliche kryptografische Schlüssel, die zur Überprüfung einer elektronischen Signatur verwendet werden, vgl. Art. 2 Absatz 7 der Richtlinie.

d) Rechtswirkung elektronischer Signaturen

aa) Gleichwertigkeit von elektronischer Form und Schriftform

Die Richtlinie schreibt den Mitgliedsstaaten vor, in ihren jeweiligen nationalen Rechtsordnungen Bestimmungen vorzusehen, nach denen fortgeschrittene elektronische Signaturen, die auf einem qualifizierten Zertifikat beruhen und die von einer sicheren Signaturerstel-

[203] Vgl. Art.2 Absatz 1 und 2 der Richtlinie 1999/93/EG.
[204] Vgl. Art.2 Absatz 3 der Richtlinie 1999/93/EG.
[205] Vgl. Art.2 Absatz 9 der Richtlinie 1999/93/EG.

lungseinheit erstellt werden, in ihrer Rechtswirkung als elektronische Unterschrift in Bezug auf in elektronischer Form vorliegende Daten handschriftlichen Unterschriften in Bezug auf Daten, die auf Papier vorliegen, gleichgestellt werden[206].

Die elektronische Form muss sich in ihrer Tauglichkeit für den Rechtsverkehr an den Funktionen der Schriftform messen lassen. Zunächst soll die Schriftform dem Erklärenden die Bedeutung der Abgabe seiner Willenserklärung verdeutlichen und somit einer Warnfunktion gerecht werden. Des weiteren soll durch die Unterschrift unter einem Text Zweifelsfreiheit über dessen Inhalt erreicht werden (Beweis- bzw. Abschlussfunktion). Ferner soll durch die Unterschrift der Identitätsfunktion Rechnung getragen werden, indem der Aussteller des Schriftstücks erkennbar wird.

Da erst zum Zeitpunkt der Versendung der Datei die elektronische Signatur erfolgt[207], wird auch ein gesonderter Arbeitsschritt für den Versender erforderlich. Er muss zunächst die Chipkarte in das entsprechende Lesegerät seines Computers einführen, seine Personenidentifikationsnummer (PIN) eingeben sowie das zu signierende Dokument auswählen und den Steuerungsbefehl „Signieren" erteilen. Unterhalb des Aufwands einer eigenhändigen Unterschrift liegt dieses Verfahren sicher nicht. Das Bewusstsein der Abgabe einer besonderen, rechtsgeschäftlichen Erklärung durch den Versender wird bei diesem elektronischen Verfahren nicht weniger stark gebildet, so dass die Warnfunktion durch das Signaturverfahren als erfüllt angesehen werden kann[208].

Die fortgeschrittene elektronische Signatur ermöglicht auch die Identifizierung des Unterzeichners des elektronisch versandten Dokuments. Die Identifikationsfunktion erfüllt die fortgeschrittene elektronische Signatur daher mit keinem höheren Fälschungsrisiko als die Schriftform.

---

[206] Vgl. Art.5 Absatz 1 lit. a der Richtlinie 1999/93/EG.

[207] Vgl. BR-Drs.966/96, S.27, in dem der Ablauf und die Funktionsweise einer digitalen Signatur beschrieben werden.

[208] Ebenso Deville/Kalthegener, NJW-CoR 1997, 168 (172); offenlassend Ebbing, CR 1996, 271 (275).

Die Beweis- bzw. Abschlussfunktion einer Unterschrift wird mit dem beschriebenen elektronischen Signaturverfahren ebenfalls erreicht[209], da die Signatur der Datei erst nach deren Erstellung unmittelbar vor deren Versendung erfolgt und die Datei derart mit der fortgeschrittenen elektronischen Signatur verbunden ist, dass eine Manipulation sowohl der Datei als auch des Signaturschlüssels technisch nachweisbar ist. Damit bietet das Signaturverfahren noch einen zusätzlichen deutlichen Vorteil gegenüber der herkömmlichen Schriftform. Durch das Erfordernis für fortgeschrittene elektronische Signaturen, dass eine nachträgliche Veränderung der mit ihr verknüpften Daten erkannt werden kann, gewährleistet das Signaturverfahren auch die Integritätsfunktion und damit ein höheres Maß an Sicherheit im Geschäftsverkehr gegenüber dem herkömmlichen Weg.

Art. 5 Absatz 2 der Richtlinie schreibt den Mitgliedsstaaten ferner vor sicherzustellen, dass die rechtliche Wirksamkeit elektronischer Signaturen nicht allein aus folgenden Gründen abgesprochen wird:

- weil sie in elektronischer Form vorliegen oder
- nicht auf einem qualifizierten Zertifikat beruhen oder
- nicht auf einem von einem akkreditierten Zertifizierungsdienste-anbieter ausgestellten qualifizierten Zertifikat beruhen oder
- nicht von einer sicheren Signaturerstellungseinheit erstellt wurden.

bb) Elektronische Signaturen als Beweismittel im Gerichtsverfahren

Zudem sollen die nationalen Rechtsordnungen der Mitgliedsstaaten eine Zulassung fortgeschrittener elektronischer Signaturen als Beweismittel in Gerichtsverfahren vorsehen[210]. Dabei darf der elektronischen Signatur ihre Zulässigkeit als Beweismittel ebenso wie bereits ihre rechtliche Wirksamkeit nicht allein deshalb verweigert wer-

[209] A.A. Ebbing, der seine Ablehnung mit dem nicht überzeugenden Argument begründet, dass auch unvollständige Texte und Entwürfe einer elektronischen Signatur nicht entgegenstünden, CR 1996, 271 (275). Nichts anderes gilt nämlich für die Schriftform. Die Beweis- und Abschlussfunktion beschränkt sich dann schlicht auf den verfassten Text, sei er nun im Sinne der Verfasser vollständig oder nicht.
[210] Vgl. Art.5 Absatz 1 lit. b der Richtlinie 1999/93/EG:

den, weil sie in elektronischer Form vorliegt oder nicht auf einem qualifizierten Zertifikat beruht oder nicht auf einem von einem akkreditierten Zertifizierungsdiensteanbieter ausgestellten qualifizierten Zertifikat beruht oder nicht von einer sicheren Signaturerstellungseinheit erstellt wurde[211].

Voraussetzung für die erfolgreiche Geltendmachung von Ansprüchen vor Gericht ist jedoch deren Beweisbarkeit. Bislang ist im deutschen Signaturgesetz[212] eine ausdrückliche Zulassung elektronischer Signaturen als Beweismittel in Gerichtsverfahren zwar nicht vorgesehen. Unabhängig von der Vorschrift des Art. 5 Absatz 1 lit. b der Richtlinie ist allerdings bereits schon nach derzeitiger Rechtslage die Anerkennung und Würdigung elektronischer Signaturen als Beweismittel in Gerichtsverfahren möglich[213].

Die Bundesregierung ging bei Vorlage des Entwurfs zum Signaturgesetz davon aus, dass die Beweisfunktion signierter digitaler Daten über die faktische Sicherheit gesetzlicher digitaler Signaturen erreicht werden könnte, da die Gerichte diese im Rahmen der freien Beweiswürdigung honorieren würden[214]. Zugleich kündigte sie aber auch eine weitere Prüfung der Notwendigkeit von Änderungen im Beweisrecht an[215]. Mit dem Erlass der Richtlinie für elektronische Signaturen ist ein entsprechender Anlass zur Prüfung, insbesondere auch auf der Grundlage der bisherigen Erfahrungen mit dem derzeitigen Signaturgesetz in seiner praktischen Anwendbarkeit, nunmehr gegeben.

Fritzsche/Malzer weisen in diesem Zusammenhang mit der Frage nach der Beweisbarkeit des Zugangs einer elektronischen Erklärung auf ein weiteres tatsächliches Problem des elektronischen Geschäftsverkehrs hin[216]. Solange im Streitfall der Zugang der elektronischen Erklärung bei dem jeweiligen Empfänger nicht nachweisbar ist, wird die Bereitschaft der Parteien im Geschäftsverkehr auf elektronischem Wege Verträge zu schließen sehr zurückhaltend sein.

---

211 Vgl. Richtlinie 1999/93/EG, Art.5 Absatz 2.
212 Gesetz zur digitalen Signatur vom 1.8.1997, BGBl. 1997 I, S.1870 ff.
213 Vgl. dazu im einzelnen Deville/Kalthegener, NJW-CoR 1997, 168 (172).
214 Vgl. die Ausführungen der Bundesregierung zum Ziel des Gesetzes in BR-Drs. 966/96, S.28.
215 Vgl. BR-Drs. 966/96, S.28.
216 Fritzsche/Malzer, DNotZ 1995, 3 (24).

Dies gilt insbesondere für den Abschluss von auf die Alters- oder Hinterbliebenenversorgung abzielenden Lebensversicherungsverträgen. Sie schlagen zur Sicherstellung des Zugangsbeweises daher vor, bei der elektronischen Übermittlung eine Kommunikation zwischen Sende- und Empfangsgerät vorzusehen, bei der beiderseits ein nachträglich unveränderbares Protokoll über den Sendevorgang erstellt wird. Dieses sollte einen Mindestumfang nichtmanipulierbarer Daten enthalten, zu denen u.a. die Kennung von Sende- und Empfangsgerät, Datum und Uhrzeit der Übermittlung, Datenumfang des Klartexts-Dokuments bzw. der Datenumfang des verschlüsselten Dokuments zählen[217].

e) Haftung des Zertifizierungsdiensteanbieters

Die Haftung der Zertifizierungsdiensteanbieter für Schäden, die Dritten durch das Verhalten der Zertifizierungsstellen entstehen, ist in dem deutschen Signaturgesetz nicht ausdrücklich geregelt. Die Bundesregierung begründete den Verzicht auf eine gesonderte Haftungsnorm in dieser mit dem Bundesrat strittig[218] verhandelten Frage mit dem allgemeinen Grundsatz, dass mögliche Haftungsfragen aus den jeweiligen Verantwortlichkeiten und dem allgemeinen Haftungsrecht zu beantworten seien[219].

Auf ein weiteres Argument gegen eine gesonderte Haftungsbestimmung im nationalen Signaturgesetz weisen Stimmen im Schrifttum hin. Sie befürchten eine erhebliche Einschränkung der Akzeptanz bei Anwendern und Nutzern von digitalen Signaturen, wenn eine gesonderte Haftungsregelung eingeführt würde, da dies als Ausdruck eines Erfordernisses für eine besonders gefahrenträchtige Technik verstanden werden könnte[220].

Dagegen schreibt die Signatur-Richtlinie den Mitgliedsstaaten nunmehr vor, in ihren nationalen Rechtsordnungen einen Mindesthaftungsstandard der Zertifizierungsdiensteanbieter zu sichern. Dieser Mindeststandard umfasst eine Haftung für die Richtigkeit und Vollständigkeit aller Informationen und Angaben in den qualifizierten

---

[217] Vgl. Fritzsche/Malzer, DNotZ 1995, 3 (24).
[218] Vgl. Geis, MMR 1998, 236.
[219] Vgl. BR-Drs.966/96, S.29.
[220] Engel-Flechsig/Maennel/Tettenborn, NJW 1997, 2981 (2989).

Zertifikaten gegenüber einer Stelle oder einer juristischen oder natürlichen Person in Bezug auf Schäden, die diesen dadurch entstehen, dass sie auf das Zertifikat vertrauen[221].

Ferner soll der Diensteanbieter dafür einstehen, dass der im qualifizierten Zertifikat angegebene Unterzeichner zum Zeitpunkt der Ausstellung im Besitz der Signaturerstellungsdaten war, die den im Zertifikat angegebenen Signaturprüfdaten entsprechen[222]. Darüber hinaus haftet die Zertifizierungsstelle für die Schäden, die den genannten Dritten dadurch entstehen, dass ein Widerruf eines Zertifikats nicht registriert worden ist[223].

Zu beachten ist allerdings, dass der Haftungsrahmen für die genannten Fälle auf vorsätzliche Schädigungen begrenzt ist. Kann die Zertifizierungsstelle den Fahrlässigkeitsvorwurf entkräften, ist sie von der Haftung befreit[224]. Es handelt sich somit um eine Gefährdungshaftung mit der Möglichkeit zur Exkulpation. Regelmäßig wird zwischen den Dritten und der Zertifizierungsstelle jedoch eine vertragliche bzw. quasi-vertragliche Rechtsbeziehung gerade nicht existieren, so dass nach den Regeln des derzeitigen deutschen gesetzlichen Haftungsrechts eine Haftungslücke für Vermögensschäden Dritter besteht, die sich durch zurechenbar fahrlässiges Verhalten seitens der Diensteanbieter ergeben[225]. Allerdings werden insbesondere dies die denkbaren Schäden im Verhältnis zum Zertifizierungsdiensteanbieter im virtuellen internationalen Versicherungsgeschäftsverkehr sein, da Sach- oder Personenschäden aufgrund mangelhafter Informationen und Angaben in diesem Verhältnis kaum vorstellbar sind.

Die nationalen Rechtsordnungen können aber abweichend von der Richtlinie durchaus auch eine weitergehende Fahrlässigkeitshaftung

---

[221] Vgl. Art.6 Absatz 1 lit. a der Richtlinie 1999/93/EG.
[222] Vgl. Art.6 Absatz 1 lit. b der Richtlinie 1999/93/EG.
[223] Vgl. Art.6 Absatz 2 der Richtlinie 1999/93/EG.
[224] Vgl. Art.6 Absatz 1 und 2 der Richtlinie 1999/93/EG.
[225] Siehe dazu im einzelnen die Erörterungen von Engel-Flechsig/Maennel/Tettenborn, NJW 1997, 2981 (2989); a.A. Emmert, CR 1999, 244 (246), der einschränkend einen Anspruch aus dem Haftungsinstitut des Vertrags mit Schutzwirkung zugunsten Dritter annimmt, soweit die Zertifizierungsstelle nach den hohen Anforderungen des deutschen Signaturgesetzes zugelassen wurde.

der Zertifizierungsstellen vorsehen, da es sich bei den Regelungen in der Richtlinie lediglich um einen einheitlichen Mindeststandard handelt[226].

Ob dem deutschen Gesetzgeber ein solcher Schritt empfohlen werden sollte, ist unter Berücksichtigung der Interessenlagen der betroffenen potentiellen Anspruchsteller und Anspruchgegner sowie der Allgemeinheit zu entscheiden. Potentielle Anspruchsteller sind in der dieser Untersuchung zugrundeliegenden Konstellation britische Versicherungsunternehmen, die im elektronischen Geschäftsverkehr mit deutschen Versicherungsnehmern als Empfänger der signierten Daten auf die Zuverlässigkeit der Zertifizierungsdiensteanbieter vertrauen. Die Versicherer werden den Umfang ihres wirtschaftlichen Engagements dabei in nicht unerheblichen Maße von der Zuverlässigkeit und Sicherheit der elektronischen Signaturen abhängig machen, da diese Daten bei einem rein virtuellen Kundenkontakt vermutlich einen beachtlichen Anteil in der Risikobewertung einnehmen werden. Je größer der Haftungsumfang der Zertifizierungsstellen auch gegenüber den Versicherern als Dritten ist, desto höher wird das Vertrauen der Versicherer in die Richtigkeit der Angaben der signierten Daten und damit deren Akzeptanz dieser neuen Technik sein.

Demgegenüber steht das wirtschaftliche Interesse der Zertifizierungsdiensteanbieter, den Umfang gesetzlicher Haftungsansprüche einer tendenziell unüberschaubaren Zahl von potentiellen Anspruchstellern möglichst gering zu halten. Dies lässt einen gesonderten Haftungstatbestand für die Diensteanbieter über das in der Richtlinie vorgeschriebene Maß hinaus als eher nicht empfehlenswert erscheinen, um ein privatwirtschaftliches Interesse am Betrieb von Zertifizierungsdiensten nicht von vornherein auszuschließen.

Allerdings hat auch die Allgemeinheit ein berücksichtigenswertes erhebliches Interesse an der Zuverlässigkeit und Vertrauenswürdigkeit der Signaturdaten insoweit, als die Akzeptanz dieser Technik auf Seiten der Versicherer einen ausschließlich elektronisch abgewickelten Versicherungsgeschäftsverkehr binnenmarktübergreifend erst realistisch erscheinen lässt und damit die gewünschten Preisvorteile zugunsten der Verbraucher realisierbar werden.

---

[226] Vgl. Art.6 Absatz 1 und 2 der Richtlinie 1999/93/EG.

Eine interessengerechte Regelung könnte daher darin liegen, dass die Zertifizierungsdiensteanbieter zwar nicht für einfach fahrlässig verursachte Vermögensschäden Dritter, aber doch für entsprechend grob fahrlässiges Verhalten ihrer Mitarbeiter haftbar gemacht werden sollten. Eine derartige Vorschrift scheint insbesondere auch deshalb nicht unverhältnismäßig, da die Zertifizierungsstellen nach Maßgabe der Richtlinie Beschränkungen für die Verwendung[227] der qualifizierten Zertifikate angeben und Grenzen für den Wert der Transaktionen[228] festlegen können, über die hinaus eine Haftung ausgeschlossen ist. Zudem können sie durch Abschluss einer entsprechenden Versicherung, wie dies in Anhang II der Richtlinie vorgesehen ist, ihr wirtschaftliches Haftungsrisiko kalkulierbar halten.

4. Ergebnisse

a) Ergebnis zur „E-Commerce"-Richtlinie

Sowohl der grenzüberschreitende Vertrieb von Versicherungsprodukten auf elektronischem Weg im direkten Verhältnis von Versicherer zum Versicherungsnehmer als auch ebenso der Vertrieb durch Versicherungsvermittler an Versicherungsnehmer unterliegt trotz des unklaren Wortlauts der Definition des Begriffs der Dienste der Informationsgesellschaft dem Anwendungsbereich der „E-Commerce"-Richtlinie.

Mit Artikel 4 Absatz 1 der „E-Commerce"-Richtlinie ist ferner klargestellt, dass auch die im Internet präsenten Versicherer den üblichen versicherungsaufsichtsrechtlichen Zulassungserfordernissen der jeweiligen Mitgliedsstaaten unterliegen. Hinsichtlich des gewählten Vertriebsweges ihrer Produkte über das Internet o.ä. dürfen allerdings keine speziellen Zulassungsschranken errichtet werden.

b) Ergebnis zum Vorschlag einer Richtlinie zum Fernabsatz von Finanzdienstleistungen

Der Richtliniengeber sollte die – mindestens missverständlichen - Vorschriften der Finanzdienstleistungsfernabsatz-Richtlinie dahingehend ändern, dass die Anbieter der Finanzdienstleistungen nicht

[227] Vgl. Art.6 Absatz 3 der Richtlinie 1999/93/EG.
[228] Vgl. Art.6 Absatz 4 der Richtlinie 1999/93/EG.

zur Übermittlung der Bedingungen auf *einem*, sondern auf *einen* dauerhaften Datenträger verpflichtet werden. Damit wäre auch die Übersendung der Bedingungen per Email unzweifelhaft zulässig.

Zugleich wäre eine Präzisierung des in der Richtlinie verwendeten Begriffs der „Übermittlung" in der Weise wünschenswert, dass auch die Bereitstellung der entsprechenden Daten durch die Versicherer zum „download" und zur Speicherung seitens der Versicherungsnehmer ausreicht.

c) Ergebnis zur Signatur-Richtlinie

Die rechtliche Gleichstellung von Schriftform und elektronischer Form, wie sie die Signatur-Richtlinie vorsieht, ist deshalb angezeigt, da durch das Erfordernis für fortgeschrittene elektronische Signaturen, dass nachträgliche Veränderungen der mit ihr verknüpften Daten erkennbar sein müssen, nicht nur die der Schriftform immanenten Funktionen (Warn-, Beweis-/Abschluss- und Identitätsfunktion), sondern zudem die Integritätsfunktion, und damit ein höheres Maß an Sicherheit im Geschäftsverkehr, gewährleistet wird.

Eine interessengerechte Regelung des Haftungsumfangs der Zertifizierungsstellen gegenüber Dritten könnte darin liegen, dass die Zertifizierungsdiensteanbieter zwar nicht für einfach fahrlässig verursachte Vermögensschäden Dritter, aber doch für entsprechend grob fahrlässiges Verhalten ihrer Mitarbeiter haftbar gemacht werden.

Kapitel III. Exkurs: Der elektronische Vertrieb von Versicherungsprodukten via Internet und deutsches Recht

1. Zustandekommen von „elektronischen Verträgen“

Das Internet wird als Vertriebsmedium für Versicherungsdienstleistungen nur dann dauerhafte wirtschaftliche Bedeutung erlangen, wenn die mittels Internet geschlossenen Verträge auch rechtlich Bestand haben und durchsetzbar sind[229]. Daher ist zunächst das Zustandekommen online geschlossener Verträge, unter Berücksichtigung der technischen Besonderheiten des Internet, einer juristischen Betrachtung zu unterziehen.

a) Zulässigkeit des Vertragsschlusses via Internet

Vertragsschlüsse im Internet unterliegen grundsätzlich den gleichen Voraussetzungen wie die in herkömmlicher Weise geschlossenen Verträge. Die Wirksamkeit von Internet-Verträgen bestimmt sich insoweit nach den allgemeinen Vorschriften des BGB. Hierzu zählen vor allem die Regeln über Willenserklärungen als Basis für das Zustandekommen von Verträgen durch Angebot und Annahme.

aa) Angebot und Annahme

Grundsätzlich kommt bei in Deutschland geschlossenen Verträgen deutsches Recht zur Anwendung. Ein wirksamer Vertragsschluss entsteht somit dadurch, dass ein Vertragspartner dem anderen den Abschluss des Vertrages anbietet und der andere Vertragspartner diesen Antrag durch eine inhaltsgleiche Erklärung annimmt, §§ 145 ff. BGB[230].

Ein wesentliches Kriterium für die Wirksamkeit des Vertragsschlusses ist somit die inhaltliche Übereinstimmung von Angebot und Annahme[231]. Ist eine Übereinstimmung im Inhalt nicht gegeben, kommt

---

[229] Koch/Wagner, VW 1998, 1643 (1644); Schöffski/Samusch, ZVersWiss 1997, 171 (194).

[230] Palandt/Heinrichs, Einf. v. § 145 Rn.4; RGKR/Piper, vor § 145 Rn.34; Soergel/Wolf, vor § 145 Rn.4, § 145 Rn.2, 24; MüKo/Kramer, § 145 Rn.2, 15; Loewenheim/Koch/Waltl, S.182.

[231] Arnold, CR 1997, 526; RGKR/Piper, vor § 145 Rn.3; Staudinger/Dilcher, Vorbem zu §§ 145 ff Rn.2; Soergel/Wolf, § 145 Rn.1.

der Vertrag nicht zustande[232]. Da diese Übereinstimmung lediglich im Inhalt bestehen muss, kommt es auf eine Gleichartigkeit der Übermittlungsmedien nicht an. Einer wirksamen Einigung steht von daher nicht entgegen, dass die eine Erklärung beispielsweise schriftlich oder mündlich und die andere etwa als „elektronische" Willenserklärung über das Netz abgegeben wird[233].

bb) Begriffsklärung: Über das Internet geäußerte Willenserklärungen

Unstrittig ist zwar, dass Verträge auch durch die Abgabe von Willenserklärungen unter Zuhilfenahme von elektronischen Medien rechtsverbindlich geschlossen werden können. In der Literatur hat sich bislang jedoch noch keine einheitliche Terminologie für den Tatbestand der Erzeugung bzw. Übermittlung von Erklärungen über das Internet herausgebildet. Es werden statt dessen eine Vielzahl unterschiedlicher Begriffe verwendet.

(1) Verwendete Begriffe in der Literatur

Während Heinrichs[234] und Jauernig[235] von *automatisierten Erklärungen*, Hübner[236], Kramer[237], Medicus[238] und Moritz[239] von *automatisierten Willenserklärungen* sprechen, handelt es sich nach Paefgen[240] um *automatische Willenserklärungen.*

Möschel[241] bezeichnet diese als *vollelektronische Willenserklärungen*, Clemens[242], Fritzsche/Malzer[243], Hoppmann/Moos[244],

---

[232] Soergel/Wolf, § 146 Rn.1 ff.
[233] Ernst, BB 1997, 1057; Ernst, NJW-CoR 1997, 165; Koch, Internet-Recht, S.130; Loewenheim/Koch/Waltl, S.182; Meents, S.13.
[234] In: Palandt/Heinrichs, Einf. v. § 116 Rn.1.
[235] In: Jauernig, BGB, Vor. § 104 Rn.1.
[236] Hübner, Rn.667.
[237] Köhler, AcP 182 (1982), 126 (132 ff.).
[238] In: MüKo, AT, § 119 Rn.35.
[239] Moritz, CR 2000, 61 (62).
[240] Paefgen, JuS 1988, 592 (593).
[241] Möschel, AcP 186 (1986), 187 (192).
[242] Clemens, NJW 1985, 1998 ff.
[243] Fritzsche/Malzer, DNotZ 1995, 3 (6).
[244] Hoppmann/Moos, NVersZ 1999, 197 (198).

Meents[245], Melullis[246], Schneider[247] und Waltl[248] verwenden den Begriff der *elektronischen Willenserklärung*, Drexl[249] nennt sie *digitale Willenserklärung*, Ernst[250] schlicht *elektronische Erklärung*. Dagegen unterscheidet Heun[251] zwischen *TK-Erklärungen* und *Computererklärungen*, und Kuhn[252] setzt statt dessen *automatisierte Erklärungen* und *Computererklärungen* gleich. Mehrings[253] schlägt schließlich sogar eine dreiteilige Struktur der zu verwendenden Begriffe *elektronische Willenserklärung*, *automatisierte Willenserklärung* und *Computererklärung* vor. Diese Vielstimmigkeit im Chor der „Multimedia-Rechtler" droht den Blick für das Wesentliche zu verstellen.

(2) Eigene Auffassung

Entscheidendes Merkmal der über das Internet versandten Erklärungen ist, dass jedwede Form der Erklärung letztlich auf einen menschlichen Willen zurückzuführen ist. Gleichgültig, ob die Erklärung direkt von einer Person über eine Tastatur in den Rechner eingegeben und anschließend mittels des Rechners und unter Zuhilfenahme eines Datenverarbeitungsprogramms an den Rechner einer anderen Person verschickt wurde oder die Erklärung von einem Computer mit Hilfe eines zuvor von einem Menschen geschaffenen Computerprogramms erzeugt wurde, oder auch im Fall, dass bei der Geschäftsabwicklung auf beiden Seiten Computer vollautomatisch die programmierten Transaktionen abwickeln: Die abgegebenen Erklärungen basieren im Ergebnis zumindest mittelbar immer auf einem menschlichen Willen, da die Rechner und die sie betreibenden Programme von Menschen willentlich mit bestimmten Funktionsmöglichkeiten geschaffen worden sind.

Der entscheidende Unterschied zur Willenserklärung konventioneller Art liegt somit in der Übermittlung der Erklärung[254], denn die Über-

---

[245] Meents, S.13.
[246] Melullis, MDR 1994, 109 ff.
[247] Schneider, EDV-Recht, Kap. B, Rn.663.
[248] In: Loewenheim/Koch, S.182.
[249] In: Lehmann/Drexl, S.75 (83).
[250] Ernst, NJW-CoR 1997, 165 (166).
[251] Heun, CR 1994, 595.
[252] Kuhn, S.56
[253] Hoeren/Sieber/Mehrings, 13.1, Rn.24.
[254] Lehmann/Drexl, S.83.

mittlung elektronisch geäußerter Willenserklärungen erfolgt gerade nicht wie sonst üblich schriftlich, mündlich oder fernmündlich, sondern mittels Rechnern und Datenleitungen. Eine exakte Abgrenzung zu den nicht-elektronischen Erklärungen wird insoweit zwar als nicht immer unproblematisch empfunden[255]. Eindeutig soll eine elektronische Willenserklärung allerdings jedenfalls dann vorliegen, wenn die Erklärung vom Rechner des Erklärenden über das Netz im Rechner des Empfängers eintrifft und dort gespeichert wird[256]. In jedem Fall handelt es sich bei elektronischen Willenserklärungen um zwar mittels EDV-technischer Anlagen produzierte und übermittelte, aber letztlich vom EDV-System-Nutzer willentlich erzeugte und abgegebene menschliche Erklärungen[257]. Bei einer elektronisch geäußerten Willenserklärung handelt es sich somit um eine Willenserklärung wie jede andere im Sinne des BGB[258], die man auch elektronische Willenserklärungen nennen kann und sollte, da die Entäußerung einer Erklärung immanent ist.

cc) Abgabe der Willenserklärung

Abgegeben ist eine Willenserklärung, wenn sie mit dem Willen des Erklärenden in den Rechtsverkehr gelangt ist[259]. Übertragen auf die Abgabe elektronischer Willenserklärungen bedeutet dies, dass Zeitpunkt der Abgabe der Willenserklärung grundsätzlich der Zeitpunkt der Eingabe des Sendebefehls sein wird[260]. Dies soll auch für formbedürftige elektronische Erklärungen selbst dann gelten, wenn die Absendung des Klartextes, der Verschlüsselung und/oder des öffentlichen Schlüssels zeitlich getrennt voneinander erfolgen[261].

Bei der Abgabe eines Email-Antrags durch den Versicherungsnehmer können allerdings medienbedingte Fehler auftreten. So ist beispielsweise denkbar, dass der Versicherungsnehmer versehentlich eine falsche Bestätigungsikone „anklickt", sich vertippt oder den Programmablauf missversteht. Will sich der Versicherungsnehmer

[255] Koch, Internet-Recht, S.130.
[256] Koch, Internet-Recht, S.130.
[257] Fritzsche/Malzer, DNotZ 1995, 3 (8).
[258] Koch, Internet-Recht, S.130; Kreis, jur-pc 1994, 2879.
[259] Palandt/Heinrichs, § 130 Rn.4; Soergel/Hefermehl, § 130 Rn.6.
[260] Ebenso Fritzsche/Malzer, DNotZ 1995, 3 (11) m.w.N.
[261] Fritzsche/Malzer, DNotZ 1995, 3 (11).

nicht an seinen fehlerhaften Antrag gebunden sehen, so muss er diesen gemäß den §§ 119, 121 BGB unverzüglich anfechten.

Dies gilt in vergleichbarer Weise, wenn der Antrag des Versicherungsnehmers aufgrund technischer Probleme der Leitung oder der vermittelnden Server den Empfänger nur unvollständig erreicht. Dem Versicherungsnehmer steht in derartigen Fällen das Anfechtungsrecht gemäß den §§ 120, 121 BGB zur Seite[262].

dd) Zugang der Willenserklärung

Das BGB unterscheidet Willenserklärungen danach, ob es sich um verkörperte oder nicht verkörperte Erklärungen handelt. Je nach Art der Erklärung werden unterschiedliche Anforderungen an den Zugang gestellt. Während bei verkörperten Erklärungen gemäß § 130 BGB deren Zugang beim Empfänger erforderlich ist, wird bei nicht verkörperten Willenserklärungen auf deren Vernehmung durch den Empfänger abgestellt[263]. Die Übermittlung der Willenserklärungen an Versicherer, wie beispielsweise Anträge auf Abschluss von Versicherungsverträgen, erfolgen im Internet (soweit bekannt) derzeit als Emails. Wie insoweit elektronisch geäußerte Willenserklärungen in Form von Emails einzuordnen sind, ist nicht von vornherein offensichtlich. Daher bedarf es zunächst der grundsätzlichen rechtlichen Einordnung von Emails in eine der Kategorien.

(1) Email als verkörperte Willenserklärung

Eine Email ist eine Datei, die über Datennetze von einem Rechner zu einem anderen Rechner übertragen wird[264]. Der lesbare Inhalt der Datei ist die Nachricht, die versendet wird. Anders als etwa bei einem Telefonat, wird diese Nachricht gespeichert und ist somit in der Datei verkörpert[265]. An dieser Zuordnung ändert sich auch weder dadurch etwas, dass die Verkörperung nur zeitweise erfolgt, noch dass die übermittelten Daten erst - ähnlich dem Fax – in eine lesbare Mitteilung übersetzt werden müssen[266]. Der auf diese Weise

---

[262] Wiesgickl, WM 2000, 1039 (1046); Zustimmend dazu Donhauser, S.8.
[263] Ultsch, NJW 1997, 3007 m.w.N.
[264] Ernst, NJW-CoR 1997, 165 (166); Ultsch, NJW 1997, 3007.
[265] Ernst, NJW-CoR 1997, 165 (166); Fritzsche/Malzer, DNotZ 1995, 1 (9 ff.).
[266] Ernst, NJW-CoR 1997, 165 (166).

erklärte Wille ist nach herrschender Auffassung auch als Erklärung eines menschlichen Willens anerkannt[267].

Deutlich wird dies auch in einem weiteren Vergleich zum Telefonat. Gemäß § 147 Absatz 1 Satz 2 BGB erfolgen mittels Fernsprecher gemachte Anträge unter Anwesenden. Erreicht der Anrufer seinen Gesprächspartner jedoch nicht, sondern hinterlässt er ihm eine Nachricht auf dem Anrufbeantworter, so ist diese Nachricht auf dem Speichermedium Anrufbeantworter festgehalten und damit verkörpert. Damit kommt § 130 Absatz 1 Satz 1 BGB unmittelbar zur Anwendung. In gleicher Weise gilt dies auch für elektronisch übermittelte Willenserklärungen in Form von Emails.

Als zusätzliches Argument lässt sich ferner anführen, dass eine elektronisch übermittelte Willenserklärung regelmäßig nur in der Gestalt von Schriftzeichen wahrnehmbar ist[268]. Auch dies spricht für die Annahme einer verkörperten Willenserklärung.

(2) Erklärung unter Abwesenden

Keine einheitliche Meinung besteht in der Literatur zu der Frage, inwieweit online abgegebene Willenserklärungen als Erklärungen unter Abwesenden zu betrachten sind. Während Koch mittels einer analogen Anwendung des § 147 Abs.1 Satz 2 BGB zu einem Vertragsschluss zwischen Anwesenden kommt[269], spricht sich ein anderer Teil der Literatur für die Annahme einer Willenserklärung unter Abwesenden i.S.v. § 147 Abs.2 BGB aus[270].

Auf den ersten Blick könnte die E-Mail-Kommunikation deshalb als ein Fall der Willenserklärungen unter Anwesenden erscheinen, weil - ähnlich wie bei Telefongesprächen – die Teilnehmer potenziell sofort auf die Erklärungen des jeweils anderen Teils reagieren können. Nach Ansicht Heuns soll dies für Kommunikationsprozesse im

---

[267] Vgl. dazu Moritz, CR 2000, 61 (62); Palandt/Heinrichs, Einf. Vor § 116 Rz.1 m.w.N.

[268] Fritzsche/Malzer, DNotZ 1995, 3 (10).

[269] Koch, Internet-Recht, S.145.

[270] Ernst, BB 1997, 1057; Ernst, NJW-CoR 1997, 165 (166); Herrmann, VersR 1998, 931 (935); Heun, CR 1994, 595 (597); Hoppmann/Moos, NVersZ 1999, 197 (198); Lehmann/Drexl, S.83; Loewenheim/Koch/Waltl, S.184 f.; Moritz, CR 2000, 61 (62); Redeker, NJW 1984, 2390 (2391); Ultsch, NJW 1997, 3007.

direkten Online-Dialog zwischen natürlichen Personen zutreffen[271]. Er begründet seine Auffassung mit der Annahme, dass der einzige Unterschied zum Telefongespräch darin bestünde, dass nicht Sprache, sondern Zeichen übermittelt und benützt würden[272]. Es sei daher willkürlich, die Entscheidung davon abhängig zu machen, ob die Umwandlung der digitalisierten Signale in Sprache oder Zeichen erfolgt[273].

Gegen eine Einordnung der elektronisch geäußerten Willenserklärung als Erklärung unter Anwesenden sprechen hingegen mehrere Argumente. Zwar setzt der Begriff „Anwesenheit" zunächst eine räumliche Gegenwart der Beteiligten voraus, und das Gesetz macht mit § 147 Abs.1 Satz 2 BGB eine Ausnahme in Fällen mittels Fernsprechern gemachter Anträge. Bereits der Wortlaut des § 147 Abs.1 Satz 2 BGB verlangt aber eine unmittelbare Dialogmöglichkeit in Realzeit zwischen den beteiligten Personen, da ansonsten eine sofortige Annahme von Erklärungen nicht möglich wäre. Dies zeigt, dass die Überwindung der räumlichen Trennung der Verhandlungspartner allein noch keine Analogie zum Telefongespräch legitimieren kann[274].

Im Gegensatz zu Telefongesprächen wird bei Online-Kommunikationen im Übrigen ebenfalls eine zumindest kurzfristige Speicherung der Nachricht erfolgen und damit eine verkörperte Erklärung vorliegen[275]. Somit fehlt es für die Annahme einer Analogie bereits an der Voraussetzung des Vorliegens einer Regelungslücke. Nach alledem ist eine elektronisch geäußerte Willenserklärung mittels Email als Erklärung unter Abwesenden im Sinne des § 147 Abs.2 BGB zu behandeln[276]. Etwas anderes wäre allenfalls in Fällen denkbar, in denen mittels der verwendeten Technik eine unmittelbare Kommunikationssituation zwischen den Parteien von Person zu Person geschaffen wird.

---

[271] Heun, CR 1994, 595 (597 f.).
[272] Heun, CR 1994, 595 (597).
[273] Heun, CR 1994, 595 (598).
[274] Heun, CR 1994, 595 (597).
[275] Ernst, NJW-CoR 1997, 165 (166); Lehmann/Drexl, S.84.
[276] Ernst, BB 1997, 1057; Moritz, CR 2000, 61 (62); Noch mit Blick auf BTX: MüKo/Kramer, § 147, Rn.3 m.w.N.; Redeker, NJW 1984, 2390 (2391); Für das Internet: Lehmann/Drexl, S.83; Loewenheim/Koch/Waltl, S.182.

(3) Zeitpunkt des Zugangs

Eine Willenserklärung unter Abwesenden gilt dann als zugegangen, wenn sie in den Herrschaftsbereich des Empfängers gelangt und der Empfänger entweder tatsächlich Kenntnis von ihr genommen hat oder unter normalen Verhältnissen die Möglichkeit zur Kenntnisnahme hatte und nach der Verkehrsauffassung mit der Kenntnisnahme auch zu rechnen war[277]. Diese Definition ist auf die elektronische Post entsprechend anzuwenden.

Zunächst müsste die Email also in den Herrschaftsbereich des Versicherers gelangt sein. Wann dies der Fall sein soll, wird in der Literatur allerdings nicht einheitlich beantwortet. Während die herrschende Ansicht in der Literatur[278] einen Zugang bereits schon mit dem Eingang der Email beim Provider des Versicherers annehmen will, verlangt eine andere Auffassung[279], dass die Email auf den Rechner des Versicherungsunternehmens heruntergeladen worden sein muss.

Für die letztgenannte Ansicht könnte zunächst sprechen, dass der Versicherer vergleichsweise technisch verlässlicher einen Briefkasten oder ein Postfach herkömmlicher Art überprüfen kann als die virtuelle Mailbox bei seinem Provider.

Mit Blick auf das BTX-System zieht Paefgen einen Vergleich zu einem Zustellpostamt zur Lösung des Problems heran. Die BTX-Leitzentrale und ihre operativen Untereinheiten seien in ihrer Mittlerfunktion einem Zustellpostamt bei postlagernden Sendungen vergleichbar, wobei das Reichsgericht für Fälle dieser Art entschieden hätte, dass der Zugang frühestens für den Zeitpunkt der tatsächlichen Abholmöglichkeit für den Empfänger zu datieren sei[280]. Diese ist im BTX-Verkehr jedoch erst dann gegeben, wenn der Teilnehmer

---

277 BGHZ 67, 271 (275); Ernst, NJW-CoR 1997, 165 (166); Heun, CR 1994, 595 (598); Loewenheim/Koch/Waltl, S.183; Palandt/Heinrichs, § 130 Rn.5.

278 Ernst, NJW-CoR 1997, 165 (166); Ernst, BB 1997, 1057; Heun, CR 1994, 595 (598); Hoeren/Sieber/Mehrings, 13.1, Rn.75 ff.; Lehmann/Drexl, S.84; Moritz, CR 2000, 61 (63); Ultsch, NJW 1997, 3007 (3008).

279 Loewenheim/Koch/Waltl, S.184; ähnlich für BTX: Paefgen, JuS 1988, 592 (594).

280 Vgl. Paefgen, JuS 1988, 592 (594).

die Verbindung mit der BTX-Leitzentrale mittels Fernsprecher aufnimmt.

Überträgt man diese Überlegungen auf das Internet, so wäre ein Zugang der Emails erst für den Zeitpunkt anzunehmen, in dem der Versicherer seine elektronische Post vom Speicher seines Providers abruft und auf seinen Rechner heruntergeladen hat. Eine derartige Übertragung auf das Internet verbietet sich jedoch schon deshalb, weil entgegen dem BTX-System die Deutsche Post für die Email-Dienstleistungen im Internet gerade kein Monopol hat. Dem Versicherer stehen vielmehr eine Reihe von konkurrierenden Providern zur Verfügung, deren Dienstleistungen er nutzen kann. Er kann sogar gänzlich auf die Dienste eines Providers verzichten und mittels eines eigenen Servers die Emails unmittelbar empfangen. Zweifellos wäre ein Zugang für den letztgenannten Fall direkt mit dem Eingang der Mail auf den Server des Versicherers gegeben, da sie damit in seinen Machtbereich gelangt ist.

Für die erste Auffassung, der hier gefolgt wird, spricht daher vor allem, dass der Versicherer als Empfänger der Email sich seinen Provider selbst auswählt und diesem daher näher steht als der Absender der Email. Die sich daraus ergebenden Gefahren sind für den Versicherer insoweit überschaubarer als für den Absender, der auf diese keinerlei Einflussmöglichkeiten hat. Dies gilt um so mehr, als der Versicherer sich auch für den Verzicht auf einen fremden „Email-Zusteller" entscheiden kann. Von dieser Entscheidung darf aber nicht abhängen, ob der Versicherer seinen Machtbereich beschränkt oder erweitert, da dies sogleich zu einer Erweiterung bzw. Reduktion der Risikosphäre des Verbrauchers führt, ohne dass dieser einen Einfluss darauf hätte. Daher muss sich der Versicherer auch das Verlust- und Verspätungsrisiko an ihn gesandter Emails unabhängig von der Entscheidung für oder gegen die Nutzung eines Providers zurechnen lassen[281].

Ferner obliegt dem Versicherungsunternehmen mit der Einrichtung eines elektronischen Briefkastens und der Veröffentlichung seiner Adresse die Verpflichtung zur regelmäßigen „Leerung" des elektro-

---

[281] Ultsch, NJW 1997, 3007 (3009).

nischen Postkastens[282]. Auch hier wird man grundsätzlich die überkommenen Regeln für den „normalen" Briefverkehr auf die elektronische Post übertragen können, so dass eine „Leerung" der Mailbox im geschäftlichen Verkehr mindestens einmal täglich vorzunehmen ist[283]. Sendet der Antragsteller seine Email außerhalb der üblichen Geschäftszeiten des Versicherungsunternehmens, so ist mit einer Kenntnisnahme durch den Versicherer spätestens am darauffolgenden Werktag zu rechnen[284].

ee) Form

Antrag und Annahme setzen grundsätzlich keine besondere Form voraus[285]. Die Parteien können vielmehr - mit Ausnahme der Fälle gesetzlicher Schriftform - frei über die Form bzw. die Formfreiheit des Vertragsabschlusses entscheiden[286]. Somit ist es den Vertragsparteien auch möglich, das Internet als Mittel der elektronischen Kommunikation und damit als Medium zur Übermittlung von Willenserklärungen wie beispielsweise Angebot und Annahme zu wählen[287].

Für den Vertragsschluss von Versicherungsverträgen im Internet gelten insofern keine Besonderheiten. Auch sie sind grundsätzlich formfrei[288]. Allerdings gibt es einige für den wirksamen Abschluss von Versicherungsverträgen wichtige Ausnahmen:

---

282 Ultsch, NJW 1997, 3007; Ernst, NJW-CoR 1997, 165 (166); Hoppmann/Moos, NVersZ 1999, 197 (198).

283 Ernst, NJW-CoR 1997, 165 (166); Heun, CR 1994, 595 (599); Hoppmann/Moos, NVersZ 1999, 197 (198); Scherer/Butt, DB 2000, 1009 (1013); Ultsch, NJW 1997, 3007 (3008).

284 Ernst, NJW-CoR 1997, 165 (166); Ernst, BB 1997, 1057; Herrmann, VersR 1998, 931 (935); Heun, CR 1994, 595 (598); Moritz, CR 2000, 61 (63); Scherer/Butt, DB 2000, 1009 (1012 f.); Ultsch, NJW 3007 (3008).

285 RGKR/Krüger-Nieland, § 125 Rn.1; Staudinger/Dilcher, § 125 Rn.3; Soergel/Hefermehl, Vor § 125 Rn.1; Loewenheim/Koch/Waltl, S.179.

286 MüKo/Förschler, § 125 Rn.1.

287 Paefgen, JuS 1988, 592 (593); Koch, Internet-Recht, S.129.

288 Hoppmann/Moos, NVersZ 1999, 197; Reusch, NVersZ 1999, 110 und 111.

(1) Verbraucherinformation gemäß § 10a VAG

Nach § 10a Abs.1 und 2 VAG sind die Versicherungsunternehmen verpflichtet, dem Versicherungsnehmer, soweit er eine natürliche Person ist, die Verbraucherinformation schriftlich vor Abschluss des Vertrages vorzulegen. Sie muss eindeutig formuliert, übersichtlich gegliedert und verständlich abgefasst sein. Zu den Verbraucherinformationen zählen diesbezüglich insbesondere die Allgemeinen Versicherungsbedingungen (AVB)[289].

Zweifelhaft erscheint allerdings, ob eine elektronische Übermittlung der Verbraucherinformation dem Schriftformerfordernis des § 10a VAG genügen kann. Stimmen im Schrifttum[290] verneinen dies ebenso wie das BAV[291] und fordern statt dessen die Übermittlung in Papierform.

(a) Argumente gegen die Zulässigkeit einer papierlosen Übermittlung

Das BAV begründet seine Haltung mit den Erwägungen, dass dem Interessenten die Verbraucherinformation bei einer elektronischen Übermittlung nicht in dauerhafter Form zur Verfügung gestellt sei, ferner für den Interessenten die Angebote mehrerer Versicherer vor Vertragsschluss nur auf der Grundlage von Verbraucherinformationen in Papierform vergleichbar seien, und er nach Vertragsschluss die ihm obliegenden Pflichten nur auf diese Weise erfüllen und seine Rechte effektiv wahrnehmen könne. Darüber hinaus könne der Versicherer bei einer Darstellung am Bildschirm nicht sicherstellen, dass der Interessent die übermittelten Verbraucherinformationen auch tatsächlich ausdruckt[292].

---

[289] Hoppmann/Moos, NVersZ 1999, 197 (199); Prölss/Schmidt, VAG, § 10a Rn.7; Reusch, NVersZ 1999, 110 (115).

[290] Hoppmann/Moos, NVersZ 1999, 197 (199); Reusch, NVersZ 1999, 110 (115); Römer, S.1: „M.E. ist der Abschluß von Versicherungsverträgen aus Rechtsgründen heute noch nicht möglich. Ich stimme in diesem Punkt mit der Auffassung des Bundessaufsichtsamtes überein. (...). Andererseits darf es bei diesem Stand nicht sein Bewenden haben.", in einem an den Verfasser gerichteten Schreiben vom 27. Juli 2000; Schimikowski, r+s 1996, 1.

[291] VerBAV 1999, 219; 261.

[292] Reusch, NVersZ 1999, 110 (115); VerBAV 1999, 219; 261.

Im Schrifttum finden sich darüber hinaus die kritischen Bemerkungen, dass die vertriebsformbedingten besonderen Risiken außerdem nicht einseitig dem Verantwortungsbereich des Verbrauchers zugewiesen werden dürften, da dies mit dem Grundgedanken der Verbraucherschutzbestimmungen nicht vereinbar sei[293]. Diesem Grundgedanken liege statt dessen vielmehr die Überlegung zugrunde, dass Unternehmern derartige Risiken aufzubürden und Verbraucher insofern zu entlasten seien[294].

(b) Würdigung der Kritik und eigene Stellungnahme

Für die Behauptung, die Verbraucherinformation könne lediglich in Papierform in dauerhafter Form zur Verfügung gestellt werden, lässt das BAV einen Nachweis vermissen. Ebenso ist auch eine die Ansicht des BAV stützende Legaldefinition des Schriftformbegriffs des § 10a VAG nicht ersichtlich.

Auch teleologische Überlegungen sprechen gegen die Argumentation des BAV, wenn es behauptet, § 10a VAG habe über die vor Abschluss des Vertrages bestehenden Informationspflichten hinaus den Zweck, dem Verbraucher seine Rechte und Pflichten durch eine in Papierform dauerhaft verkörperte Verbraucherinformation zur Verfügung zu stellen. Sinn und Zweck der Verbraucherinformation ist sowohl den Erwägungsgründen der Dritten Versicherungsrichtlinien als auch der Begründung zum Dritten Durchführungsgesetz zum VAG zufolge lediglich darin zu sehen, den Versicherungsnehmer vor Vertragsschluss über die Wesensmerkmale der Versicherungspolice zu informieren, da auf diese Weise die aufsichtsamtliche Vorabkontrolle der Bedingungen durch eine qualifizierte Meinungsbildung der Versicherungsnehmer über die Vertragsbedingungen ersetzt werden könne[295]. Darüber hinausgehende Anhaltspunkte für weitere Motive des Richtlinien- bzw. Gesetzgebers lassen sich weder den Erwägungsgründen der Dritten Versicherungsrichtlinien noch der Begründung des Dritten Durchführungsgesetzes zum VAG und VVG entnehmen.

---

293 Donhauser, S.6.

294 Borges, ZIP 1999, 130 (134); Zustimmend auch Donhauser, S.6.

295 Vgl. den Erwägungsgrund 21 der 3. RLSV und Erwägungsgrund 23 der 3. RLLV sowie BT-Drs. 12/6959, S.47 (55 f.).

Der Begriff der Schriftlichkeit steht einer elektronischen Textdarstellung im Übrigen nicht per se entgegen, da selbst nach Ansicht des BAV nicht die Schriftform i.S.d. § 126 BGB gemeint ist, sondern lediglich die mündliche Erteilung der Verbraucherinformation verhindert werden soll[296]. Damit liefert das BAV zugleich eines der überzeugendsten Argumente gegen dessen eigene Position. Die in der Mündlichkeit der Übermittlung gesehene Gefährdung der Verbraucher beruht schließlich offenbar in der Erwartung einer mangelnden Beweisbarkeit der konkreten Rechte und Pflichten der Parteien im Streitfall. Die Papierform der Verbraucherinformationen als Konsequenz dieser Überlegungen ist deshalb allerdings keineswegs zwingend. Die in Papierform ausdruckbare elektronische Darstellung der Verbraucherinformation verhindert deren mündliche Erteilung m.E. vielmehr in äquivalenter Weise.

Europarechtliche Richtlinien bzw. Richtlinienentwürfe lassen im Übrigen die ausdrückliche gemeinschaftsweite Zulässigkeit der elektronischen Übermittlung der Verbraucherinformation erwarten[297]. Denn nach dem Richtlinienvorschlag für den Fernabsatz von Finanzdienstleistungen (FinanzRiLiV) können gemäß Art. 3a die Vertragsbedingungen auch auf einem dauerhaften Datenträger, der dem Verbraucher zur Verfügung steht und zu dem er Zugang hat, übermittelt werden[298]. Die Legaldefinition des Art.2 f FinanzRiLiV zählt zu den dauerhaften Datenträgern insbesondere auch die Festplatte zur Speicherung der per Email übermittelten Daten im Computer des Verbrauchers[299]. Eine körperliche Aushändigung der Ver-

---

[296] Vgl. das Schreiben des BAV an das BMF, Z – Q 2 – 477/99, vom 16. August 1999, S.2. Dort heißt es wörtlich: „In diesem Zusammenhang sei darauf hingewiesen, dass § 10a Abs.2 Satz 1 VAG nicht die Schriftform i.S. des BGB vorsieht. Die Bestimmung soll lediglich verhindern, dass die Verbraucherinformationen mündlich erteilt werden.“.

[297] Vgl. Art.3a i.V.m. Art.2 f des „Geänderten Vorschlags für eine Richtlinie des Europäischen Parlaments und des Rates über den Fernabsatz von Finanzdienstleistungen an Verbraucher und zur Änderung der Richtlinien 97/7/EG und 98/27/EG“, 599 PC 0385 sowie Art.9 Abs.1 der Richtlinie des Europäischen Parlaments und des Rates über bestimmte rechtliche Aspekte der Dienste der Informationsgesellschaft, insbesondere des elektronischen Geschäftsverkehrs, im Binnenmarkt, ABl. EG Nr. L 178 S.1 vom 17. Juli 2000.

[298] Vgl. Art.3a des geänderten Vorschlags für eine Richtlinie über den Fernabsatz von Finanzdienstleistungen an Verbraucher, 599 PC 0385.

[299] Vgl. Art.2f des geänderten Vorschlags für eine Richtlinie über den Fernabsatz von Finanzdienstleistungen an Verbraucher, 599 PC 0385.

braucherinformation an den Interessenten ist danach nicht mehr erforderlich[300], sodass auch der Grundgedanke der Verbraucherschutzbestimmung - entgegen der bisherigen Deutung der Kritiker der elektronischen Übermittlung - eine neue Akzentuierung erfahren wird.

Dies gilt ebenso hinsichtlich der Möglichkeit zum Vergleich der Angebote für den Interessenten. Auch hier wird eine auf einer Festplatte gespeicherte Fassung der Informationen mit der zusätzlichen Option diese auszudrucken, genügen.

Allerdings besteht, zumindest theoretisch, die Gefahr, dass beispielsweise die AVB nachträglich einseitig vom Verwender geändert werden[301]. Insoweit erscheint der Einwand, der Versicherungsnehmer könne nach Vertragsschluss seine ihm obliegenden Pflichten nur bei in Papierform vorliegenden Verbraucherinformationen erfüllen und seine Rechte lediglich auf dieser Grundlage effektiv wahrnehmen, gewichtiger. Waldenberger[302] weist jedoch zurecht darauf hin, dass der AVB-Verwender damit das Vermögen des Versicherungsnehmers konkret gefährden und sich so einem Strafbarkeitsrisiko wegen Betrugs aussetzen würde. Zudem ließen sich solcherlei Veränderungen durch die mit dem Signaturgesetz eingeführten elektronischen Datums- und Zeitstempel gemäß § 9 SignG unmöglich machen[303].

Da eine Speicherung auf einem dauerhaften Datenträger nach hier vertretener Auffassung ausreicht, trägt auch der Hinweis des BAV, der Versicherer könne nicht sicherstellen, dass der Kunde die Verbraucherinformation tatsächlich ausdrucke, nicht. Im Übrigen wäre selbst durch einen Ausdruck nicht gesichert, dass der Kunde die Information auch tatsächlich zur Kenntnis nehmen würde. Eine fehlende Kenntnisnahme der Verbraucherinformation durch den Kunden war bei der konventionellen postalischen Übermittlung bislang jedoch auch kein Hindernis für einen Vertragsschluss. Weshalb das BAV für den elektronischen Geschäftsverkehr höhere Hürden aufbauen will, bleibt im Dunkeln verborgen.

---

[300] A.A. Hoppmann/Moos, NVersZ 1999, 197 (199); Schimikowski, r+s 1996, 1.
[301] Reusch, NVersZ 1999, 110 (115).
[302] Waldenberger, BB 1996, 2365 (2368 f.).
[303] Waldenberger, BB 1996, 2365 (2369).

Zudem hat der europäische Richtliniengeber zwischenzeitlich eine Richtlinie[304] zum elektronischen Geschäftsverkehr vorgelegt, der in Abschnitt 3, Art. 9 Abs. 1 den Mitgliedsstaaten aufgibt sicherzustellen[305], dass ihre für den Vertragsabschluss geltenden Rechtsvorschriften weder die Benutzung elektronischer Verträge verhindern, noch dazu führen, dass diese Verträge aufgrund des Umstandes, dass sie auf elektronischem Wege zustande gekommen sind, keine Gültigkeit oder keine Rechtswirkungen haben. In den Erwägungsgründen zu dieser Richtlinie wird des weiteren deutlich gemacht, dass die Mitgliedsstaaten insbesondere die Rechtsvorschriften, die Formerfordernisse vorsehen, dem oben beschriebenen Ziel anzupassen sind, soweit sie diesem widersprechen[306].

Beachtenswert ist aus verbraucherschutzrechtlicher Sicht darüber hinaus die in Art. 4 Absatz 1 FinanzRiLiV vorgesehene Regelung, nach der Verbraucher den Vertrag ohne Angaben von Gründen, und ohne dass Vertragsstrafen verlangt werden können, widerrufen dürfen. Dabei muss dem Verbraucher mindestens eine Frist von 14 Tagen und höchstens 30 Tage seitens der einzelstaatlichen Vorschriften eingeräumt werden.

Vor diesem Hintergrund plädiert der Verfasser daher für eine extensive Auslegung des Begriffs der Schriftlichkeit in § 10a VAG, dessen Verständnis auch eine elektronische Darstellung der geforderten Verbraucherinformation ermöglicht und einem rechtswirksamen Vertragsschluss nicht entgegenstehen würde.

(2) § 4 Abs.2 BDSG

Regelmäßig sind beim Abschluss von Versicherungsverträgen besondere personenbezogene Angaben des Versicherungsnehmers erforderlich, deren Verarbeitung durch die Versicherer einer Erlaubnis des Kunden gemäß § 4 Abs.1 BDSG bedarf[307]. Die Zustimmun-

---

[304] Richtlinie 2000/31/EG des Europäischen Parlaments und des Rates über bestimmte rechtliche Aspekte der Dienste der Informationsgesellschaft, insbesondere des elektronischen Geschäftsverkehrs, im Binnenmarkt, ABl. EG Nr. L 178 S.1 vom 17. Juli 2000.

[305] Gemäß Art.22 Absatz 1 der Richtlinie hat die Umsetzung vor dem 17. Januar 2002 zu erfolgen.

[306] Vgl. Erwägungsgrund 34 der Richtlinie 2000/31/EG.

[307] Reusch, NVersZ 1999, 110 (111 f.) m.w.N.

gen der Versicherungsnehmer sind dann auf der Grundlage von sogenannten Datenverarbeitungsklauseln schriftlich einzuholen, § 4 Abs.2 Satz 2, 1. Hs. BDSG.

Ebenso verlangen die Unternehmen vor allem im Bereich der Personenversicherungen üblicherweise die Möglichkeit der Einholung von ärztlichen Testaten zur Risikoprüfung. Zweifellos handelt es sich bei diesen Daten um solche besonders sensibler Art[308]. Daher ist die erforderliche Befreiung des Arztes von seiner Schweigepflicht grundsätzlich auch nur durch die schriftliche Erteilung einer Schweigepflichtentbindungserklärung seitens der versicherten Person i.S.d. § 4 Abs.2 Satz 2, 1. Hs. BDSG zulässig[309].

Diese oben genannten Einwilligungsklauseln sind in Zusammenarbeit zwischen den Datenschutzbehörden der Länder, dem BAV sowie den Verbänden der Versicherungswirtschaft einvernehmlich entstanden[310] und auch von der Rechtsprechung bestätigt[311].

Mit dem Schriftformerfordernis dieser Klauseln ist aber zugleich das Problem von Online-Vertragsschlüssen angesprochen. Die Übersendung von Willenserklärungen unter Einsatz fernmeldetechnischer Übertragungsmittel kann der Rechtsprechung zufolge der gesetzlichen Schriftform nicht genügen, da dies das Schutzbedürfnis von Privatpersonen vor einer Übereilung ihrer Erklärungen verbiete[312]. Demnach erfüllen auch via Internet übermittelte Erklärungen nicht das Schriftformerfordernis. Somit kann auch eine schriftliche Erteilung der Erklärung i.S.v. § 4 Abs.2 Satz 2, 1. Hs. BDSG nicht mittels Internet erfolgen.

Ein Verstoß gegen die Formvorschrift führt aber nicht nur zur Nichtigkeit der Einwilligung[313]. Sollte der Versicherer trotzdem eine Verarbeitung der Daten vornehmen, kann dies zudem eine Schadens-

[308] Körner-Dammann, NJW 1992, 729 (730).
[309] Reusch, NVersZ 1999, 110 (112) m.w.N.
[310] Reusch, NVersZ 1999, 110 (112).
[311] OLG Hamburg, VersR 1994, 1170.
[312] BGHZ 121, 224 (229 f.).
[313] Auernhammer, BDSG, § 4 Rn.14; Bergmann/Möhrle/Herb, § 4 Rn.58; Ordemann/Schomerus/Gola, BDSG, Anm. 6.1, S.117; Schaffland/Wiltfang, BDSG, § 4 Rn.10; Simitis/Dammann/Geiger/Mallmann/ Walz, BDSG, § 4 Rn.31; VerBAV 1990, 75; 1992, 335.

ersatzpflicht gemäß § 8 i.V.m. § 7 BDSG auslösen und sogar eine Straftat gemäß § 43 BDSG darstellen.

Allerdings lässt § 4 Abs.2 Satz 2, 2. Hs. BDSG eine Ausnahme von der Schriftform für die Fälle zu, in denen aufgrund besonderer Umstände eine andere Form angemessen ist. Das Gesetz verzichtet damit zwar nicht auf das Erfordernis der Erklärung, verlangt aber für sie nicht mehr zwingend die Schriftform[314]. Die gesetzlich geforderten besonderen Umstände für den Schriftformverzicht könnten hier in der technischen Besonderheit des Kontrahierungsmediums gesehen werden.

Überlegenswert wäre demnach, ob nicht auch eine elektronisch via Internet geäußerte Einwilligung zulässig sein könnte. Diese Frage ist in einer Abwägung zu klären, die einerseits den Grund für die Ausnahme und andererseits die Interessen der Betroffenen berücksichtigt.

Der Grund der Ausnahme ist nicht zuletzt praktischer Natur. Verlangte man die Schriftform für die Einwilligung, so müsste der Versicherer vor Vertragsschluss dem Versicherungsnehmer die Unterlagen mit der entsprechenden Klausel schicken, die der Versicherungsnehmer wiederum unterschrieben an den Versicherer zurücksenden müsste. Damit wäre aber zum einen der Wettbewerbsvorteil für die Unternehmen in Form deutlich geringerer Abschlusskosten[315] vermindert, die wiederum an die Kunden durch geringere Beiträge weitergegeben werden könnten[316]. Vor allem ginge jedoch für die Kunden die Schnelligkeit und Unkompliziertheit eines Vertragsschlusses, den gerade das Internet bietet, verloren. Der Gebrauchsmöglichkeit des Internets als Kontrahierungsmedium wäre damit ein erhebliches Hindernis in den Weg gestellt.

Demgegenüber steht der Schutzzweck des Gesetzes. § 4 Abs.2 Satz 2, 1. Hs. BDSG soll verhindern, dass der Betroffene, ohne aus-

---

[314] Bergmann/Möhrle/Herb, § 4 Rn.54; Ordemann/Schomerus/Gola, BDSG, Anm. 2.2, S.366.
[315] Koch/Wagner, VW 1998, 1718 (1719).
[316] Koch/Wagner, VW 1998, 1718 (1722).

reichende Überlegungen hinsichtlich der Folgen anzustellen, vorschnell seine Einwilligung erteilt[317].

Der intendierten Warnfunktion könnte dadurch genüge getan werden, dass die Internetseiten so gestaltet werden, dass ein Voranschreiten im Programm nur durch eine ausdrückliche Bestätigung der Erklärungsklausel per Mausklick möglich ist[318]. Im Gegensatz zu dem in der Praxis gängigen Fall des Ausfüllens des Antragsformulars in Gegenwart eines Vermittlers, entfiele hier zusätzlich der psychologische Druck einer voreiligen Einwilligung zur Datenverarbeitung.

Gewichtiger erscheint hingegen der Einwand, dass der elektronische Datenverkehr noch zu unsicher sei, um ausreichenden Schutz vor unbefugten Zugriffen Dritter zu gewährleisten[319]. Hier ist sicherlich zu fordern, dass mittels Codierung der transferierten Daten mögliche Risiken weitestgehend minimiert werden. Aber letztlich ist auch dies nur ein technisches, und damit zeitliches Problem.

Diese Bedingungen vorausgesetzt, erscheint die Anwendung der Ausnahmeregelung des § 4 Abs.2 Satz 2, 2. Hs. BDSG auf den Abschluss von Versicherungsverträgen via Internet durchaus vertretbar[320].

ff) Elektronische Unterschrift

Für die Versicherungsunternehmen stellt sich in der Praxis des weiteren das Problem einer eindeutigen Authentifizierung der Vertragsparteien und der übermittelten Daten sowie der Beweisbarkeit von Vertragsschlüssen im Online-Geschäftsverkehr[321]. Der Gesetzgeber hat diesbezüglich bereits im Jahre 1997 im Rahmen des Informations- und Kommunikationsdienstegesetzes (Art.3 IuKDG) das Gesetz zur digitalen Signatur (SignG) erlassen[322]. Dieses Normenwerk ermöglicht durch ein kompliziertes technisches Zertifizierungs-

---

317 Bergmann/Möhrle/Herb, § 4 Rn.52.

318 A.A. offenbar Reusch, NVersZ 1999, 110 (112).

319 Koch/Wagner, VW 1998, 1718 (1722); Reusch, NVersZ 1999, 110 (112).

320 A.A. Reusch, NVersZ 1999, 110 (112).

321 Allgemein zu den Authentizitäts- und Integritätsproblemen beim Abschluss von Verträgen im Internet vgl. Waldenberger, BB 1996, 2365 f.

322 Vgl. BT-Drs. 13/7934 vom 11. Juni 1997.

verfahren[323], das sogenannte „Public-Key-System", dass eine der eigenhändigen Unterzeichnung mindestens äquivalente Fälschungssicherheit erreicht wird[324]. Dadurch soll die elektronische Signatur[325] dem Empfänger elektronisch versendeter Daten die Prüfung der Herkunft der Daten ermöglicht werden (Authentizität des Ursprungs der Daten) und ihn feststellen lassen, ob die Daten vollständig und unverändert sind (Integrität der Daten)[326].

Der Gesetzgeber verzichtete jedoch darauf, die digitale Signatur der Schriftform i.S.d. § 126 BGB rechtlich gleichzustellen, indem das Gesetz keine Rechtsfolgen an die Qualität der signierten digitalen Daten knüpft[327].

Eine klärende Regelung zur prozessrechtlichen Handhabung digital signierter elektronischer Dokumente ist im Signaturgesetz ebenfalls nicht enthalten. Der Gesetzgeber hat sich vielmehr darauf beschränkt prüfen zu wollen, inwieweit Änderungen im Beweisrecht erforderlich sind[328]. Somit scheitert die Behandlung elektronisch signierter Dokumente als Urkunden i.S.d. §§ 415 ff. ZPO bereits an der mangelnden Körperlichkeit des Schriftstücks[329]. Diese Dokumente unterliegen damit der freien Beweiswürdigung durch die Gerichte gemäß § 286 ZPO[330].

---

[323] Ausführlich beschrieben in: Reusch, NVersZ 1999, 110 (116 ff.).

[324] BR-Drs. 966/99, S.29; Deville/Kalthegener, NJW-CoR 1997, 168 (172); Herrmann, VersR 1998, 931 (938); Hoeren, NJW 1998, 2849 (2852); Reusch, NVersZ 1999, 110 (117).

[325] Unter einer elektronischen Signatur ist - entsprechend der in Art.2 Nr.1 der Richtlinie 1999/93/EG vorgesehenen Begriffsbestimmung - eine Signatur in digitaler Form, die in Daten enthalten ist, Daten beigefügt wird oder logisch mit ihnen verknüpft ist und von einem Unterzeichner verwendet wird, um zu bestätigen, dass er den Inhalt dieser Daten billigt, zu verstehen.

[326] Art.2 Nr.1 und 2 der Richtlinie 1999/93/EG.

[327] Geis, MMR 1998, 236 (237); Herrmann, VersR 1998, 931 (938); Hohenegg/Tauschek, BB 1997, 1541 (1545); Reusch, NVersZ 1999, 110 (117 f.).

[328] Ziff. III. des Allgemeinen Teils des Begründungsentwurfs zu Art.3 IuKDG, BR-Drs. 966/96, S.28.

[329] Deville/Kalthegener, NJW-CoR 1997, 168 (172); Hammer, CR 1992, 435 (438); Heun, CR 1995, 2 (3).

[330] Deville/Kalthegener, NJW-CoR 1997, 168 (172); Reusch, NVersZ 1999, 110 (118) m.w.N.; Sandl, CR 2000, 319 (323).

Reusch[331] und Ebbing[332] weisen zudem darauf hin, dass die Identitätsfunktion durch die elektronische Signatur nicht erfüllt werde, da diese nicht den Namen des Ausstellers der Urkunde zu erkennen gibt, sondern lediglich Rückschlüsse auf die Person des Versenders zulasse[333].

Nach alledem wird deutlich, dass mit diesem Signaturgesetz die erforderlichen gesetzlichen Rahmenbedingungen für ein auf Rechtssicherheit basierendes unternehmerisches Handeln von Versicherern im Internet nicht geschaffen wurden[334]. Die Versicherungswirtschaft und ihre Kunden werden daher von den Möglichkeiten digitaler Signaturverfahren aufgrund der rechtlichen Unsicherheiten vermutlich in nur sehr geringem Umfang Gebrauch machen[335]. Diese Prognose wird durch eine Studie über die Zahlungsweisen deutscher Nutzer des Online-Handels bestätigt. Demnach zahlen 75% per Nachnahme, 20% per Kreditkarte, 5% per Lastschrift oder Rechnung und 0% per SET (einer der Standards für die digitalen Signaturen)[336].

Um so interessanter erscheint die Richtlinie des Europäischen Parlaments und des Rates über gemeinsame Rahmenbedingungen für elektronische Signaturen[337]. Die Richtlinie sieht, anders als das bisherige deutsche Signaturgesetz, in Art. 5 Absatz 1 lit. a vor, elektronische Signaturen rechtlich gleichwertig als handschriftliche Unterzeichnungen anzuerkennen. Unter rechtlicher Anerkennung ist dabei zu verstehen, dass fortgeschrittene elektronische Signaturen, die auf einem qualifizierten Zertifikat basieren, zur Erfüllung des rechtlichen Erfordernisses einer handschriftlichen Unterschrift anerkannt werden und auch vor Gericht in gleicher Weise wie handschriftliche Unterschriften als Beweismittel zugelassen sind.

---

331 Reusch, NVersZ 1999, 110 (118).

332 Ebbing, CR 1996, 271 (275).

333 Ob allerdings das Missbrauchsrisiko von elektronischen Signaturen signifikant höher ist, als das Fälschungsrisiko von handschriftlichen Unterschriften bleibt abzuwarten.

334 Hohenegg/Tauschek, BB 1997, 1541 (1546); Moritz, CR 2000, 61 (68); Reusch, NVersZ 1999, 110 (118).

335 Hohenegg/Tauschek, BB 1997, 1541 (1548); Moritz, CR 2000, 61 (68); Reusch, NVersZ 1999, 110 (118).

336 Vgl. Sandl, CR 2000, 319 (321).

337 Richtlinie 1999/93/EG vom 13. Dezember 1999, ABl. L 13.

Darüber hinaus sieht die Richtlinie in Art. 6 eine Haftungsregelung für Zertifizierungsdiensteanbieter vor, die zur Stärkung der Vertrauensbildung sowohl bei Verbrauchern als auch bei Unternehmen beitragen soll[338].

Damit greift die Richtlinie gerade die oben beschriebenen kritischen Teile des deutschen Signaturgesetzes hinsichtlich der rechtlichen Gleichstellung gegenüber handschriftlichen Unterzeichnungen sowie mit Blick auf die prozessrechtliche Behandlung als Beweismittel auf, und führt diese einer der Rechtssicherheit dienenden Neuregelung zu.

b) Zwischenergebnis

Bei einer elektronischen Willenserklärung handelt es sich zunächst um eine Willenserklärung wie jede andere im Sinne des BGB. Der entscheidende Unterschied zur Willenserklärung konventioneller Art liegt in der Übermittlung der Erklärung. Einem wirksamen Vertragsschluss steht insoweit nicht entgegen, dass die eine Willenserklärung (Angebot) beispielsweise schriftlich oder mündlich und die andere (Annahme) als elektronische Willenserklärung über das Netz abgegeben wird.

Im Gegensatz zu Telefongesprächen wird bei Online-Kommunikationen eine zumindest kurzfristige Speicherung der Nachricht erfolgen und damit eine verkörperte Erklärung vorliegen. Eine elektronisch geäußerte Willenserklärung mittels Email ist daher als Erklärung unter Abwesenden im Sinne des § 147 Abs.2 BGB zu behandeln. Etwas anderes kann allenfalls in den Fällen gelten, in denen mittels der verwendeten Technik eine unmittelbare Kommunikationssituation zwischen den Parteien von Person zu Person geschaffen wird.

Der Versicherer muss sich das Verlust- und Verspätungsrisiko an ihn gesandter Emails zurechnen lassen. Eine „Leerung" der Mailbox ist im geschäftlichen Verkehr mindestens einmal täglich vorzunehmen. Sendet der Antragsteller seine Email außerhalb der üblichen Geschäftszeiten des Versicherungsunternehmens, so ist mit einer

[338] Siehe oben S.67 ff. in Kapitel II Nr.3 e) des ersten Teils der Arbeit.

Kenntnisnahme durch den Versicherer spätestens am darauffolgenden Werktag zu rechnen.

Der Vertragsschluss von Versicherungsverträgen im Internet ist grundsätzlich formfrei. Die Anwendung der Ausnahmeregelung vom Schriftformerfordernis des § 4 Abs.2 Satz 2, 2. Hs. BDSG auf den Abschluss von Versicherungsverträgen via Internet ist unter bestimmten Bedingungen vertretbar.

Eine elektronische Übermittlung der Verbraucherinformation mittels Internet bzw. Email u.ä. Techniken genügt dem Schriftformerfordernis des § 10a VAG, da die Möglichkeit zur Speicherung auf einem dauerhaften Datenträger ausreicht.

Das Signaturgesetz stellt nicht die erforderlichen gesetzlichen Rahmenbedingungen für ein auf Rechtssicherheit basierendes unternehmerisches Handeln von Versicherern im Internet zur Verfügung. Die europarechtliche Richtlinie über gemeinsame Rahmenbedingungen für elektronische Signaturen greift allerdings kritikwürdige Teile des deutschen Signaturgesetzes auf und führt diese einer der Rechtssicherheit dienenden Neuregelung zu.

c) Formen des Vertragsschlusses via Internet bei Versicherungsgeschäften

Es bestehen für Versicherer und Versicherungsnehmer vielfältige Möglichkeiten, das Internet für Abschlüsse von Versicherungsverträgen zu nutzen. Gegenwärtig werden in der Praxis drei Varianten genutzt. Die Internetpräsenz eines Versicherers kann sich auf eine reine Produktpräsentation beschränken, neben der Produktvorstellung eine Antragsformularübermittlung vorsehen oder auch eine unmittelbare Antragstellung über das Netz ermöglichen[339]. Jede Variante zieht allerdings eigene rechtliche Fragestellungen hinsichtlich der beabsichtigten Vertragsschlüsse nach sich und ist daher separat zu betrachten.

---

[339] Koch/Wagner, VW 1998, 1718 (1719); Reusch, NVersZ 1999, 110; Schöffski/Samusch, ZVersWiss 1997, 171 (194).

aa) Reine Produktpräsentation

Eine erste, einfache Form des Internetauftritts eines Versicherungsunternehmens kann darin bestehen, dass es seine Produkte auf dessen Websites vorstellt und beispielsweise eine Telefonnummer oder Adresse zum Anfordern weiterer Informationen bzw. eines Antragsformulars anbietet[340]. Der Interessent kann dann, nachdem er die nötigen Antragsunterlagen angefordert und ausgefüllt hat, den entsprechenden Antrag auf dem Postwege an den Versicherer richten. Der Vertragsschluss vollzieht sich anschließend im weiteren wie bisher auch im Wege des Schriftverkehrs ohne erneuten Gebrauch des Internets.

Da der potenzielle Versicherungsnehmer in diesen Fällen somit seinen Antrag auf konventionellem Wege schriftlich stellt, ergeben sich hinsichtlich möglicher Zugangs- oder Widerspruchsfragen bezüglich der so geäußerten Willenserklärungen keine Besonderheiten.

bb) Produktvorstellung und Antragsübermittlung

Neben der reinen Produktpräsentation kann der Versicherer dem Kunden darüber hinaus mittels eines Links (Querverweis auf eine andere Seite) anbieten, weitere Informationen oder einen Versicherungsantrag online anzufordern[341]. Zwar wird das Internet in diesem Fall als Dialogmedium zwischen dem Interessenten und dem Versicherer genutzt, so dass sich auf den ersten Blick Fragen nach dem rechtlichen Charakter der im Dialog entäußerten Erklärungen stellen könnten. Bei genauerer Betrachtung hat die Verwendung des Internets als Dialogmedium hinsichtlich des Zustandekommens und der Wirksamkeit eines möglichen späteren Vertragsabschlusses allerdings keine Auswirkungen. Auch hier wäre der potenzielle Versicherungsnehmer der Antragsteller, so dass der Vertragsschluss unter rechtlichen Gesichtspunkten ebenfalls ohne technisch bedingte Besonderheiten erfolgen würde.

---

340 Schöffski/Samusch, ZVersWiss 1997, 171 (191, 194).

341 Schöffski/Samusch, ZVersWiss 1997, 171 (194).

cc) Produktpräsentation und unmittelbare Antragstellung über das Netz

Eine weitere Variante des Direktvertriebs von Versicherungen via Internet kann ferner darin bestehen, dass das Unternehmen seine Produkte darstellt und dem Kunden mittels einer Dialogseite anbietet, einen Versicherungs“antrag“ auszufüllen und online an den Versicherer zu richten[342].

Wie bereits oben ausgeführt, bedarf auch ein Vertragsschluss mittels Internet der Abgabe zweier sich deckender Willenserklärungen. Die Produkt-Websites des Versicherungsunternehmens könnten insofern entweder als unverbindliche Aufforderung an andere, ein Angebot abzugeben, oder als ein bindendes Vertragsangebot i.S.v. § 145 BGB verstanden werden.

Ein Antrag i.S. eines Vertragsangebots gemäß § 145 BGB liegt dann vor, wenn der Antrag den Willen zu einer rechtlichen Bindung zum Ausdruck bringt[343]. Maßgebend ist bei der Abgrenzung die Auslegung des Willens nach dem objektiven Empfängerhorizont und die Behandlung typischer Fallgruppen[344]. Auf den Wortlaut der Bezeichnung des auszufüllenden elektronischen Formulars als „Versicherungsantrag“ o.ä. kommt es hingegen nicht allein an[345].

Als bloße Aufforderung zur Abgabe von Angeboten (sog. invitatio ad offerendum) sind nach der Verkehrsauffassung beispielsweise das Versenden von Katalogen oder auch Zeitungsanzeigen zu bewerten[346]. Die Darstellung der Produkte eines Versicherers im Internet ist der in Zeitungsanzeigen bzw. Katalogen sehr ähnlich. Sie unterscheidet sich im Kern lediglich dadurch, dass die Darstellung nicht in Papier-, sondern in elektronischer Form auf einem Bildschirm erfolgt. Ein Wille des Versicherungsunternehmens, sich rechtlich bereits durch die Produktdarstellung auf der Website zu binden, lässt sich daraus nicht entnehmen.

---

342 Hoppmann/Moos, NVersZ 1999, 197 (198); Schöffski/Samusch, ZVersWiss 1997, 171 (194).
343 Palandt/Heinrichs, § 145 Rn.2; Soergel/Wolf, § 145 Rn.5 f.
344 Soergel/Wolf, § 145 Rn.6.
345 Staudinger/Bork, § 145 Rn.4.
346 Palandt/Heinrichs, § 145 Rn.2; Soergel/Wolf, § 145 Rn.7 m.w.N.; MüKo/Kramer, § 145 Rn.8.

Im Übrigen wollen Versicherer grundsätzlich vor Vertragsabschluss eine Risiko- oder Bonitätsprüfung des potenziellen Versicherungsnehmers vornehmen[347]. Dies ist jedoch nur dann möglich, wenn der Versicherer sich nicht gezwungen sieht mit jedermann, der ein entsprechendes Formular ausfüllt, zu kontrahieren. Wie auch in den Fällen der Versandkataloge oder der Zeitungsanzeigen muss das Versicherungsunternehmen statt dessen vor einer unbegrenzten Zahl von Vertragsschlüssen bzw. alternativen Schadensersatzforderungen bewahrt werden.

Die Produktdarstellung eines Versicherers mit der Möglichkeit der Online-Antragstellung im Internet ist daher als bloße unverbindliche invitatio ad offerendum zu betrachten[348].

Antragsteller ist somit der potenzielle Versicherungsnehmer, wobei sich aufgrund der Nutzung des Internets als Übermittlungsmedium des Antrags allerdings zusätzliche Fragen hinsichtlich des Zugangs bzw. des Widerrufs von Willenserklärungen stellen.

Der Zugang einer elektronisch geäußerten Willenserklärung erfolgt, wie oben ausgeführt, mit dem Eingang dieser Mitteilung auf dem Rechner des Providers des Versicherungsunternehmens. Der Versicherer hat seinen elektronischen Postkasten mindestens einmal täglich zu leeren, so dass mit der tatsächlichen Kenntnisnahme bei ihm eingehender elektronischer Anträge auch grundsätzlich noch am selben Tag gerechnet werden kann. Der Widerruf einer Willenserklärung, der gemäß § 130 Absatz 1 Satz 2 BGB grundsätzlich bis zum Zugang der ursprünglichen Erklärung möglich wäre, ist damit aber praktisch ausgeschlossen, da der Eingang der Email beim Provider des Unternehmens – und damit deren Zugang - innerhalb weniger Augenblicke nach Absendung beim Interessenten erfolgt[349].

Zwar liegt ein Übereilungsschutz des Verbrauchers insoweit dann nicht vor, doch steht ihm das Anfechtungsrecht der §§ 119 ff. BGB

---

[347] Hoppmann/Moos, NVersZ 1999, 197 (198); Staudinger/Bork, § 145 Rn.4.

[348] Ernst, BB 1997, 1057; Hoeren, Rechtsfragen des Internet, 1998, Rn.281; Hoppmann/Moos, NVersZ 1999, 197 (198); Löhnig, NJW 1997, 1688; Rott, VuR 1999, 405 (406); Rüßmann, K&R 1998, 129; Tettenborn, K&R 1999, 252 (257); Waldenberger, BB 1996, 2365; Wagner, WM 1995, 1129; krit. dazu Mehrings, MMR 1998, 30 (32)

[349] Heun, CR 1994, 595 (599); Hoppmann/Moos, NVersZ 1999, 197 (198).

zur Verfügung[350], so dass eine unangemessene Verkürzung seiner Rechte nicht zu befürchten steht.

d) Zwischenergebnis

Es sind bereits heute eine Reihe von Möglichkeiten für die Versicherungsunternehmen vorhanden, das Internet als neuartiges Vertriebsmedium für Versicherungsprodukte zu nutzen. Dabei sind Versicherer, die einen ausschließlich mittels Internet elektronisch zu schließenden Versicherungsvertrag anbieten, zur Zeit (noch) nicht am Markt aktiv. Dagegen bieten die Versicherer den potenziellen Kunden des elektronischen Handels von der reinen Produktdarstellung bis hin zur Online-Antragstellung von Versicherungsverträgen eine Vielzahl von Nutzungsoptionen an. Nach hier vertretener Auffassung spricht jedoch aus rechtlicher Sicht - insbesondere auch mit Blick auf § 10a VAG – nichts gegen einen vollständigen Online-Vertragsschluss. Technisch bedingt kann die Antragstellung per online allerdings zu einem Ausschluss des Widerspruchsrechts gemäß § 130 Absatz 1 Satz 2 BGB führen, ohne dass dies jedoch eine unvertretbare Verkürzung der Rechte des Verbrauchers bedeuten würde.

2. Verbraucherschutz bei „Internet-Verträgen“

Nachdem der Abschluss von Verträgen mittels elektronisch geäußerter Willenserklärungen nach hier vertretener Ansicht technisch und rechtlich möglich bzw. zulässig ist, stellt sich die Frage nach der Durchsetzbarkeit der Verpflichtungen, also der denkbaren zivilrechtlichen Haftungsansprüche insbesondere der Verbraucher gegen den Versicherer.

a) Zivilrechtliche Ansprüche bei „Internet-Verträgen“

Zunächst stehen den Versicherungsnehmern die sich aus dem Versicherungsvertrag selbst ergebenden vertraglichen Ansprüche zu. Aufgrund der Abhängigkeit des Umfangs der denkbaren Ansprüche von der konkreten Ausgestaltung des jeweiligen Vertrages lassen sich an dieser Stelle nur sehr allgemeine Beschreibungen ermöglichen.

---

[350] Herrmann, VersR 1998, 931 (936).

aa) Vertragliche Haftung

Zu den vertraglichen Verpflichtungen des Versicherers zählt insoweit zweifellos die Leistungspflicht bei Eintritt des Versicherungsfalls sowie beispielsweise bei den Kapitallebensversicherungen darüber hinaus auch die Zahlungspflicht im Erlebensfalle nach Ablauf der Vertragslaufzeit.

bb) Culpa-in-contrahendo-Haftung beim Internetvertrieb

Als Haftungsgrundlage für das Verschulden bei Vertragsverhandlungen ist die sogenannte culpa in contrahendo (c.i.c.) als Haftungsinstitut in Analogie zu den §§ 122, 179, 307 BGB gewohnheitsrechtlich anerkannt[351]. Denkbar ist eine derartige Haftung eines Versicherers beispielsweise für fehlerhafte Angaben auf seinen Internet-Seiten bezüglich der Ausschlusstatbestände in seinen AVB oder hinsichtlich des Leistungsumfangs bestimmter durch ihn beworbener Versicherungsprodukte.

Eine Haftung aus c.i.c. wäre insofern dann gegeben, wenn der Kunde aufgrund bestimmter Angaben im Internet auf einen bestimmten Versicherungsschutz vertraut hat, dieser Versicherungsschutz nach den von dem Versicherer verwendeten AVB jedoch ausgeschlossen ist[352]. Dies gilt selbst dann, wenn die AVB für den Kunden im Netz verfügbar und herunterladbar (sog. „downloading") sind, da insoweit ein Widerspruch zu den anderen Angaben vorliegt, der aus Gründen des Vertrauensschutzes zu Lasten des Versicherers geht[353].

Köndgen[354] will darüber hinaus bei Widersprüchen zwischen der Werbung eines Versicherers in Form der invitatio ad offerendum und dem daraufhin geschlossenen Individualvertrag gar einen Erfüllungsanspruch des Versicherungsnehmers gegen den Versicherer annehmen. Eine derartige Reichweite der quasivertraglichen Haftung ergebe sich jedenfalls dann, wenn der Werbende eine gegenüber dem Kunden bestehende typische Informationsüberlegenheit

---

[351] Vgl. nur Palandt/Heinrichs, § 276 Rn.65.
[352] Herrmann, VersR 1998, 931 (940).
[353] Für den insofern vergleichbaren Fall der fehlerhaften Beratung durch einen Versicherungsagenten vgl. Palandt/Heinrichs, § 278 Rn.22 mit weiteren Nachweisen zur einschlägigen Rechtsprechung.
[354] Vgl. Köndgen, S.347.

ausnutzt, und das Vertrauen des Kunden in diese Überlegenheit enttäuscht. Informationsüberlegenheiten der Versicherungsunternehmen dieser Art bestünden zumindest in deren Massengeschäft typischerweise[355].

Die Beweisanforderungen, die an den Kunden diesbezüglich gestellt werden, sind jedoch vergleichsweise hoch angelegt. So kommen Schadensersatzansprüche aus c.i.c. nur in Betracht, soweit der Kunde ein Verschulden des Versicherungsunternehmens nachweisen kann und beweist, dass er selbst einerseits den Widerspruch nicht entdeckt hat und er andererseits einen entsprechenden Risikoeinschluss verlangt hätte, auch wenn dies zu einer höheren Prämie geführt hätte[356].

b) Anwendbarkeit von Verbraucherschutzgesetzen

Sofern ein zwischen Privatpersonen geschlossener Vertrag den Vorschriften des deutschen Rechts unterliegt, sind als anwendbare Verbraucherschutzgesetze insbesondere das Gesetz über den Widerruf von Haustürgeschäften (HWiG), das Gesetz über Allgemeine Geschäftsbedingungen (AGBG) sowie das Gesetz über den Versicherungsvertrag (VVG) in Betracht zu ziehen. Auch aus diesen Gesetzen lassen sich Verpflichtungen gegenüber dem Verbraucher entnehmen.

Bei der Frage nach der Anwendbarkeit von Verbraucherschutzgesetzen auf mittels Internet geschlossene Versicherungsverträge ergeben sich allerdings spezifische Problemstellungen.

aa) Anwendbarkeit des Haustürwiderrufsgesetzes

Entgegen der doch überraschenden Auffassung Herrmanns[357], kann die innerhalb der Literatur[358] durchaus kontrovers geführte Debatte

[355] Herrmann, VersR 1998, 931 (941).
[356] Herrmann, VersR 1998, 931 (941).
[357] Vgl. Herrmann, VersR 1998, 931 (936 f.), der zwar zur im Ergebnis richtigen Verneinung der Anwendbarkeit des HWiG auf den Abschluss von Versicherungsverträgen im Internet kommt, allerdings eine überflüssige Diskussion am klaren Wortlaut des Gesetzes vorbei führt.

um die Anwendbarkeit des HWiG auf im Internet abgeschlossene Verträge an dieser Stelle unbeantwortet bleiben, da nach dem ausdrücklichen Wortlaut des Gesetzes über den Widerruf von Haustürgeschäften gemäß § 6 Nr.2 HWiG die Vorschriften dieses Gesetzes keine Anwendung beim Abschluss von Versicherungsverträgen finden. Ein zwingender Grund, davon für mittels Internet geschlossene Verträge abzuweichen, ist nicht erkennbar. Die Vorschriften des HWiG sind daher auch auf im Internet geschlossene Versicherungsverträge nicht anwendbar.

bb) Anwendbarkeit des AGBG

Beinahe charakteristisch für Versicherungsverträge sind die diesen zugrunde liegenden Allgemeinen Versicherungsbedingungen (AVB). Diese umfassen meist mehrere engbedruckte Seiten sehr detaillierter Regelungen zum Umfang des Versicherungsschutzes. Die Verbraucher haben in aller Regel keinen Einfluss auf die Gestaltung dieser Bedingungswerke. Sie stehen den Versicherern als Verwender der AVB daher auch benachteiligt gegenüber.

Zum Schutz der Verbraucher und zum Ausgleich dieser Benachteiligung hat der Gesetzgeber das Gesetz zur Regelung des Rechts der Allgemeinen Geschäftsbedingungen (AGBG) vom 9.12.1976 geschaffen. Mit Ausnahme der Vorschrift des § 11 Nr.12 AGBG, nach der die Laufzeit von Dauerschuldverhältnissen bestimmte zeitliche Grenzen nicht übersteigen darf, gelten die sonstigen Regeln dieses Gesetzes auch für Versicherungsverträge.
Hinzuweisen ist der Vollständigkeit halber noch auf die Vorschrift des § 23 Absatz 3 AGBG, nach der die vom BAV genehmigten AVB auch dann Bestandteil des Vertrages werden, wenn die Erfordernisse des § 2 Absatz 1 Nr.1 und 2 AGBG nicht eingehalten worden sind. Diese Vorschrift galt allerdings nur für Versicherungsverträge, die bis zum 31.12.1994 abgeschlossen wurden[359]. Für die Verträge, die nach dem 31.12.1994 geschlossen wurden, ist die Genehmigungspflicht weggefallen, sodass § 23 Absatz 3 AGBG insoweit kei-

---

[358] Vgl. nur Köhler, NJW 1998, 185 (187 f.); Lehmann/Drexl, S.89 ff.; Loewenheim/Koch/Scheller, S.206 f.; Moritz, CR 2000, 61 (63); Waldenberger, BB 1996, 2365 (2367).
[359] Vgl. Römer/Langheid, VVG, § 5a Rn.29.

ne Bedeutung mehr zukommt[360]. Dies macht deutlich, dass sich die Prüfung der Anwendbarkeit des AGBG auf im Internet geschlossene Versicherungsverträge durch die Regelung des § 23 Absatz 3 AGBG keineswegs erübrigt.

Besondere Bedeutung kommt im Rahmen der Anwendung des AGBG auf Internet-Verträge der Frage zu, wie AVB überhaupt wirksamer Vertragsbestandteil werden können. Die Voraussetzungen der Einbeziehung von AVB in den Vertrag regelt § 2 AGBG. Demnach werden AVB nur dann Bestandteil eines Vertrages, wenn der Versicherer als Verwender der Bedingungen bei Vertragsschluss den Kunden ausdrücklich auf die AVB hinweist, ihm ferner die Möglichkeit verschafft, in zumutbarer Weise von ihrem Inhalt Kenntnis zu nehmen, und der Kunde mit der Geltung der Versicherungsbedingungen einverstanden ist, § 2 Absatz 1 AGBG.

Gegenüber Kaufleuten gelten diese strengen Voraussetzungen gemäß § 24 Satz 1 Nr.1 AGBG nicht. Allerdings wird die Masse der hier vor allem interessierenden Lebensversicherungsverträge wahrscheinlich zwischen Versicherern und Privatleuten geschlossen. Das Augenmerk soll in dieser Untersuchung daher nur auf die Gruppe der privaten Verbraucher gerichtet werden.

(1) Ausdrücklicher Hinweis auf die AVB im Internet

Erste Voraussetzung für die wirksame Einbeziehung von AVB in den Vertrag ist der ausdrückliche Hinweis des Versicherers bei Vertragsschluss auf die Bedingungen. Dies gilt selbstverständlich auch für Verträge, die via Internet geschlossen werden. Die Website des Versicherers sollte daher so gestaltet sein, dass spätestens auf der Seite des Vertragsangebotsformulars ein unübersehbares Hinweisfeld (sog. „Link" als Querverweis auf eine andere Website) auf die AVB eingerichtet ist[361]. Durch das Anklicken dieses Hinweisfeldes könnte der Kunde dann zu einer eigenen Seite mit dem Volltext der AVB geführt werden[362]. Eine mühevolle Suche nach dem Hinweis darf dem Kunden nicht zugemutet werden[363]. Erforderlich ist, dass

---

[360] Vgl. Römer/Langheid, VVG, § 5a Rn.30.
[361] Lehmann/Drexl, S.95; Köhler, NJW 1998, 185 (187).
[362] Ernst, BB 1997, 1057; Waldenberger, BB 1996, 2365 (2368).
[363] Ernst, BB 1997, 1057.

der Hinweis von einem Durchschnittskunden auch bei flüchtiger Betrachtung nicht übersehen werden kann[364].

Der Verwender der AVB sollte darüber hinausgehend, sowohl aus Beweis- als vor allem auch aus Verbraucherschutzgründen, durch eine entsprechende Gestaltung der Websites dafür Sorge tragen, dass die AVB in jedem Fall vor Abgabe des Angebots durch den Kunden auf dem Bildschirm erscheinen[365].

(2) Möglichkeit der zumutbaren Kenntnisnahme

Weitere Voraussetzung der wirksamen Einbeziehung der AVB in den Vertrag ist gemäß § 2 Absatz 1 Nr.2 AGBG, dass dem Kunden die Möglichkeit der zumutbaren Kenntnisnahme der Bedingungen gegeben wurde.

Während für den Bereich gedruckter AGB durch zum Teil höchstrichterliche Rechtsprechung entschieden ist, dass eine zumutbare Kenntnisnahme eine bestimmte Schriftgröße[366] und ein in seiner Gestaltung und Kontrastierung leicht lesbares Druckbild[367] verlangt, besteht im Schrifttum keine einheitliche Vorstellung zu der Frage, wie AGB über den Bildschirm wirksam in den Vertrag einbezogen werden können.

(a) Mehrheitliche Ansicht

Nach der Mehrheitsansicht reicht es für die Einbeziehung auch umfangreicherer AVB aus, wenn dem Kunden vom Anbieter der Website die Möglichkeit geboten wird, die Bedingungen durch kostenloses Herunterladen aus dem Netz auf den PC des Interessenten zu kopieren, da dieser sie sich dann auch ausdrucken könne[368].

---

364 BGH, NJW-RR 1987, 2159 für BTX; Moritz, CR 2000, 61 (64).
365 So auch Löhnig, NJW 1997, 1688 f.; Waldenberger, BB 1996, 2365 (2368).
366 BGH, NJW-RR 1986, 1311.
367 OLG Hamburg, BB 1987, 1703; OLG Hamburg, NJW-RR 1988, 944.
368 Ernst, BB 1997, 1057 (1058); ders. NJW-CoR 1997, 165 (167); Köhler, NJW 1998, 185 (189); Lehmann/Drexl, S.95; Löhnig, NJW 1997, 1688 (1689); Moritz, CR 2000, 61 (64 f.); Waldenberger, BB 1996, 2365 (2369).

(b) Gegenansicht

Andere Stimmen im Schrifttum halten dem entgegen, dass die Darstellung des Bedingungstextes auf dem Bildschirm auch bei längerer Einblendung in jedem Fall flüchtig bleibe[369] bzw. der Kunde nicht verpflichtet sei, die Datei herunterzuladen und stets die Möglichkeit habe, eine Kenntnisnahme vor Vertragsschluss zu leugnen[370]. Soweit die herrschende Auffassung ein Angebot auf der Website des Versicherers zum Herunterladen der AVB ausreichen lässt, kritisiert die Gegenansicht eine damit einhergehende einseitige Risikoverteilung zu Lasten des AVB-Verwenders, da es in den Verantwortungs- und Risikobereich des Verbrauchers gestellt sei, die erforderlichen technischen und sonstigen Voraussetzungen für das Kopieren, Speichern und Ausdrucken der AVB vorzuhalten[371]. Diese Lastenverteilung sei mit dem Grundgedanken des AGBG bzw. der Verbraucherschutzbestimmungen nicht vereinbar und eine wirksame Einbeziehung umfangreicher AVB auf diesem Wege daher abzulehnen[372].

(c) Würdigung der Auffassungen und eigene Stellungnahme

Gegen die letztgenannte Auffassung spricht bereits der Wortlaut der Vorschrift des § 2 Absatz 1 Nr.2 AGBG. Darin wird lediglich die *Möglichkeit* der zumutbaren Kenntnisnahme gefordert. Eine tatsächliche Kenntnisnahme durch den Antragsteller wird damit nicht verlangt. Die Möglichkeit der Kenntnisnahme wird durch eine elektronische Darstellung der AVB insoweit zunächst nicht berührt. Daher ist auch nicht erforderlich, dass ein Ausdruck der Bedingungen durch den Antragsteller tatsächlich erfolgt[373].

Zum Schutz des Verbrauchers kann jedoch nicht ohne weiteres von einer zumutbaren Kenntnisnahmemöglichkeit ausgegangen werden. Hieran sind unter Berücksichtigung der bislang erkennbaren Linien der Rechtsprechung eine Reihe von Anforderungen zu stellen. Soweit allerdings von Seiten des Verwenders der AVB die technischen

---

369 Bultmann/Rahn, NJW 1988, 2432 (2434 f.).
370 Loewenheim/Koch/Waltl, S.187.
371 Vgl. Borges, ZIP 1999, 130 (135); Donhauser, S.6.
372 Borges, ZIP 1999, 130 (135); Donhauser, S.6.
373 Hoeren/Sieber/Waldenberger, 13.4, Rn.40; Lehmann/Drexl, S.95; Moritz, CR 2000, 61 (64).

Voraussetzungen geschaffen wurden, dass ein gebührenfreies[374] Speichern (downloaden) und ein entsprechender Ausdruck der Klauselwerke möglich ist, ist der Einwand, Darstellungen auf Bildschirmen blieben flüchtig, nicht tragfähig. Es liegt insoweit in der Hand des Kunden, in welcher Form und Intensität er die Bedingungen zur Kenntnis nehmen möchte. Sofern die AVB darüber hinaus den anerkannten Anforderungen an mühelose Lesbarkeit, ein Mindestmaß an Übersichtlichkeit und einen im Verhältnis zum Vertrag vertretbaren Umfang genügen[375] sowie das Hinweisfeld in der Website entsprechend den oben[376] gemachten Ausführungen gestaltet ist, besteht an der Zumutbarkeit der Kenntnisnahme m.E. kein Zweifel. Ein schlichtes Leugnen der Kenntnisnahme der AVB wird dem Kunden dann nicht helfen können.

Auf den Einwand, der Versicherer könne die elektronischen AVB nach Vertragsschluss ändern, so dass dem Kunden ohne einen entsprechenden Kontrollausdruck die Möglichkeit genommen sei, zu einem späteren Zeitpunkt noch einmal auf die AVB zurückzugreifen, wurde bereits oben[377] ausführlich erwidert. Auf diese Darlegungen kann insoweit verwiesen werden.

Mit dem Hinweis der Gegenansicht, die herrschende Auffassung sei mit dem Grundgedanken der Verbraucherschutzregeln nicht vereinbar, ist eine Frage von grundsätzlicher Bedeutung für die Bestimmung des Verhältnisses der an einem unter Verwendung von AGB zustande gekommenen Vertrag beteiligten Parteien angesprochen. Die Minderansicht kritisiert diesbezüglich, dass die Unternehmen den Verbrauchern einseitig die sich aus der elektronischen Ver-

---

[374] A.A. Löhnig, der die Möglichkeit der Kenntnisnahme selbst durch einen gebührenpflichtigen Ausdruck nicht als unzumutbar betrachtet, NJW 1997, 1688 (1689). Dem ist jedoch zu entgegnen, dass eine Gebührenpflichtigkeit die Bereitschaft zum Ausdruck bei den Kunden wohl kaum erhöhen wird. Dieser Umstand könnte seitens der Anbieter durch spürbare Gebührenforderungen bewusst ausgenutzt werden, um die Kunden möglichst im unklaren über die vertraglichen Grundlagen zu lassen.

[375] Ernst, NJW-CoR 1997, 165 (167); LG Aachen, NJW 1991, 2159; LG Bielefeld, NJW-RR 1992, 955; LG Freiburg, NJW-RR 1992, 1018; OLG Köln, CR 1998, 244 ff., das einen Text von sieben Seiten und fünfzehn Ziffern noch für zumutbar erachtet hat; Palandt/Heinrichs, AGBG, § 2 Rn.12.

[376] Vgl. S.102 dieser Arbeit.

[377] Vgl. S.85 dieser Arbeit.

triebsform ergebenden Risiken aufbürden würden. Das spezifische Risiko wird dabei darin gesehen, dass es in den Verantwortungsbereich des Verbrauchers gestellt wird, ob er über die erforderliche technische Ausrüstung zum Herunterladen und Ausdrucken der AVB verfügt. Zugleich bejaht die Minderansicht ausdrücklich die Möglichkeit des Verzichts auf die zumutbare Kenntnisnahmemöglichkeit durch den Verbraucher[378]. Damit anerkennt diese Ansicht im Grundsatz diesbezüglich ein weitgehendes Selbstbestimmungsrecht von Verbrauchern. Wenn ein Verbraucher allerdings nach dieser Auffassung die Möglichkeit zum vollständigen Verzicht auf die Kenntnisnahme haben soll, bleibt unklar, weshalb dieser dann nicht im Wege eines argumentum a maiore ad minus wirksam einer elektronischen Darstellung und Übermittlung von AVB als zumutbarer Kenntnisnahmemöglichkeit zustimmen können soll.

Für das Erfordernis der Möglichkeit einer zumutbaren Kenntnisnahme der AVB durch den Kunden reicht es m.E. somit aus, dass dem Kunden gut lesbare und verständlich formulierte AVB via Bildschirm präsentiert werden, mit der im Programmablauf zwingend zu durchlaufenden Option, sich diese in mindestens gleicher Qualität herunterzuladen und auszudrucken[379].

(3) Wirksamkeit von AVB in ausländischer Sprache

Grundsätzlich setzt die Wirksamkeit der Einbeziehung der AVB voraus, dass diese in einer dem Kunden verständlichen Sprache formuliert sind[380]. Angenommen wird dies regelmäßig, wenn die Muttersprache des Empfängers verwendet wurde[381].

Im grenzüberschreitenden Dienstleistungsverkehr, den gerade das Internet in besonderer Weise ermöglicht, drängt sich jedoch die Frage auf, ob sowohl der Hinweis auf die AVB als auch die AVB selbst in einer anderen als der deutschen Sprache verfasst sein können. Da es sich bei dem AGBG um ein Verbraucherschutzgesetz handelt, könnte es, dem oben beschriebenen Grundsatz folgend, seitens des Verwenders der AVB aus dem Schutzzweck heraus erfor-

[378] Vgl. Borges, ZIP 1999, 130 (135).
[379] Ebenso wohl auch Rott, VuR 1999, 405 (408).
[380] Koehler, MMR 1998, 289 (294); Moritz, CR 2000, 61 (65).
[381] Moritz, CR 2000, 61 (65).

derlich sein, die jeweilige Sprache des gewöhnlichen Aufenthaltsortes des Antragstellers zu wählen. Damit verbunden wäre dann allerdings ein erheblicher Aufwand, da der Verwender im Internet dadurch zur Bereitstellung der AVB und des Hinweises darauf in einer Vielzahl von verschiedenen Sprachen gezwungen wäre. Schließlich ist die Website des Versicherers praktisch von jedem Punkt der Erde aus abrufbar.

Einen anderen Weg präferiert offenbar Schlosser[382], der unter Hinweis auf ein Urteil des BGH[383] bei Geschäftsbeziehungen im Korrespondenzwege einen Hinweis auf die AGB in der Sprache des Verwenders genügen lässt, wenn die Geschäftspartner jeweils ihre eigene Sprache verwenden. Insoweit ist allerdings zu berücksichtigen, dass es sich bei den dem Urteil des BGH zugrunde liegenden gegnerischen Parteien um zwei Privatbanken handelte und die AGB außerdem nachträglich in den bereits laufenden Vertrag einbezogen werden sollten. Eine Übertragung auf die Fälle des internationalen Abschlusses von Versicherungsverträgen im Internet mit Nichtkaufleuten bietet sich daher nicht an.

Herrschender Ansicht entspricht es, fremdsprachige AVB als gegenüber dem Verbraucher wirksam vereinbart anzunehmen, wenn sich der potenzielle Kunde vorbehaltlos auf die fremde Vertragssprache eingelassen hat und die Sprache der AVB mit der des Antragsformulars sowie der Angebotsseiten übereinstimmt[384]. Dem Verbraucher ist in diesem Fall sogar zuzumuten, dass er sich vor Abschluss des Vertrages die erforderliche Übersetzung selbst beschafft[385]. Divergieren AVB-Text bzw. der Hinweis auf diesen von der werbenden Angebotsseite und/oder dem Antragsformular, so werden die AVB nur dann wirksam in den Vertrag einbezogen, wenn der Kunde beider Sprachen im erforderlichen Umfang mächtig ist[386]. Bei Vertragsschlüssen im Internet ist im Übrigen zu berücksichtigen, dass die Initiative zum Aufruf eines bestimmten Angebots vom po-

---

382 Vgl. Staudinger/Schlosser, AGBG, § 2 Rn.4.

383 BGH, NJW 1971, 2126 ff.

384 Koehler, MMR 1998, 289 (293); Loewenheim/Koch/Waltl, S.187; Moritz, CR 2000, 61 (65); OLG Nürnberg, NJW 1991, 232 (235); Ulmer/Brandner/Hensen, AGBG, Anh. § 2 Rn.17 ff.; Waldenberger, BB 1996, 2365 (2369); Wolf/Horn/Lindacher, AGBG, Anh § 2 Rn.42.

385 Loewenheim/Koch/Waltl, S.187; OLG Nürnberg, NJW 1991, 232 (235).

386 Koehler, MMR 1998, 289 (294).

tenziellen Kunden ausgeht. Er wählt die entsprechende Website selbständig aus. Es spricht einiges dafür, dass er sich nur die Angebotsseiten auswählen wird, die in einer ihm verständlichen Sprache abgefasst sind. Regelmäßig werden die Versicherer die AVB auch in der gleichen Sprache wie ihre Angebotsseiten formulieren, so dass bei Vertragsschlüssen im Internet die Fassung der AVB in der Sprache genügt, der sich der „surfende" Kunde beim Aufrufen der Angebotsseite bedient[387].

(4) Einverständnis des Kunden

§ 2 AGBG verlangt ferner, dass der Kunde sein Einverständnis mit der Geltung der AVB zum Ausdruck gebracht hat. Dies kann der Kunde konkludent erklären, indem er das ausgefüllte Antragsformular per Email an den Versicherer übermittelt[388]. Nicht zuletzt aus Beweisgründen sollte die Website des Versicherers jedoch so gestaltet sein, dass die Absendung eines Email-Antrags nicht ohne vorherige Bestätigung der Einbeziehung der AVB seitens des potenziellen Kunden möglich ist[389]. So könnte beispielsweise vor Absendung des Antrags ein Hinweisfenster erscheinen, in dem die AVB in ihrem Wortlaut nochmals dargestellt werden und der Antragssteller in Form eines Hinweisfeldes mittels einer bestimmten Tastenkombination zur Abgabe einer Erklärung aufgefordert wird, dass er die AVB zur Kenntnis genommen hat und mit ihrer Geltung einverstanden ist.

cc) Verbraucherschutz durch das Versicherungsvertragsgesetz

Auch das VVG zählt zu den verbraucherschützenden Regelwerken. Inwieweit diese Vorschriften auch bei Vertragsschlüssen im Internet ihre bezweckte Wirkung entfalten können, ist insbesondere für die §§ 3 Absatz 1, 5 und 5a VVG näher zu untersuchen.

---

[387] Vgl. Lehmann/Drexl, S.95 f.; Waldenberger, BB 1996, 2365 (2369).
[388] So auch Koehler, MMR 1998, 289 (292).
[389] Staudinger/Schlosser, AGBG, § 2 Rn.33a.

(1) Versicherungsschein gemäß § 3 VVG

Gemäß § 3 Absatz 1 VVG ist der Versicherer dem Versicherungsnehmer gegenüber verpflichtet, diesem eine von ihm unterzeichnete Urkunde über den Versicherungsvertrag (Versicherungsschein) auszuhändigen, wobei die Nachbildung der eigenhändigen Unterschrift genügt. Ob eine Übermittlung des Versicherungsscheins auch mittels Internet möglich ist, muss im Wege einer teleologischen Auslegung der Vorschrift ermittelt werden.

Der Versicherungsvertrag als solcher kann formlos geschlossen werden[390]. Der Versicherungsschein dokumentiert insoweit lediglich den bereits erfolgten Vertragsschluss[391]. Sinn und Zweck des Versicherungsscheins ist es daher, dem Versicherungsnehmer ein Beweismittel zur Verfügung zu stellen[392]. Da der Gesetzgeber ausdrücklich auf die Eigenhändigkeit der Unterzeichnung des Versicherungsscheins verzichtet hat, steht diese einem Online-Vertragsschluss nicht entgegen. Die nachgebildete Unterschrift eines Zeichnungsbefugten kann vielmehr mittels eines Scanners in einen elektronischen Versicherungsschein eingefügt und an den Versicherungsnehmer mit der Aufforderung abgesandt werden, sich diesen auszudrucken[393].

Anderes könnte jedoch aufgrund der in § 3 Absatz 1 Satz 1 VVG geforderten „Aushändigung" des Versicherungsscheins durch den Versicherer gelten. Dieser Begriff darf jedoch nicht in seinem engsten Wortsinn als eine persönliche Übergabe „von Hand zu Hand" verstanden werden. Dafür spricht schon die Tatsache, dass in der Praxis die Versicherungsscheine fast ausnahmslos per Post übersandt werden, ohne dass dies auf rechtliche Bedenken stoßen würde. Nichts anderes kann für die elektronische Übermittlung dieser Urkunden gelten.

§ 3 Absatz 1 VVG steht einem wirksamen Vertragsschluss im Online-Geschäftsverkehr jedenfalls dann nicht entgegen, wenn die

[390] Prölss/Martin, VVG, § 3 Rn.1 m.v.w.N.
[391] Hoeren/Sieber/Waldenberger, 13.4, Rn.70; Prölss/Martin, VVG, § 3 Rn.45.
[392] Prölss/Martin, VVG, § 3 Rn.45 m.w.N.
[393] Hoeren/Sieber/Waldenberger, 13.4, Rn.71.

Daten elektronisch übermittelt werden und nicht lediglich mit zusätzlichem Aufwand für den Verbraucher elektronisch abrufbar sind[394].

Beim Abschluss von Lebensversicherungsverträgen wird zudem regelmäßig die sogenannte Inhaberklausel vereinbart (§ 11 ALB), so dass gemäß § 4 Absatz 1 VVG die in § 808 BGB bestimmten Wirkungen eintreten. Der Lebensversicherungsschein wird damit zu einem qualifizierten Legitimationspapier, d.h. der Versicherer kann an den Inhaber der Urkunde die vereinbarte Versicherungsleistung mit befreiender Wirkung (sogenannte Liberationswirkung) auch für den Fall auszahlen, dass der Inhaber nicht der wahre Berechtigte sein sollte[395]. Der Versicherer kann von dem Inhaber des Versicherungsscheins allerdings auch verlangen, dass dieser seine materielle Berechtigung nachweist[396]. Andererseits ist der Versicherer weder zur Prüfung der Berechtigung, der Verfügungsbefugnis oder der Vertretungsmacht des Inhabers, noch zur Leistungserbringung aufgrund der Vorlage des Versicherungsscheins verpflichtet[397]. Einen Anspruch auf Auszahlung der versprochenen Versicherungsleistung hat der Inhaber des Versicherungsscheins gemäß § 808 Absatz 1 Satz 2 BGB insoweit ausdrücklich nicht. Zweck der Regelung des § 11 ALB i.V.m. § 4 VVG i.V.m. § 808 BGB ist statt dessen vielmehr der Schutz des Versicherers und nicht etwa die Vereinfachung des Berechtigungsnachweises im Interesse des Inhabers des Versicherungsscheins[398].

Sofern der Lebensversicherer nun auf eine Aushändigung des Versicherungsscheins in Papierform verzichtet und der gesetzlichen Forderung des § 3 Absatz 1 VVG durch Übermittlung des Versicherungsscheins in elektronischer Form nachkommt, steht es in der Entscheidung des Versicherers, entweder den Inhaber des auf der Grundlage der übermittelten Datei ausgedruckten Version des Ver-

---

[394] Hoeren, CEA, S.7.

[395] Vgl. Bruck/Möller/Winter, Anm. C 318; Römer/Langheid, VVG, § 3 Rn.7; Prölss/Martin, VVG, § 3 Rn.45; Benkel/Hirschberg, § 11 Rn.2, sowie zu den Grenzen der Kenntnis des Versicherers von der Nichtberechtigung des Versicherungsscheininhabers: Bruck/Möller/Winter, Anm. C 320; Benkel/Hirschberg, § 11 Rn.11 ff.; Prölss/Martin, ALB 86, § 11 Rn.5.

[396] Vgl. § 11 Absatz 1 Satz 2 ALB; MüKo/Hüffer, § 808 Rn.13.

[397] Vgl. MüKo/Hüffer, § 808 Rn.13; Bruck/Möller/Winter, Anm. C 318 ff.

[398] Vgl. Benkel/Hirschberg, § 11 Rn.2; Prölss/Martin, ALB 86, § 11 Rn.1; OLG Hamburg, VersR 1952, 112 (113).

sicherungsscheins als Bezugsberechtigten anzuerkennen oder alternativ grundsätzlich den Nachweis der materiellen Berechtigung zu verlangen. Der Inhaber des Versicherungsscheins sieht sich durch einen Verzicht auf die Aushändigung des Versicherungsscheins in Papierform jedenfalls keiner rechtlichen Schlechterstellung ausgesetzt.

(2) Billigungsklausel gemäß § 5 VVG

Eine inhaltliche Abweichung des Versicherungsscheins vom Antrag oder den getroffenen Vereinbarungen ist dann als vom Versicherungsnehmer genehmigt anzusehen, wenn dieser nicht innerhalb eines Monats nach Empfang des Versicherungsscheins schriftlich widerspricht, § 5 Absatz 1 VVG. Die Genehmigung kann allerdings nur dann unterstellt werden, wenn der Versicherer den Versicherungsnehmer bei Aushändigung des Versicherungsscheins einerseits auf diese Regelung hingewiesen hat und zum anderen dieser Hinweis durch eine besondere schriftliche Mitteilung oder durch einen auffälligen Vermerk in dem Versicherungsschein selbst, der aus dem übrigen Inhalt des Versicherungsscheins hervorgehoben sein muss, erfolgte, vgl. § 5 Absatz 2 VVG. Gemäß § 5 Absatz 2 letzter Halbsatz VVG ist dabei auf die einzelnen Abweichungen besonders aufmerksam zu machen, wobei jedoch auch eine nichtfarbige grafische Kenntlichmachung diesem Erfordernis genügen kann.
Technisch ist es ohne weiteres möglich, elektronisch übermittelte Dokumente so zu gestalten, dass sie sowohl beim Aufrufen auf dem Bildschirm als auch beim Ausdrucken der Datei durch den Versicherungsnehmer den Anforderungen des § 5 Absatz 2 VVG genügen. Häufig haben inzwischen sogar private Verbraucher Zugriff auf Farbdrucker, sodass selbst farbige Kenntlichmachungen von Veränderungen in einem Versicherungsschein möglich sind. Selbst wenn diese technische Ausstattung nicht vorhanden sein sollte, lassen sich Abweichungen durch das Unterstreichen der entsprechenden Passagen, durch Fettdruck oder auch die Verwendung von Großbuchstaben besonders kenntlich machen. Auch die Anforderungen der Billigungsklausel gemäß § 5 VVG stehen einem Online-Vertragsschluss insoweit nicht im Wege.

(3) Verbraucherinformation gemäß § 5a VVG

Soweit der Versicherer dem Kunden nicht bereits zum Zeitpunkt der Antragstellung die gemäß § 10a VAG erforderliche Verbraucherinformation zur Verfügung gestellt hat, sieht § 5a Absatz 1 Satz 1 VVG zugunsten des Versicherungsnehmers[399] ein Widerspruchsrecht vor. Der Versicherungsnehmer kann dann innerhalb von 14 Tagen nach Überlassung der entsprechenden Unterlagen schriftlich widersprechen. Die Frist beginnt nach dem Wortlaut des Gesetzes allerdings erst zu laufen, wenn dem Versicherungsnehmer der Versicherungsschein und die Verbraucherinformation nach § 10a VAG vollständig vorliegen und der Versicherer auf die Widerspruchsoption schriftlich und in drucktechnisch deutlicher Form hingewiesen hat, § 5a Absatz 2 Satz 1 VVG. Der Vertrag gilt im Falle des Ausbleibens eines fristgerechten Widerspruchs des Versicherungsnehmers anschließend mit Wirkung ex tunc als wirksam zustande gekommen[400]. Die Versicherer verfahren in der Praxis derzeit auch überwiegend nach diesem Vertragsschlussmodell[401].

Trotz der hier vertretenen Auffassung, dass eine gesetzeskonforme papierlose Übermittlung der Verbraucherinformation nach § 10a VAG per Internet möglich ist, die Versicherer somit diesbezüglich im Online-Geschäftsverkehr nicht auf das Verfahren gemäß § 5a VVG angewiesen sind, bleibt eine Betrachtung des § 5a VVG unter dem Gesichtspunkt der papierlosen Überlassung der Unterlagen erforderlich. Die Vorschrift des § 5a VVG wird nämlich nach herrschender Meinung zumindest entsprechend anzuwenden sein auf Fälle, in denen der Versicherer seiner Informationspflicht nicht vollständig nachgekommen ist[402]. Denkbar sind solche fehlerhaften Verbraucherinformationen beispielsweise in Situationen, in denen ein Versicherer sehr spezielle „Besondere Bedingungen" nicht in die für den Versicherungsnehmer abrufbare Datei der Verbraucherinformation

---

[399] Der Begriff „Versicherungsnehmer" umfasst nach dem Sinn und Zweck des Gesetzes auch die Personen, die nur Antragsteller oder Interessenten sind, vgl. VerBAV 1995, 283.

[400] Wie hier: Prölss/Martin, VVG, § 5a Rn.56; Römer/Langheid, VVG, § 5a Rn.26, jeweils mit vielen weiteren Nachweisen zum Meinungsstand.

[401] Römer/Langheid, VVG, § 5a Rn.17.

[402] Lorenz, VersR 1995, 616 (624); Prölss/Martin, VVG, § 5a Rn.20; Römer/Langheid, VVG, § 5a Rn.34; Schirmer, VersR 1996, 1045 (1052); Wandt, S.31; a.A. Osing, S.75.

seiner Website aufgenommen hat, ein Programmfehler das „downloading" der AVB verhindert oder die Prämienberechnung seitens des Versicherers neu geordnet, aber auch hier das entsprechende Kalkulationsprogramm im Internet nicht rechtzeitig vor der Antragstellung geändert wurde. Der Versicherer müsste den Versicherungsnehmer auch in diesen Fällen auf sein 14-tägiges Widerspruchsrecht schriftlich hinweisen. Damit stellt sich die Frage, ob der Versicherer dem Schriftlichkeitserfordernis des § 5a Absatz 2 Satz 1 VVG auch durch eine nachträgliche Zusendung der fehlenden bzw. fehlerhaften Informationen per Email gerecht werden kann.

§ 5a VVG wurde erst auf besondere Initiative des Finanzausschusses des Deutschen Bundestages in den Gesetzentwurf der Bundesregierung eingefügt[403]. Der Gesetzgeber wollte durch diese Norm sicherstellen, dass der Versicherungsnehmer vor einer endgültigen vertraglichen Bindung mit dem Versicherer vollständig über Inhalt und Umfang des Versicherungsschutzes und die sonstigen das Vertragsverhältnis bestimmenden Umstände unterrichtet ist[404]. Eine derartige Unterrichtung des Versicherungsnehmers ist von dem Medium der zu übermittelnden Informationen allerdings nicht abhängig. Wie auch bei der Überlassung der Verbraucherinformation vor Abschluss des Vertrages ist eine wirksame Übermittlung per Email möglich. Besondere verbraucherschutzrechtliche Bedenken löst eine solche Verfahrensweise nicht aus. Für den Versicherer ist das Verfahren jedoch nicht ganz risikolos, da die 14-tägige Widerspruchsfrist erst mit dem vollständigen Erhalt der Verbraucherinformation zu laufen beginnt. Die Beweispflicht für den Erhalt der Unterlagen seitens des Versicherungsnehmers trägt aber der Versicherer. Kann er den Nachweis für den Erhalt der Unterlagen nicht erbringen, erlischt das Widerrufsrecht erst ein Jahr nach Zahlung der ersten Prämie, § 5a Absatz 2 Satz 4 VVG. Der Versicherer sollte daher eine entsprechende elektronische Empfangsbestätigung durch den Versicherungsnehmer verlangen.

---

[403] Vgl. BT-Drs. 12/7595, S.74 f.
[404] Vgl. BT-Drs. 12/7595, S.111.

(4) Schriftliche Einwilligung der versicherten Person gemäß § 159 VVG

Eine schriftliche Einwilligung der versicherten Person im Rahmen der Lebensversicherung ist gemäß § 159 Absatz 2 Satz 1 VVG erforderlich, um sie vor Spekulationen mit ihrem Leben durch Dritte zu schützen[405]. Es stellt sich somit erneut die Frage, ob das gesetzliche Schriftlichkeitserfordernis auch hier durch die elektronische Form erfüllt werden kann. Dabei ergeben sich jedoch einige praktische Schwierigkeiten. So müsste die versicherte Person zunächst zum Zeitpunkt der Antragstellung des potenziellen Versicherungsnehmers ihre Einwilligung erklären. Des weiteren müsste diese Einwilligung auch in einem derartigen technischen Verfahren erteilt werden, das sicherstellt, dass die Einwilligung auch von der zu versichernden Person stammt, um eventuellen Missbrauch ausschließen zu können. Mittels einer fortgeschrittenen elektronischen Signatur der elektronisch erteilten Einwilligung auf der Basis der Vorschriften der Signatur-Richtlinie wäre ein die Interessen der versicherten Person ausreichend schützendes Verfahren denkbar. Unter einer fortgeschrittenen elektronischen Signatur ist entsprechend der Signatur-Richtlinie 1999/93/EG insoweit nicht nur die Sicherung elektronischer Dokumente vor dem Zugriff unbefugter Dritter, sondern vor allem die Rückführbarkeit eines bestimmten Signaturschlüssels zu einer bestimmten Person zu verstehen. Solange allerdings ein der Fälschungssicherheit einer handschriftlichen Unterschrift mindestens äquivalentes Verfahren nicht zur Verfügung steht, ist eine wirksame Einwilligung mittels Internet aus Schutzzwecküberlegungen abzulehnen.

(5) Vormundschaftsgerichtliche Genehmigung

Zum Schutz minderjähriger Versicherungsnehmer bzw. versicherter Personen erscheint der herrschenden Auffassung für den Abschluss eines Lebensversicherungsvertrags eine Genehmigung des Vormundschaftsgerichts gemäß § 1643 Abs.1 BGB i.V.m. § 1822 Nr.5 BGB bzw. § 1822 Nr.5 BGB analog[406] geboten, wenn laufende Prämien über das 19. Lebensjahr hinaus zu entrichten sind[407]. Dem

---

405 Prölss/Martin, VVG, § 159 Rn.2; Römer/Langheid, VVG, § 159 Rn.3.
406 Auf das Analogieerfordernis weist Schwintowski hin, BK, § 159 Rn.15.
407 Zum Meinungsstand vgl. Bruck/Möller/Winter, Anm. C 12.

halten Kritiker entgegen, dass ein solches Erfordernis nicht nur in der Praxis unüblich[408], sondern wegen der nicht abdingbaren Kündigungsmöglichkeit des § 165 Abs.1 VVG auch nicht notwendig sei[409]. Diesem Argument wird wiederum mit dem Hinweis widersprochen, dass mit einer Kündigung von Kapitallebensversicherungsverträgen in den ersten Jahren der Vertragslaufzeit aufgrund der sogenannten Zillmerung[410] der Vertragsabschlusskosten regelmäßig wirtschaftliche Nachteile für den Versicherungsnehmer verbunden sind, da diesem lediglich ein Anspruch auf den vergleichsweise geringen Rückkaufswert zusteht[411]. Diese wirtschaftlichen Nachteile würden einer Kündigung daher faktisch entgegenstehen und seien deshalb im Rahmen des § 1822 Nr.5 BGB zu berücksichtigen[412]. Eine Einbeziehung des Kriteriums wirtschaftlicher Nachteile in die Vorschrift des § 1822 Nr.5 BGB lehnt Winter mit der Begründung ab, dass sich weder im Gesetzeswortlaut, in der Entstehungsgeschichte noch aus systematischen oder teleologischen Erwägungen Stützen für eine derartige Auffassung finden lassen[413]. Durch diese Vorschrift solle vielmehr die wirtschaftliche Bewegungsfreiheit des Minderjährigen nach seiner Volljährigkeit geschützt werden[414].

Diese vor dem Hintergrund konventioneller Vertriebswege geführte Kontroverse erscheint unter Berücksichtigung der Möglichkeiten des elektronischen Vertragsschlusses in einem neuen Licht. Beim Vertrieb mit Hilfe des Internet lassen sich die Abschlusskosten nämlich erheblich reduzieren, da Provisionen für die Vermittlung der Verträge gerade nicht anfallen, sodass dem Kriterium möglicherweise bestehender wirtschaftlicher Nachteile für den Versicherungsnehmer zumindest in diesen Fällen die argumentative Grundlage entzogen wäre. Nicht zuletzt zum Schutz der eigenen Vertriebsorganisationen verzichteten eine Reihe von Versicherern allerdings bislang auf die Verminderung der Prämien bei Vertragsschlüssen über das Internet.

---

408 Vgl. Bruck/Möller/Winter, Anm. C 15.
409 Vgl. Bruck/Möller/Winter, Anm. C 13; Winter, ZVersWiss 1977, 145 (150 ff.).
410 Vgl. zum Ursprung sowie Sinn und Zweck des Verfahrens Bruck/Möller/Winter, Anm. G 399.
411 Vgl. Prölss/Martin, VVG, § 3 Rn.4.
412 Vgl. Prölss/Martin, VVG, § 3 Rn.4; Römer/Langheid, VVG, § 159 Rn.8; Bayer, VersR 1991, 129 (130).
413 Vgl. Winter, ZVersWiss 1977, 145 (155 ff.); Bruck/Möller/Winter, Anm. C 14.
414 Vgl. Bruck/Möller/Winter, Anm. C 13.

c) Transparenzerfordernisse an die Internetpräsenz von Versicherern

Zum Schutz der Verbraucher vor ungewollten Vertragsschlüssen ist es auch im Internet erforderlich sicherzustellen, dass einige grundlegende Transparenzgebote durch die Versicherer beachtet werden. Besondere Bedeutung kommt insoweit nicht zuletzt drei Bereichen zu, in denen dem Verbraucher gegenüber Klarheit geschaffen werden muss, um rechtliche und praktische Probleme zu vermeiden.

aa) Klarheit über den Anbieter der Website

Dem potenziellen Versicherungsnehmer muss beim Aufrufen der Website des Anbieters offenkundig werden, um welche Art von Dienstleister es sich handelt. Unterschieden werden kann dabei zwischen den Versicherungsunternehmen als unmittelbaren Anbietern von Versicherungsdienstleistungen, den Vermittlern von Versicherungsprodukten wie Maklern und Vertretern etc. sowie den sogenannten elektronischen Intermediären, die als Plattform für den Vergleich von Versicherungen dienen und Interessenten teilweise Links zu den verglichenen Versicherungsunternehmen anbieten.

Da die Anbieter der Websites bemüht sein werden, eine möglichst kurze und prägnante Domain zu finden, können sich beim Versicherungsnehmer Zweifel darüber ergeben, um welchen Typus von Dienstleister es sich handelt[415]. So ist beispielsweise aus der Domain http://www.einsurance.de nicht von vornherein erkennbar, ob es sich um einen dahinter stehenden Versicherer, Makler oder eine reine Datenbank für den Vergleich verschiedener Versicherungsprodukte handelt.

Um einer entsprechenden Verwechslungsgefahr und Irreführung der Verbraucher durch die Firmierung konventioneller, d.h. der nicht im Internet aktiven Vermittler zu begegnen, verlangt das BAV einen klarstellenden Zusatz in der Firmierung des Anbieters nach den Grundsätzen der Firmenwahrheit und Firmenklarheit i.S.d. §§ 18, 37 HGB[416]. Nicht ganz unproblematisch erscheint der in diesem Zu-

---

[415] Vgl. dazu die Übersicht der Datenbanken für Versicherungsvergleiche und deren Domains in Bölscher/Blanke/Schulenburg, VW 2000, 1018 (1020).
[416] Vgl. GB BAV 1996 Teil A, S.21 Tz. II.3.5. sowie VerBAV 1982, S.305 f.

sammenhang aufgeworfene Vorschlag, die Zulässigkeit der Domain eines Vermittlers von einem auf die Vermittlereigenschaft hinweisenden Zusatz in dem auf der Website erscheinenden Firmennamen abhängig zu machen[417].

Gerade vor dem Hintergrund der Internationalität des Mediums und seiner Nutzer, sowohl auf der Anbieter- als auch der Verbraucherseite, kommen Zweifel auf, dass eine derartige Regelung in der gewünschten Weise Abhilfe schaffen kann. Zudem nutzen die Anbieter von Dienstleistungen im Internet bereits jetzt häufig Domains, die teilweise aus lediglich drei Buchstaben, Zahlen oder einer Kombination aus beiden bestehen. Meist ist ein Rückschluss selbst auf die angebotene Leistung allein auf der Grundlage dieser Adresse überhaupt nicht möglich[418].

Nicht unüblich ist die Suche nach Anbietern bestimmter Dienstleistungen im Internet mittels sogenannter Suchmaschinen. Diese Suchmaschinen ermitteln aufgrund der Eingabe bestimmter Begriffe Internetadressen der Anbieter, bei denen eine Übereinstimmung mit den vorgegebenen Suchbegriffen besteht, ohne dass es dabei auf Übereinstimmungen bei den verwendeten Adressen selbst ankäme. Der Interessent erhält dann eine Liste mit den entsprechenden Adressen und kann sich durch das Aufrufen dieser Websites weiter informieren. Erst an dieser Stelle wird der potenzielle Kunde genauere Informationen erhalten und meist auch erwarten. Daher sollte eine Klarstellung über den Typus des Anbieters auf den Websites selbst, dort dann allerdings auch zwingend, erfolgen.

bb) Klarheit über das Produktangebot

Klarheit ist ferner bezüglich des Produkt- bzw. Dienstleistungsangebots des Versicherers zu fordern. Bei der Gestaltung der Internetseiten haben Versicherer gemäß einem Rundschreiben des BAV darauf zu achten, dass Unklarheiten vermieden werden[419]. Das BAV befürchtet Missverständnisse insbesondere für Fälle, in denen bei

---

[417] Diesen Vorschlag macht Donhauser, S.3.

[418] Sofern die Anbieter dem Nutzer der Websites nicht bereits geläufig sind, wird etwa die Aussagekraft der Domains www.w3b.de oder www.N24.de als durchaus begrenzt bezeichnet werden dürfen.

[419] Vgl. Rundschreiben 2/99, abgedruckt in VerBAV 1999, 219 (220).

Bausteinsystemen unter einer Vielzahl von Klauseln gewählt werden kann oder Irrtümer über den Umfang des Versicherungsschutzes entstehen können[420].

Auch kann es wettbewerbswidrig sein, wenn dem Verbraucher durch die Werbung auf den Internetseiten suggeriert wird, dass die im Internet angebotenen Versicherungsprodukte ausschließlich aufgrund von Ersparnissen durch den Vertrieb über das Netz preiswerter sind, obwohl die eigentliche Ursache der Vergünstigung jedoch vor allem ein im Vergleich zu den konventionell vertriebenen Produkte geringerer Deckungsumfang ist[421].
Diese Anforderungen sind in gleicher Weise auch für die Gestaltung von Internetseiten von Maklern oder Vermittlern von Versicherungsdienstleistungen zu stellen. Ebenso sollten auch die Intermediäre durch eine möglichst exakte Beschreibung der Produkte der verschiedenen Anbieter ein Höchstmaß an Vergleichbarkeit gewährleisten.

cc) Klarheit über den Programmablauf

Von wesentlicher Bedeutung für einen wirksamen Verbraucherschutz ist ebenso die Gewährleistung einer größtmöglichen Transparenz des Programmablaufs der Websites. So sollten die Verbraucher durch verständlich formulierte Hinweise über die einzelnen Schritte, die zum Vertragsschluss führen, informiert werden. Ferner muss das Programm die Möglichkeit der Korrektur von Eingabefehlern vorsehen und idealer Weise vor endgültiger elektronischer Absendung des Antrags eine Online-Prüfung mit einer abschließenden Bestätigung durch den Antragsteller vorsehen.

Auch bei der Wahl der auf der Website verwendeten Begriffe ist dem Transparenzgedanken Rechnung zu tragen, um eine mögliche Irreführung der Verbraucher, sei sie beabsichtigt oder nicht, zu vermeiden[422]. Hierzu zählt auch ein eindeutiger Hinweis auf den Beginn

[420] VerBAV 1999, 219 (220), unter I.3.
[421] Darauf weist Donhauser hin, S.4.
[422] Donhauser berichtet über einen Fall in der Praxis des BAV, in dem die Website eines Vermittlers offenbar die Möglichkeit der Online-Antragstellung von Versicherungsverträgen bietet. Die entsprechende Ikone war mit „Bestellen" beschriftet und lässt nach Ansicht Donhausers die Interpretation zu, dass es sich lediglich um die Möglichkeit zur Anforderung eines Angebots des Unter-

des Versicherungsschutzes bzw. die Fristen, innerhalb derer mit einer Stellungnahme zu dem gestellten Antrag zu rechnen ist[423].

Ferner ist unter Transparenzgesichtspunkten zu verlangen, dass dem Nutzer der Websites nachvollziehbar dargestellt wird, an welcher Stelle im Programmablauf detaillierte Produktinformationen wie beispielsweise die jeweiligen AVB, Tarife oder Berechnungsmodelle etc. auffindbar und wie diese für den Interessenten speicher- bzw. reproduzierbar sind.

3. Ergebnis: Zulässigkeit von Vertragsschlüssen via Internet

Das Internet wird zunehmend als Instrument für den Vertrieb von Versicherungsprodukten an Bedeutung hinzugewinnen. Die Versicherer sollten bei der Erstellung und Pflege ihrer Internet-Präsenz daher größte Sorgfalt auf die Richtigkeit der in den Websites enthaltenen Angaben verwenden, nicht zuletzt um einer möglichen vorvertraglichen Haftung aus c.i.c. zu entgehen.

Aus verbraucherschutzrechtlicher Sicht bestehen keine Bedenken gegen den vollständig auf elektronischem Wege erfolgenden Abschluss von Versicherungsverträgen. Sowohl das AGBG als auch das VVG zeigen sich bei einem extensiven Verständnis ihrer Regeln als „internetfähig“. Ebenso ist es bereits auf der Basis der existierenden Rechtsgrundlagen möglich, den aufsichtsrechtlichen und datenschutzrechtlichen Erfordernissen des Versicherungsvertriebs gerecht zu werden. Römer verdient insoweit Zustimmung, als er die diesbezüglichen Verbraucherschutzprobleme eher im psychologischen Bereich vermutet[424].

---

nehmens handeln würde, da Versicherungsschutz im Gegensatz zu Waren üblicherweise „abgeschlossen“ und nicht „bestellt“ wird. Die entsprechende Schlussfolgerung der Online-Antrag-stellungsoption ließ sich dabei jedoch erst aus den Erläuterungen auf einer Website zu einem anderen Stichwort entnehmen, wobei auf diese Erläuterungen an der Stelle im Programmablauf, an der die Antragstellung vorgesehen war, nicht verwiesen wurde; vgl. zum Ganzen: Donhauser, S.3.

[423] Offenbar gehört auch dies noch nicht in allen Fällen zum üblichen Standard von Internet-Auftritten von Versicherern, vgl. Donhauser, S.3.

[424] Römer, in einem an den Verfasser gerichteten Schreiben vom 27. Juli 2000, S.2.

Festzuhalten bleibt somit, dass der Abschluss von Versicherungsverträgen schon heute vollständig rechtsverbindlich auf der Grundlage bestehender gesetzlicher Normierungen, mittels einer die einschlägige gemeinschaftsgesetzgeberische Richtlinienentwicklung beachtenden Auslegung insbesondere hinsichtlich der einschlägigen Formvorschriften, über das Internet abgewickelt werden kann.

2. Teil: Das englische Lebensversicherungsvertragsrecht und der Schutz des Verbrauchers im Lichte europäischer Richtlinien

Kapitel I. Europäisches Verbraucherschutzrecht und grenzüberschreitender Vertrieb von Versicherungsprodukten auf elektronischem Weg

Der Umfang des Verbraucherschutzes ist in den nationalen Rechtsordnungen der Mitgliedsstaaten der Europäischen Union nicht einheitlich geregelt. Der Richtliniengeber hat daher eine Reihe von Richtlinien erlassen bzw. Richtlinienentwürfe vorgelegt, die einen Mindeststandard der Verbraucherrechte innerhalb der Europäischen Union sichern sollen. Im Hinblick auf den grenzüberschreitenden elektronischen Vertrieb von Versicherungsprodukten verlangen vor allem die Richtlinie über missbräuchliche Klauseln, die Datenschutzrichtlinie, die Signaturrichtlinie, die „E-Commerce"-Richtlinie sowie der Vorschlag über eine Richtlinie zum Fernabsatz von Finanzdienstleistungen besondere Aufmerksamkeit. Für die Abhandlung nicht erforderlich und ihren Rahmen sprengend wäre eine detaillierte Auseinandersetzung mit den drei bislang erlassenen Richtlinien zur Koordinierung der Rechts- und Verwaltungsvorschriften für die Lebensversicherung, sodass eine Darstellung der unmittelbar Verbraucherschutz entfaltenden Regeln der 3. RLLV[425] genügt. Einen Schwerpunkt bildet die Bestimmung des Anwendungsbereichs der „Rechtsvorschriften des Allgemeininteresses" i.S.d. Art. 28 der 3. RLLV.

1. Richtlinie über missbräuchliche Klauseln in Verbraucherverträgen

Am 5. April 1993 hat der Rat der Europäischen Gemeinschaften auf Vorschlag der Kommission und in Zusammenarbeit mit dem Europäischen Parlament eine Richtlinie über missbräuchliche Klauseln in Verbraucherverträgen erlassen[426]. Der Rat ging dabei von der An-

[425] Richtlinie 92/96/EWG des Rates vom 10. November 1992 zur Koordinierung der Rechts- und Verwaltungsvorschriften für die Direktversicherung (Lebensversicherung) sowie zur Änderung der Richtlinien 79/267/EWG und 90/619/EWG (Dritte Richtlinie Lebensversicherung).
[426] Richtlinie 93/13/EWG des Rates vom 5. April 1993 über missbräuchliche Klauseln in Verbraucherverträgen, ABl. L 095 vom 21. April 1993.

nahme aus, dass die Verbraucher regelmäßig lediglich allenfalls die Vorschriften für Verträge über die Angebote von Dienstleistungen ihrer eigenen Mitgliedsländer kennen. Er befürchtete daher, dass die Unkenntnis über die Rechtsvorschriften der anderen Mitgliedsländer die Verbraucher davon abhalten könnte, Dienstleistungen direkt in anderen Staaten der Europäischen Union zu ordern. Er stellte deshalb einheitliche Rechtsvorschriften auf dem Gebiet missbräuchlicher Klauseln auf, um so einen qualitativ besseren Verbraucherschutz zu gewährleisten[427].

a) Begriffsbestimmungen

Die Richtlinie unterscheidet zwischen Verbrauchern einerseits und Gewerbetreibenden andererseits. Der Legaldefinition zufolge sind natürliche Personen solche, die zu einem Zweck handeln, der nicht ihrer gewerblichen oder beruflichen Tätigkeit zugerechnet werden kann[428]. Unter Gewerbetreibenden sind natürliche oder juristische Personen zu verstehen, die bei Verträgen im Rahmen ihrer gewerblichen oder beruflichen Tätigkeit handeln, auch wenn diese dem öffentlich-rechtlichen Bereich zuzurechnen ist[429].

b) Materielle Verbraucherschutzbestimmungen

In Deutschland hatte der Gesetzgeber mit dem Gesetz zur Regelung des Rechts der Allgemeinen Geschäftsbedingungen bereits am 1. April 1977 ein Gesetz zum Schutz vor dem Missbrauch von Vertragsklauseln in Kraft treten lassen[430]. Inhaltlich stimmen die Richtlinie und das AGB-Gesetz weitestgehend überein[431], so dass nunmehr innerhalb der Europäischen Union insoweit ein vergleichsweise hohes Schutzniveau für die Verbraucher erreicht worden ist. Der Charakter eines Verbraucherschutzgesetzes wird durch den Auslegungsgrundsatz der Richtlinie, dass im Zweifelsfall die für den Verbraucher günstigste Auslegung anzuwenden ist, nochmals verstärkt[432].

---

[427] Vgl. die Erwägungsgründe des Rates in der Richtlinie 93/13/EWG.
[428] Vgl. Art.2 lit. b der Richtlinie 93/13/EWG.
[429] Vgl. Art.2 lit. c der Richtlinie 93/13/EWG.
[430] Vgl. Das Gesetz zur Regelung des Rechts der Allgemeinen Geschäftsbedingungen vom 9. Dezember 1976, BGBl. I, S.3317.
[431] Heinrichs, NJW 1996, 2190 (2195) m.w.N.
[432] Vgl. die Erwägungsgründe der Richtlinie 93/13/EWG.

Zwar ist ausdrücklich in den Erwägungsgründen der Richtlinie festgelegt, dass grundsätzlich der Hauptgegenstand eines Vertrages und das Preis-/ Leistungsverhältnis bei der Beurteilung der Missbräuchlichkeit von Vertragsbedingungen Berücksichtigung finden, sofern die betreffenden Klauseln nicht gerade den Hauptgegenstand bzw. das Preis-/ Leistungsverhältnis selbst beschreiben. Ebenso ist jedoch geregelt, dass Klauseln in Versicherungsverträgen, die das versicherte Risiko und die Verpflichtung des Versicherers festlegen, dann nicht als missbräuchlich beurteilt werden dürfen, wenn diese Beschränkungen zu entsprechenden Preisnachlässen bei der Prämie für die Verbraucher führen. Damit entfaltet die Richtlinie aufgrund der Verpflichtung der Mitgliedsstaaten zur Umsetzung der Vorschriften in nationales Recht mittelbar eine Wirkung auf die von den Versicherern verwendeten AVB.

2. Richtlinie zum Schutz natürlicher Personen bei der Verarbeitung personenbezogener Daten und zum freien Datenverkehr

Der grenzüberschreitende Dienstleistungsverkehr brachte auch einen zunehmenden Transfer von Daten mit sich. Die rasante technische Entwicklung der Kommunikationsmedien verstärkte diese Tendenz zusätzlich[433]. Mit der Richtlinie zum Schutz natürlicher Personen bei der Verarbeitung personenbezogener Daten und zum freien Datenverkehr[434] haben das Europäische Parlament und der Rat vor dem Hintergrund der Verschiedenartigkeit der nationalstaatlichen Rechts- und Verwaltungsvorschriften auf diesen Prozess reagiert und auch in dem sensiblen Bereich des Datenschutzes für einen einheitlichen Mindestschutzstandard innerhalb der Mitgliedsstaaten der Europäischen Union gesorgt[435]. Insbesondere beim Abschluss von Lebensversicherungsverträgen verlangen die Versicherer von den Antragstellern Erklärungen zu ihrem bisherigen Gesundheitsverlauf sowie die Benennung von Ärzten, die zusätzliche Informationen zur präzisieren Risikoeinschätzung liefern können. Hierzu sind beispielsweise nach deutschem Recht regelmäßig Schweigepflichtentbindungserklärungen seitens der Antragsteller auf Versiche-

---

433 Vgl. Erwägungsgrund 4 der Richtlinie 95/46/EG.

434 Richtlinie 95/46/EG vom 24. Oktober 1995, ABl. L 281 vom 23. November 1995.

435 Vgl. Erwägungsgründe 7 und 8 der Richtlinie 95/46/EG.

rungsschutz beizubringen. Die Risiken, die sich aus einer unkontrollierten Sammlung, Speicherung, Verarbeitung oder Übermittlung derartig vertraulicher Daten ergeben, sind mühelos vorstellbar.

a) Begriffsbestimmungen

Die Richtlinie regelt u.a. die Zulässigkeit der Verarbeitung personenbezogener Daten sowie die Haftung der für die Verarbeitung Verantwortlichen. Zur exakten Bestimmung des Anwendungsbereichs der Richtlinie und der sich daraus ergebenden Verantwortlichkeiten, ist das Wissen um die genaue Bedeutung der verwendeten Begriffe erforderlich. In Art. 2 hat der Richtliniengeber daher für das Verständnis entscheidende Ausdrücke legal definiert.

Unter einer „Verarbeitung personenbezogener Daten" ist demnach jeder mit oder ohne Hilfe automatisierter Verfahren ausgeführte Vorgang oder jede Vorgangsreihe im Zusammenhang mit personenbezogenen Daten wie das Erheben, das Speichern, die Organisation, die Aufbewahrung, die Anpassung oder Veränderung, das Auslesen, das Abfragen, die Benutzung, die Weitergabe durch Übermittlung, Verbreitung oder jede andere Form der Bereitstellung, die Kombination oder Verknüpfung sowie das Sperren, Löschen oder Vernichten zu verstehen[436].

Ein „für die Verarbeitung Verantwortlicher" ist der Definition zufolge die natürliche oder juristische Person, Behörde, Einrichtung oder jede andere Stelle, die allein oder gemeinsam mit anderen über die Zwecke und Mittel der Verarbeitung von personenbezogenen Daten entscheidet[437].

In Art. 2 lit. h legt die Richtlinie zudem die Anforderungen an eine „Einwilligung der betroffenen Person" fest. Erforderlich ist eine Willensbekundung, die ohne Zwang, für den konkreten Fall und in Kenntnis der Sachlage erfolgt und mit der die betroffene Person akzeptiert, dass personenbezogene Daten, die sie betreffen, verarbeitet werden.

---

436 Art.2 lit. b der Richtlinie 95/46/EG.
437 Art.2 lit. d der Richtlinie 95/46/EG.

b) Anwendungsbereich der Richtlinie

Die Richtlinie hat Gültigkeit für den Komplex der ganz oder teilweise automatisierten Verarbeitung von personenbezogenen Daten sowie für die nicht automatisierte Verarbeitung personenbezogener Daten, die in einer Datei gespeichert sind oder gespeichert werden sollen[438]. Der Datenschutz darf nach dem Willen des Richtliniengebers insoweit nicht von der Art der verwendeten Technik abhängen[439]. Hierunter fallen auch die Fälle der Datengewinnung durch Versicherer bei Abschluss von Lebensversicherungen via Internet und Email.

c) Schutzumfang

Gemeinschaftsweit gilt, dass die einzelstaatlichen Datenschutzvorschriften vorsehen, dass personenbezogene Daten nicht länger als für die Realisierung der Erhebungs- bzw. Verarbeitungszwecke erforderlich aufbewahrt werden dürfen, sofern diese die Identifizierung der betroffenen Person ermöglichen[440]. Daran sind nicht nur staatliche Stellen sondern gleichermaßen auch Unternehmen gebunden.

Auch darf die Verarbeitung personenbezogener Daten nur unter bestimmten Voraussetzungen erfolgen. Einem Versicherer bieten sich auf der Basis der Richtlinie im wesentlichen zwei Möglichkeiten zur zulässigen Verarbeitung der Kundendaten. Die betroffene Person muss entweder eine zweifelsfreie Einwilligung zur Verarbeitung erteilt haben, oder die Verarbeitung muss für die Erfüllung des Vertrages bzw. für die Durchführung vorvertraglicher Maßnahmen, die auf Antrag der betroffenen Person erfolgen, erforderlich sein[441]. In den Bereich der vorvertraglichen Maßnahmen gehört hier beispielsweise die Verarbeitung der Gesundheitsdaten des Antragstellers auf Abschluss einer Lebensversicherungspolice im Rahmen der Risikoprüfung des Versicherers.

Den betroffenen Personen stehen neben Informations- und Auskunftsrechten[442] im Abschnitt VIII der Richtlinie auch Vorschriften zur

---

438 Art.3 Absatz 1 der Richtlinie 95/46/EG.
439 Vgl. Erwägungsgrund 27 der Richtlinie 95/46/EG.
440 Kapitel II, Abschnitt I, Art.6 Absatz 1 lit. e Satz 1 der Richtlinie 95/46/EG.
441 Vgl. Kapitel II, Abschnitt I, Art.7 lit. a der Richtlinie 95/46/EG.
442 Vgl. Kapitel II, Abschnitt IV und V der Richtlinie 95/46/EG.

Seite, die einen Mindestumfang an Vertraulichkeit und Sicherheit der Verarbeitung der Daten in den einzelstaatlichen Datenschutznormen garantieren sollen. Für den elektronischen Datentransfer im Netz von besonderer Bedeutung ist in diesem Zusammenhang die Regelung, nach der die für die Verarbeitung der Daten Verantwortlichen für geeignete technische und organisatorische Maßnahmen sorgen müssen, um den Schutz vor zufälliger oder unrechtmäßiger Zerstörung, Verlust, Änderung, Weitergabe oder Zugang sowie jeder anderen Form der unrechtmäßigen Verarbeitung personenbezogener Daten zu gewährleisten[443]. Zur Absicherung eines hohen Maßes an Sicherheit bei der Verarbeitung der personenbezogenen Daten mussten die Mitgliedsstaaten in ihren einzelstaatlichen Rechtsvorschriften eine Haftungsregelung vorsehen, die jeder Person, der wegen einer rechtswidrigen Verarbeitung oder jeder anderen mit den einzelstaatlichen Vorschriften zur Umsetzung der Richtlinie nicht zu vereinbarenden Handlung ein Schaden entsteht, das Recht gibt, Schadensersatz von dem für die Verarbeitung Verantwortlichen zu verlangen[444]. Eine vollständige oder teilweise Haftungsfreistellung des Verantwortlichen ist lediglich unter der Bedingung möglich, dass dieser selbst seine fehlende Verantwortung für den Eintritt des Schadens nachweist[445].

3. Richtlinie über gemeinschaftliche Rahmenbedingungen für elektronische Signaturen

a) Allgemeine Überlegungen zur Stellung der Richtlinie

Die Richtlinie über gemeinschaftliche Rahmenbedingungen für elektronische Signaturen[446] stellt die rechtlichen Grundlagen für die technische Sicherstellung der Vertraulichkeit elektronisch transferierter Daten zur Verfügung und ergänzt insoweit die Richtlinie zum Schutz natürlicher Personen bei der Verarbeitung personenbezogener Daten mit ihren rein rechtlichen Anforderungen[447].

---

443 Vgl. Kapitel II, Abschnitt VIII, Art.17 Absatz 1 der Richtlinie 95/46/EG.

444 Vgl. Kapitel III, Art.23 Absatz 1 der Richtlinie 95/46/EG.

445 Vgl. Kapitel III, Art.23 Absatz 2 der Richtlinie 95/46/EG.

446 Richtlinie 1999/93/EG des Europäischen Parlaments und des Rates vom 13. Dezember 1999 über gemeinschaftliche Rahmenbedingungen für elektronische Signaturen, ABl. L 13.

447 In Erwägungsgrund 24 weist der Richtliniengeber ausdrücklich auf die Geltung der Datenschutzvorschriften auch für die Zertifizierungsdiensteanbieter

Ziel der Richtlinie ist es dabei, es den Zertifizierungsdiensteanbietern einerseits zu ermöglichen, grenzüberschreitend im Binnenmarkt tätig zu werden, um ihre Wettbewerbsfähigkeit zu steigern, andererseits sollen jedoch vor allem den Verbrauchern und Unternehmen - ohne Rücksicht auf geografische Grenzen - Instrumente für einen sicheren Informationsaustausch zur Verfügung gestellt und neue Möglichkeiten des elektronischen Geschäftsverkehrs eröffnet werden[448].

Wie bereits oben ausgeführt, verlangen Lebensversicherer regelmäßig von ihren potentiellen Kunden vor Abschluss der Vertrages die Offenbarung sehr sensibler Daten. Hierzu zählen nicht selten Darlegungen zu deren wirtschaftlicher Situation, ihrer Kontoverbindung und Kreditkartendaten sowie vor allem Informationen zur gesundheitlichen Situation der Antragsteller. Dies macht deutlich, dass die Bereitschaft zur Nutzung der neuen Möglichkeiten der elektronischen Kommunikation und des elektronischen Geschäftsverkehrs wesentlich von der Akzeptanz der Nutzer und deren Vertrauen in die Sicherheit, Zuverlässigkeit und Qualität der Datenübermittlung abhängig ist.

b) Verbraucherschützende Vorschriften der Richtlinie

Hinsichtlich der Bedeutung der in dieser Richtlinie verwendeten Begriffe bedarf es keiner weiteren Erläuterungen an dieser Stelle. Es kann insoweit auf die entsprechenden Ausführungen dazu oben im Kapitel II des ersten Teils verwiesen werden.

Die Richtlinie über die gemeinsamen Rahmenbedingungen für elektronische Signaturen ist ein wichtiges Element im europäischen Verbraucherschutzkonzept, da es mit seinen detaillierten Vorschriften zu den Erfordernissen an elektronische Signaturen ein hohes Schutzniveau bei der elektronischen Datenübermittlung ermöglicht. Die Komplexität der einzelnen Schritte im technischen Ablauf einer elektronischen Signatur von Daten sowie die Entschlüsselung und Überprüfung der Daten auf deren Integrität und Authentizität ver-

hin, um eine Stärkung des Vertrauens der Nutzer in die elektronische Kommunikation und den elektronischen Geschäftsverkehr zu erreichen.

[448] Vgl. Erwägungsgrund 10 der Richtlinie 1999/93/EG.

bietet zwar eine exakte Darstellung im Rahmen dieser Arbeit[449]. Damit wird jedoch zugleich offenbar, dass ein Höchstmaß an Fälschungssicherheit und Manipulationsschutz erzielt werden soll, da nur auf diese Weise das nötige Vertrauen bei den Verbrauchern herausgebildet werden kann, welches für eine umfassende Nutzung des elektronischen Geschäftsverkehr erforderlich ist.

So werden in einer umfangreichen Liste in Anhang I der Richtlinie die spezifischen Anforderungen an die notwendigen Angaben für qualifizierte Zertifikate vorgegeben. Unter anderem müssen diese Angaben zu dem Zertifizierungsdiensteanbieter selbst sowie dessen Niederlassungsstaat enthalten[450]. Ferner zählen dazu Angaben zur Gültigkeitsdauer und mögliche Beschränkungen des Gültigkeitsbereichs des Zertifikats bzw. Begrenzungen des Wertes zulässiger Transaktionen auf dessen Basis[451]. Diese Informationen erlauben sowohl den Verbrauchern als auch den Unternehmen die Überprüfung der Seriosität des potentiellen Vertragspartners auch hinsichtlich dessen Anstrengungen zur Datensicherheit.

Daneben sind im Anhang II zudem die Anforderungen an die Zertifizierungsdiensteanbieter, die Aussteller qualifizierter Zertifikate sind, formuliert. Diese müssen nicht nur vertrauenswürdige Systeme und fachkundiges Personal einsetzen, sondern vor Abschluss eines Vertrags über die Bereitstellung eines Zertifikats zur Unterstützung einer elektronischen Signatur zudem über die Bedingungen für die Verwendung des Zertifikats umfassend informieren[452]. Die auf der Grundlage der Richtlinie erlassenen einzelstaatlichen Rechtsvorschriften verpflichten die Diensteanbieter ferner, Maßnahmen gegen Fälschungen von Zertifikaten zu ergreifen und die Vertraulichkeit bei der Erzeugung der Signaturerstellungsdaten zu gewährleisten[453].

Weitergehend als etwa das bisherige deutsche Signaturgesetz[454], schreibt die Richtlinie in Art. 6 den Mitgliedstaaten vor, in den ein-

[449] Anschaulich und auch für Juristen gut verständlich und nachvollziehbar haben Deville und Kalthegener das Signaturverfahren am Beispiel des Private-/Public-Key-Systems beschrieben, NJW-CoR 1997, 168 (169 ff.).
[450] Vgl. Anhang I lit. b der Richtlinie 1999/93/EG.
[451] Vgl. Anhang I lit. f, i und j der Richtlinie 1999/93/EG.
[452] Vgl. Anhang II lit. e, f und k der Richtlinie 1999/93/EG.
[453] Vgl. Anhang II lit. g der Richtlinie 1999/93/EG.
[454] Gesetz zur digitalen Signatur vom 1.8.1997, BGBl. 1997 I, S.1870 ff.

zelstaatlichen Vorschriften eine gesonderte Haftungsregelung für Schäden aufgrund bestimmter Fehler der Diensteanbieter vorzusehen, die allerdings in ihrem Umfang beschränkt werden kann. Um die Befriedigung der Ersatzansprüche der Geschädigten im Schadenfall zu gewährleisten, müssen die Diensteanbieter den Nachweis ausreichender verfügbarer Finanzmittel erbringen, welcher beispielsweise auch im Abschluss einer entsprechenden Versicherung gesehen werden kann[455].

Der von der Richtlinie geforderte technische Sicherheitsstandard ist so anspruchsvoll, dass der Richtliniengeber bereit war, den Mitgliedsstaaten aufzugeben, fortgeschrittenen elektronischen Signaturen die gleiche Rechtswirkung wie handschriftliche Unterschriften ebenso zuzuerkennen wie diese zudem auch als Beweismittel in Gerichtsverfahren zuzulassen[456]. Des weiteren haben die Mitgliedsländer für die Einrichtung eines geeigneten Aufsichtssystems über die in ihren Hoheitsgebieten niedergelassenen Diensteanbietern zu sorgen[457], so dass durch den Dreiklang aus hohen technischen Anforderungen einerseits, den Haftungsvorschriften andererseits sowie der Überwachung der Tätigkeiten der Diensteanbieter ein umfassendes System zum Schutz vor dem Missbrauch elektronischer Signaturen geschaffen wurde.

4. Richtlinie über den elektronischen Geschäftsverkehr

a) Allgemeine Überlegungen zur Stellung der Richtlinie

Die weitere Entwicklung des elektronischen Geschäftsverkehrs wird ganz wesentlich auch davon abhängen, inwieweit es gelingt, das Vertrauen der Nutzer in die Rechtsverbindlichkeit auf elektronischem Wege geschlossener Verträge dauerhaft zu gewinnen. Das Europäische Parlament und der Rat der Europäischen Union haben auf Vorschlag der Kommission daher den Mitgliedsstaaten mit der Richtlinie über den elektronischen Geschäftsverkehr[458] Vorgaben für

[455] Vgl. Anhang II lit. h der Richtlinie 1999/93/EG.
[456] Siehe Art.5 der Richtlinie 1999/93/EG.
[457] Vgl. Art.3 Absatz 3 der Richtlinie 1999/93/EG.
[458] Die Richtlinie 2000/31/EG des Europäischen Parlaments und des Rates vom 8. Juni 2000 über bestimmte rechtliche Aspekte der Dienste der Informationsgesellschaft, insbesondere des elektronischen Geschäftsverkehrs, im Bin-

einen rechtlichen Rahmen zur Sicherstellung des freien Verkehrs von Diensten der Informationsgesellschaft gegeben. Zu den Zielen der Richtlinie zählt dabei neben der Gewährleistung eines hohen Verbraucherschutzniveaus[459] zudem die Schaffung eines rechtlichen Rahmens für die Online-Erbringung von Finanzdienstleistungen[460]. Damit hat die Richtlinie auch Relevanz für den Verbraucherschutz beim elektronischen Vertrieb von Versicherungsdienstleistungen im grenzüberschreitenden Verkehr innerhalb der Europäischen Union.

b) Verbraucherschützende Vorschriften der Richtlinie

Hinsichtlich der Legaldefinitionen der in der Richtlinie verwendeten Begriffe kann auf die bereits oben[461] in dem vorigen Abschnitt der Arbeit vorgenommenen Erläuterungen verwiesen werden, sodass es daher an dieser Stelle keiner weiteren Ausführungen bedarf.

aa) Der Abschluss von Verträgen auf elektronischem Weg

Zunächst verpflichtet die Richtlinie die Mitgliedsstaaten gemäß Art. 9 dazu, alle möglicherweise bestehenden rechtlichen Hindernisse für die Verwendung elektronischer Verträge zu beseitigen. Diese Vorschrift gehört damit zu den Kernbestimmungen, die den rechtsverbindlichen Abschluss von auf elektronischem Wege geschlossenen Verträgen erst möglich werden lassen. Zu den insoweit zu ändernden Rechtsvorschriften der Mitgliedsstaaten zählen insbesondere Formerfordernisse, die einem elektronischen Vertragsabschluß entgegenstehen könnten[462].

bb) Allgemeine und spezielle Informationspflichten der Diensteanbieter

Der Richtliniengeber will die oben genannten Ziele ferner dadurch erreichen, dass den Diensten der Informationsgesellschaft durch die zu erlassenden Vorschriften der Mitgliedsländer allgemeine und spezielle Informationspflichten auferlegt werden. Die allgemeinen

---

nenmarkt („Richtlinie über den elektronischen Geschäftsverkehr") ist von den Mitgliedstaaten vor dem 17. Januar 2002 in nationales Recht umzusetzen.

[459] Vgl. Erwägungsgrund 10 der Richtlinie 2000/31/EG.

[460] Vgl. Erwägungsgrund 27 der Richtlinie 2000/31/EG.

[461] Siehe S.42 ff. dieser Arbeit.

[462] Vgl. Erwägungsgrund 34 der Richtlinie 2000/31/EG.

Informationspflichten gemäß Art. 5 der Richtlinie umfassen ein Mindestmaß an Angaben, das es den Nutzern ermöglichen soll, den Anbieter zu identifizieren und lokalisieren sowie gegebenenfalls schnell die Kommunikation mit ihm aufnehmen zu können bzw. die zuständige Aufsichtsbehörde zu kontaktieren[463]. Ferner müssen Preisangaben der Anbieter klar und unzweideutig ausgewiesen werden und insbesondere erkennen lassen, ob Steuern und Versandkosten enthalten sind[464].

Zu den speziellen Informationspflichten gehören vor allem die durch Art. 10 Absatz 1 bis 3 geforderten Angaben. Dies sind die Informationen zum technischen Zustandekommen des Vertrages[465], zur Zugänglichkeit des Vertragstextes[466], der freiwilligen Verhaltenskodizes gemäß Art. 16[467] sowie hinsichtlich der Verfügbarkeit der Vertragsbestimmungen und der allgemeinen Geschäftsbedingungen[468].

Die Ausnahmeregelung des Art. 10 Absatz 4, nach der die Absätze 1 und 2 des Art. 10 auf solche Verträge keine Anwendung finden, die ausschließlich durch den Austausch elektronischer Post oder vergleichbare Art geschlossen werden, gilt für den dieser Arbeit zugrunde liegenden Ausgangsfall nicht, da die von den Kunden auf der Basis werbender Websites formularmäßig abzugebenden Angebote an die Versicherer nicht ausschließlich durch individuelle Kommunikationen wie elektronische Post geschlossen werden.

cc) Elektronische Bestätigung des Eingangs der Bestellung

Art. 11 stellt ein weiteres verbraucherschützendes Element dar, indem die auf dieser Basis erlassene einzelstaatliche Vorschrift die Diensteanbieter zur unverzüglichen Bestätigung des Eingangs einer Bestellung des Nutzers auf elektronischem Weg verpflichtet[469]. Damit sollen die Nutzer schnellstmöglich Gewissheit darüber erhalten, dass beispielsweise ein an einen Versicherer gerichtetes Angebot tatsächlich bei diesem eingegangen ist und seine Bindungswirkung

---

463 Vgl. Art.5 Absatz 1 lit. a bis f der Richtlinie 2000/31/EG.
464 Vgl. Art.5 Absatz 2 der Richtlinie 2000/31/EG.
465 Vgl. Art.10 Absatz 1 lit. a und c der Richtlinie 2000/31/EG.
466 Vgl. Art.10 Absatz 1 lit. b und d der Richtlinie 2000/31/EG.
467 Vgl. Art.10 Absatz 2 der Richtlinie 2000/31/EG.
468 Vgl. Art.10 Absatz 3 der Richtlinie 2000/31/EG.
469 Art.11 Absatz 1, erster Spiegelstrich der Richtlinie 2000/31/EG.

entfaltet. Art. 11 Absatz 2 gibt den Mitgliedsstaaten ferner auf, Vorschriften zu erlassen, die gewährleisten, dass die Diensteanbieter den Nutzern technische Mittel zur Verfügung stellen, mit denen Eingabefehler vor Abgabe einer Bestellung erkannt und korrigiert werden können. Dieser Schutz der Verbraucher ist nicht zuletzt deshalb sinnvoll, da aufgrund der Übermittlungsgeschwindigkeit ein fristgerechter Widerruf der Willenserklärung, wie er etwa im deutschen Recht gemäß § 130 Absatz 1 Satz 2 BGB grundsätzlich bis zum Zugang der ursprünglichen Erklärung möglich wäre, praktisch ausgeschlossen ist, da der Eingang der Bestellung beim Unternehmen – und damit deren Zugang - innerhalb weniger Augenblicke nach Absendung beim Interessenten erfolgt.

dd) Klagemöglichkeiten der Nutzer

Die spezifische Schnelligkeit und die geografische Nutzungsbreite des Mediums erfordern nach Auffassung des Richtliniengebers darüber hinaus prozessrechtliche Konsequenzen. Zur Vermeidung von Rechtsverletzungen und entsprechender Schäden verlangt die Richtlinie von den Mitgliedsstaaten daher die Bereitstellung angemessener Klagemöglichkeiten, einschließlich vorläufiger Maßnahmen[470]. Die Mitgliedsstaaten werden diesbezüglich außerdem gebeten, das Bestehen eines Bedürfnisses auf Schaffung eines Zugangs zu gerichtlichen Verfahren auf elektronischem Wege, zu prüfen[471]. Ob ein derartiges Verfahren zur Stärkung des Verbraucherschutzes tatsächlich hilfreich und notwendig ist, bleibt abzuwarten.

ee) Regeln der Zusammenarbeit und Information der Nutzer durch Verbindungsstellen

Eine Stärkung der Verbraucherinteressen ermöglicht zweifellos die Maßgabe des Art. 19, nach der die Mitgliedsländer bestimmte Regelungen zur Zusammenarbeit schaffen müssen. Als besonders verbraucherschützende Regelungen sind dabei vor allem die Absätze 1 und 4 des Art. 19 zu nennen. Gemäß Absatz 1 sind die Mitgliedsstaaten demnach gehalten, für geeignete Aufsichts- und Untersuchungsinstrumente zu sorgen, die eine wirksame Umsetzung der Richtlinie sicherstellen. Ferner sollen auf elektronischem Wege

[470] Art.18 Absatz 1 der Richtlinie 2000/31/EG.
[471] Erwägungsgrund 52 der Richtlinie 2000/31/EG.

zugängliche Verbindungsstellen den Nutzern von Diensten der Informationsgesellschaft allgemeine Informationen über ihre vertraglichen Rechte und Pflichten sowie über gegebenenfalls erforderliche Beschwerde- und Rechtshilfemechanismen, einschließlich der praktischen Aspekte der Inanspruchnahme, liefern[472]. Daneben sollen den Nutzern auch Anschriften von Behörden, Vereinigungen und Organisationen, die zusätzliche Informationen oder praktische Unterstützung bieten können, genannt werden[473].

ff) Sanktionen bei Verstößen gegen nationalstaatliche Rechtsvorschriften

Abschließend haben die Mitgliedsstaaten gemäß Art. 20 Sanktionen festzulegen, die bei Verstößen gegen die entsprechenden einzelstaatlichen Vorschriften anzuwenden sind, und geeignete Maßnahmen zu ihrer Durchsetzung zu treffen. Diese müssen wirksam, verhältnismäßig und abschreckend sein.

5. Richtlinienvorschlag über den Fernabsatz von Finanzdienstleistungen

Nachdem die Europäische Kommission am 19. November 1998 einen Vorschlag für eine Richtlinie des Europäischen Parlaments und des Rates über den Fernabsatz von Finanzdienstleistungen an Verbraucher angenommen hatte[474], befassten sich anschließend der Wirtschafts- und Sozialausschuss[475], das Europäische Parlament[476] und der Rat[477] mit dem Entwurf und verabschiedeten ihre Stellungnahmen dazu. Daraufhin legte die Kommission einen geänderten Vorschlag für eine Richtlinie, unter Berücksichtigung der Ände-

---

[472] Art.19 Absatz 4 lit. a der Richtlinie 2000/31/EG.

[473] Art.19 Absatz 4 lit. b der Richtlinie 2000/31/EG.

[474] Vgl. ABl. C 385 vom 11. Dezember 1998, S.10.

[475] Der Wirtschafts- und Sozialausschuss verabschiedete auf seiner 363. Plenarsitzung am 29. April 1999 seine Stellungnahme, CES 458/99.

[476] Das Europäische Parlament nahm am 5. Mai 1999 eine legislative Entschließung mit der Stellungnahme zu dem Vorschlag an, A4 – 190/99.

[477] Nach vorangegangenen sieben Sitzungen von Arbeitsgruppen des Rates fand am 13. April 1999 in Luxemburg eine politische Aussprache zu dem Richtlinienentwurf statt, Dok. 7206/99.

rungsvorschläge des Parlaments, des Wirtschafts- und Sozialausschusses sowie des Rates, vor[478].

a) Allgemeine Überlegungen zur Stellung des Richtlinienentwurfs

Nach Auffassung der Kommission eignen sich Finanzdienstleistungen aufgrund ihrer immateriellen Beschaffenheit für Transaktionen im Fernabsatz ganz besonders und werden für die Verbraucher zu den „wichtigsten greifbaren Ergebnissen des vollendeten Binnenmarkts“ zählen[479]. Es liege demnach im Interesse des Verbrauchers, im Binnenmarkt gleichen Zugang zum breitestmöglichen Angebot von Finanzdienstleistungen zu haben, um das bedürfnisadäquateste auswählen zu können[480]. Damit sind für die Verbraucher jedoch auch eine Reihe von rechtlichen Unwägbarkeiten verbunden, so dass die Stellungnahmen betroffener Kreise die Notwendigkeit der Stärkung des Verbraucherschutzes gezeigt hätten[481]. Zugleich befürchtet die Kommission, bedingt durch unterschiedliche bzw. abweichende Verbraucherschutzbestimmungen der Mitgliedsstaaten in diesem Bereich, negative Folgen für den Binnenmarkt und den Wettbewerb der darin tätigen Unternehmen[482]. Die Richtlinie soll die Mitgliedsstaaten daher nicht nur zu einem Mindeststandard an Verbraucherschutz verpflichten, sondern ein qualitativ derartig hohes Verbraucherschutzniveau sicherstellen, dass kein Mitgliedsland andere, mithin auch keine weitergehenden als die mit der Richtlinie festgelegten Bestimmungen vorsehen darf[483].

b) Die verbraucherschützenden Bestimmungen im einzelnen

Die in dem Richtlinienentwurf verwendeten besonderen Begriffe sind in diesem legal definiert und bereits oben, soweit nicht geläufig, dargestellt worden, so dass unter Hinweis auf diese und die Begriffsbe-

---

478 Geänderter Vorschlag für eine Richtlinie des Europäischen Parlaments und des Rates über den Fernabsatz von Finanzdienstleistungen an Verbraucher und zur Änderung der Richtlinien 97/7EG und 98/27/EG, 599 PC 0385.
479 Vgl. Erwägungsgründe 5 und 2 des Richtlinienentwurfs, 599 PC 0385.
480 Vgl. Erwägungsgrund 3 des Richtlinienentwurfs, 599 PC 0385.
481 Vgl. Erwägungsgrund 7 des Richtlinienentwurfs, 599 PC 0385.
482 Vgl. Erwägungsgrund 8 des Richtlinienentwurfs, 599 PC 0385.
483 Vgl. Erwägungsgrund 9 des Richtlinienentwurfs sowie die Begründung der Kommission zu Artikel 1, 599 PC 0385.

stimmungen in Art. 2 des Entwurfs hier auf eine neuerliche Erörterung verzichtet werden kann[484].

aa) Vorherige Unterrichtung des Verbrauchers

Der Richtlinienentwurf sieht in Art. 3 Absatz 1 eine Fülle von Angaben vor, über die der Verbraucher rechtzeitig vor dem Vertragsschluss informiert werden muss. Auf diese Weise sollen die Verbraucher in die Lage versetzt werden, die angebotene Finanzdienstleistung eingehend zu prüfen, um anschließend ihre Entscheidung treffen zu können[485]. Für bestimmte Dienstleistungsarten ist der Umfang der Angaben jedoch zum Teil erheblich reduziert, da die Informationspflichten hinsichtlich dieser Dienstleistungen bereits durch separate Richtlinien geregelt wurden. Zu diesen zählt auch die sogenannte „Dritte Richtlinie Lebensversicherung"[486], mit der eine Verknüpfung zu den Informationspflichten dieses Richtlinienentwurfs hergestellt werden sollte[487]. Dementsprechend sollen die Versicherer durch die Mitgliedsstaaten auf Grundlage dieser Richtlinie zur Unterrichtung des Verbrauchers über den Gesamtpreis der Finanzdienstleistung einschließlich der Steuern, der Dauer der Gültigkeit des Angebots, einen Hinweis auf mögliche Preisänderungen, den Kosten für die Benutzung der Fernkommunikationstechnik, die Grundlage für die Berechnung der Kosten bei Ausübung des Widerrufsrechts sowie zu Angaben zu der für den Anbieter zuständigen Aufsichtsbehörde verpflichtet werden[488]. Die sich aus Art. 31 i.V.m. Anhang 2 der 3. Richtlinie Leben darüber hinaus ergebenden Informationspflichten der Versicherer bleiben von dieser Bestimmung insofern unberührt.

---

[484] Siehe S.58 der Arbeit.

[485] Erwägungsgrund 16 des Richtlinienentwurfs.

[486] Richtlinie 92/96/EWG des Rates vom 10. November 1992 zur Koordinierung der Rechts- und Verwaltungsvorschriften für die Direktversicherung (Lebensversicherung) sowie zur Änderung der Richtlinien 79/267/EWG und 90/619/EWG (Dritte Richtlinie Lebensversicherung).

[487] Siehe Begründung der Kommission zu Art.3 des Richtlinienentwurfs.

[488] Vgl. Art.3 Absatz 1 lit. c, e, f, g, j und o i.V.m. Art.3 Absatz 1 zweiter Spiegelstrich.

bb) Übermittlung der Vertragsbedingungen und Vorabinformationen

Art. 3a Absatz 1 des Richtlinienentwurfs gewährt Anbietern die Möglichkeit, auch nach bereits erfolgtem Vertragsschluss die Übermittlung der Vertragsbedingungen sowie die gemäß Art. 3 erforderlichen Vorabinformationen nachträglich auf Papier oder einem anderen dauerhaften Datenträger vorzunehmen. Lebensversicherern steht diese Option allerdings nicht offen, da die insoweit speziellere Richtlinie 92/96/EWG in Art. 31 Absatz 1 vorschreibt, dass die Verbraucherinformationen, zu denen auch die Versicherungsbedingungen gehören, dem Versicherungsnehmer vor Abschluss des Vertrags mitzuteilen sind. Dies bedeutet, übertragen auf den elektronischen Abschluss von Versicherungsverträgen via Internet, dass dem Verbraucher die genannten Informationen auf dem Bildschirm in klarer und verständlicher Form dargestellt werden müssen, bevor er die zum Vertragsschluss führende Willenserklärung per Mausklick ausführt. Um dieser Auflage gerecht zu werden, sollten die Anbieter daher auf ihren Websites die Bestätigung der Kenntnisnahme der Informationen seitens des Verbrauchers vorsehen. Dies könnte beispielsweise durch das zwingend erforderliche Anklicken einer Bestätigungsikone im Programmablauf erfolgen, nicht zuletzt auch, um den Verbraucher auf diese Weise vor übereilten Entscheidungen zu bewahren.

cc) Widerrufsrecht der Verbraucher

Eine zentrale Verbraucherschutzbestimmung stellt das in Art. 4 des Richtlinienentwurfs geregelte Widerrufsrecht dar. Der Verbraucher kann, je nach Ausgestaltung der einzelstaatlichen Vorschrift, innerhalb einer Frist von 14 Tagen bis zu 30 Tagen ohne Angaben von Gründen und ohne dass Vertragsstrafen fällig werden dürfen, den Vertrag widerrufen[489]. Der Beginn des Fristlaufs erfolgt entweder mit dem Tag des Vertragsschlusses, sofern dem Verbraucher vorher die Informationen i.S.d. Art. 3a Absatz 2 des Richtlinienentwurfs übermittelt wurden, oder von dem Tag an gerechnet, an dem der Verbraucher die Informationen entgegennimmt, nachdem der Vertrag auf ausdrücklichen Wunsch des Verbrauchers geschlossen wurde, bevor ihm die Informationen übermittelt wurden. Der Richtlinienent-

---

[489] Vgl. Art.4 Absatz 1 des Richtlinienentwurfs.

wurf setzt somit voraus, dass ein Vertragsschluss bereits stattgefunden hat. Der Verbraucher widerruft insofern im engeren Sinne nicht eine abgegebene Willenserklärung, sondern erklärt vielmehr seinen Rücktritt vom Vertrag bzw. nimmt eine Art Sonderkündigungsrecht in Anspruch.

Dieses Widerrufsrecht kann der Verbraucher nun dadurch in Anspruch nehmen, dass er dem Anbieter entweder auf Papier oder einem anderen dauerhaften Datenträger, dem der Anbieter zur Verfügung steht und zu dem er Zugang hat, eine entsprechende Mitteilung macht[490]. Die sonstigen Rechtsfolgen und Widerrufsbedingungen richten sich im Übrigen nach dem auf den Vertrag anzuwendenden Recht[491].

Eine binnenmarktübergreifende Harmonisierung der verschiedenen Widerrufsfristen wird durch diesen Richtlinienentwurf mutmaßlich jedoch nicht erreicht werden, da es den Mitgliedsstaaten überlassen bleibt, eine der betreffenden Finanzdienstleistung angemessene Frist innerhalb der Spannbreite von 14 bis 30 Tagen festzulegen. Dies kann unter Umständen dazu führen, dass im Wohnsitzstaat des Verbrauchers eine längere Widerspruchsfrist gilt, als sie in dem Niederlassungsstaat des Anbieters vorgesehen ist. Für diesen Fall ist die Vorschrift im Sitzland des Anbieters maßgebend, so dass sich ein Verbraucher nicht auf die möglicherweise günstigere Regelung in seinem Wohnsitzland berufen kann[492]. Zur Vermeidung von Missverständnissen bei den Verbrauchern einerseits und Wettbewerbsverzerrungen unter den im Binnenmarkt engagierten Versicherern andererseits, wäre eine einheitliche Bestimmung in der Richtlinie allerdings zweifellos hilfreich gewesen.

Zudem ist in der Literatur grundsätzliche Kritik an dem Widerrufsrecht geäußert worden[493]. Den Anbietern sollten Sanktionen für den Fall der Nichteinhaltung der Vorschriften angedroht werden, da nur auf diese Weise Verbraucherschutz im Netz wirklich gewährleistet

---

490 Vgl. Art.4 Absatz 3 des Richtlinienentwurfs.

491 Vgl. Art.4 Absatz 5 des Richtlinienentwurfs.

492 Vgl. Art.4 Absatz 1 letzter Satz des Richtlinienentwurfs.

493 Vgl. Arnold, CR 1997, 526 (531), dessen Kritik zwar auf die allgemeine Fernabsatz – Richtlinie (97/7/EG) gerichtet, aber dennoch auch auf die insoweit vergleichbare Vorschrift des Richtlinienentwurfs zum Fernabsatz von Finanzdienstleistungen von Verbrauchern übertragbar ist.

werden könne. Dies mache ein Widerrufsrecht, das ohnehin nur dem Verbraucher eine einseitige Machtstellung verleihe und die kommerzielle Nutzung des Internets lähme, überflüssig[494].

dd) Vertragserfüllung und Zahlung einer erbrachten Dienstleistung vor Widerruf des Vertrags

Der Anbieter darf nur mit dem ausdrücklichen Einverständnis des Verbrauchers vor Ablauf der Widerrufsfrist mit der Erbringung der Finanzdienstleistung beginnen[495], etwa wenn ein Versicherungsnehmer ausdrücklich die Gewährung sofortigen Versicherungsschutzes wünscht. Sollte der Verbraucher dennoch von seinem Widerrufsrecht gemäß Art. 4 Absatz 1 Gebrauch machen, darf der Anbieter die unverzügliche Zahlung eines Betrages entweder in Höhe des Preises der tatsächlich erbrachten Dienstleistung fordern, wenn dieser unabhängig vom Zeitpunkt des Widerrufs ist, oder einen anteilsmäßigen Betrag, soweit dieser in Abhängigkeit zum Zeitpunkt des Widerrufs steht[496]. In beiden Fällen darf der Betrag jedoch keine derartige Größe erreichen, dass er eine Strafe darstellen könnte[497], um die Verbraucher auf diesem Weg nicht von der Ausübung ihres Rechts abzuhalten.

Voraussetzung für die Zulässigkeit der Geltendmachung des Betrags ist ferner, dass der Verbraucher im Rahmen des Art. 3 über den Betrag bzw. dessen Berechnung informiert wurde, wobei zugunsten des Verbrauchers dem Anbieter die Beweislast für den entsprechenden Nachweis der Information übertragen ist[498].

Darüber hinausgehend vom Verbraucher vom Zeitpunkt des Vertragsschlusses an gezahlte Beträge hat der Anbieter unverzüglich und spätestens binnen 30 Tagen nach Ausübung des Widerrufsrechts durch den Verbraucher zu erstatten[499].

---

494 Arnold, CR 1997, 526 (531).

495 Art.5 Absatz –1 des Richtlinienentwurfs.

496 Vgl. Art.5 Absatz 1 lit. a und b des Richtlinienentwurfs.

497 Vgl. Art.5 Absatz 1 letzter Satz des Richtlinienentwurfs.

498 Vgl. Art.5 Absatz 2 des Richtlinienentwurfs.

499 Vgl. Art.5 Absatz 3 des Richtlinienentwurfs.

ee) Unbestellte Dienstleistungen

Der Verbraucher soll auch vor nicht gewünschten Leistungserbringungen geschützt werden. So sind die Mitgliedsstaaten aufgefordert, auf der Grundlage des Art. 9 sicherzustellen, dass die Erbringung von Finanzdienstleistungen im Fernabsatz an einen Verbraucher ohne dessen vorherige Anforderung untersagt wird, wenn mit der Finanzdienstleistung die Aufforderung zu einer Zahlung verbunden ist. Außerdem haben die Mitgliedsstaaten Maßnahmen zur Befreiung des Verbrauchers von jedweder Verpflichtung im Falle der Erbringung unbestellter Leistungen zu ergreifen, wobei nur eine ausdrückliche Zustimmung auch als solche gewertet werden darf, das Schweigen des Verbrauchers hingegen nicht[500]. Ausgenommen davon sind lediglich die im Versicherungsgeschäftsverkehr nicht unüblichen stillschweigenden Verlängerungen bereits geschlossener Verträge[501].

ff) Weitere verbraucherschützende Bestimmungen

Ein vollständiger oder auch nur teilweiser Verzicht auf die durch diesen Richtlinienentwurf vorgesehenen Rechte durch den Verbraucher ist gemäß dessen Art. 11 unzulässig. Damit erklärt der Richtliniengeber die Bestimmungen des Richtlinienentwurfs zu zwingenden Verbraucherschutzvorschriften und setzt der Vertragsautonomie der Parteien entsprechende Schranken.

Für alle den Anbieter aus dieser Richtlinie treffenden Verpflichtungen, wie die Unterrichtung des Verbrauchers, dessen Einwilligung in den Vertrag sowie gegebenenfalls dessen Durchführung, liegt die Beweislast gemäß Art. 13 des Richtlinienentwurfs beim Anbieter. Anderslautende Vertragsklauseln, die dem Verbraucher ganz oder teilweise die Beweislast aufbürden, sind unwirksam[502]. Die technisch bedingten Risiken des elektronischen Vertragsschlusses liegen somit beim Anbieter. Ihm ist daher zu empfehlen, dass er die Erfüllung der einzelnen Verpflichtungen vom Verbraucher jeweils, beispielsweise durch das Anklicken der schon erwähnten Ikonen, im Pro-

---

500 Vgl. Art.9, Zweiter Spiegelstrich des Richtlinienentwurfs.
501 Vgl. Art.9 des Richtlinienentwurfs.
502 Vgl. Art.13 Satz 2 des Richtlinienentwurfs.

grammablauf derart bestätigen lässt und dokumentiert, dass ein Vertragsschluss ansonsten nicht möglich ist.

6. Verbraucherschutz durch Bestimmungen der dritten Richtlinie Lebensversicherung

Verbraucherschützende Bestimmungen finden sich freilich auch in den Vorschriften der 3. RLLV, die Änderungen zu den zuvor erlassenen ersten und zweiten Richtlinien Lebensversicherung enthält[503]. Diese europarechtlichen Vorschriften haben ihre nationalstaatliche Umsetzung in die Rechtsordnungen der einzelnen Mitgliedsstaaten gefunden.

a) Schutzfunktion der Artt. 18 – 23

Eine Harmonisierung mit mittelbarer verbraucherschützender Wirkung liegt insbesondere in den Vorschriften der Artt. 18 - 23 zur Bildung von Rückstellungen und den zulässigen Anlageformen der Beitragseinnahmen der Versicherer. Auf diese Weise soll, insbesondere vor dem Hintergrund der Langfristigkeit der Mehrzahl der Verträge, die dauernde Erfüllbarkeit der vertraglichen Verpflichtungen durch die Versicherer gewährleistet werden. Der verbraucherschützende Aspekt ergibt sich u.a. aus der Verhinderung hochspekulativer Anlagen der Beiträge der Versicherungsnehmer durch die Versicherer.

b) Schutz der Verbraucher durch Art. 31 und Art. 40

Für den grenzüberschreitenden Vertrieb von Lebensversicherungen auf elektronischem Weg von besonderem Interesse sind die Vorschriften des Art. 31 i.V.m. Anhang II sowie des Art. 40 Absätze 3 – 6 der 3. RLLV. Diese Vorschriften enthalten einerseits umfangreiche Informationspflichten der Versicherer sowie andererseits die Festlegung zulässiger Sanktionsmittel der Mitgliedstaaten gegenüber im Dienstleistungsverkehr vorschriftswidrig tätigen Unternehmen.

---

503 Vgl. Richtlinie 92/96/EWG des Rates vom 10. November 1992 zur Koordinierung der Rechts- und Verwaltungsvorschriften für die Direktversicherung (Lebensversicherung) sowie zur Änderung der Richtlinien 79/267/EWG und 90/619/EWG (Dritte Richtlinie Lebensversicherung).

aa) Art. 31 Absatz 1 i.V.m. Anhang II

Art. 31 Absatz 1 verpflichtet die Versicherungsunternehmen, vor Abschluss des Versicherungsvertrages dem Versicherungsnehmer mindestens die in Anhang II Buchstabe A aufgelisteten Angaben mitzuteilen.
Die Informationspflicht der Versicherer umfasst demnach Angaben zum Namen der Gesellschaft und ihrer Rechtsform, zum Namen des Mitgliedsstaats, in dem sich der Hauptsitz, die Agentur oder Zweigniederlassung befindet, welche die Police ausstellt, die Anschrift des die Police ausstellenden Hauptsitzes, der Agentur oder Zweigniederlassung, eine Beschreibung jeder Garantie und jeder Option, die Laufzeit der Police, die Einzelheiten der Vertragsbeendigung, die Prämienzahlungsweise und deren Dauer, die Methoden der Gewinnberechnung und Gewinnbeteiligung, Angaben zu Rückkaufswerten und beitragsfreien Leistungen sowie dem Ausmaß, in dem diese Leistungen garantiert sind[504]. Ferner müssen, soweit sinnvoll, Informationen über die Prämien für jede Haupt- und Nebenleistung erteilt werden[505].

Bei fondsgebundenen Policen sind die Fonds, an die die Leistungen gekoppelt sind, sowie die Art der zugrundeliegenden Vermögenswerte anzugeben[506]. Darüber hinaus ist über die Modalitäten der Ausübung des Widerrufs und des Rücktrittsrechts zu informieren, und es sind allgemeine Angaben zur auf die Policenart anwendbaren Steuerregelung zu machen[507]. Schließlich ist auf für die Bearbeitung von den Vertrag betreffenden Beschwerden der Versicherungsnehmer, Versicherten bzw. Begünstigten zuständige Stellen hinzuweisen und, soweit die Parteien das anwendbare Recht frei wählen können, das von dem Versicherer vorgeschlagene Recht anzugeben[508].

Im Abschnitt B des Anhangs II werden die weiteren, während der gesamten Laufzeit des Vertrages durch den Versicherer mitzuteilenden Informationen aufgelistet, um sicherzustellen, dass die Ver-

---

504 Vgl. Anhang II Abschnitt A a.1 – 9 der 3. RLLV.
505 Vgl. Anhang II Abschnitt A a.10 der 3. RLLV.
506 Vgl. Anhang II Abschnitt A a.11 und 12 der 3. RLLV.
507 Vgl. Anhang II Abschnitt A a.13 und 14 der 3. RLLV.
508 Vgl. Anhang II Abschnitt A a.15 und 16 der 3. RLLV.

braucher über wichtige Veränderungen auch nach Abschluss des Vertrags umfassend informiert bleiben. Demnach sind Änderungen des Namens der Gesellschaft, ihrer Rechtsform und der Anschrift des die Police ausstellenden Hauptsitzes bzw. der Agentur oder Zweigniederlassung der Gesellschaft anzugeben[509]. Im Falle der Vereinbarung eines Zusatzvertrags oder einer Änderung der für den Vertrag geltenden Rechtsvorschriften sind die Angaben gemäß a.4 – a.12 des Teils A dem Versicherungsnehmer mitzuteilen[510]. Er ist ferner jährlich über den Stand der Gewinnbeteiligung zu informieren[511]. Zwar ist es den Mitgliedstaaten nicht verwehrt, die Vorlage zusätzlicher Informationen zu verlangen. Ein derartiges Verlangen seitens des Mitgliedstaats der Verpflichtung nach über den Anhang II hinausgehenden Auskünften durch die Versicherer steht allerdings unter dem Vorbehalt, dass die Auskünfte für das Verständnis der wesentlichen Bestandteile der Police durch den Versicherungsnehmer auch notwendig sind[512].

Die Informationspflichten der Abschnitte A und B bestehen nur natürlichen Personen gegenüber und sind im Übrigen alternativ zu verstehen. Das heißt, die Informationspflicht kann entweder vor oder nach Abschluss des Vertrags erfüllt werden. In jedem Fall sind die Informationen eindeutig und detailliert schriftlich in einer Amtssprache des Mitgliedstaats der Verpflichtung abzufassen[513]. Das in Anhang II postulierte Schriftlichkeitserfordernis der Informationen für Versicherungsnehmer scheint zunächst der dieser Abhandlung zugrundeliegenden Konstellation einer Verbraucherinformation auf elektronischem Weg entgegenzustehen. Spätestens mit Umsetzung der Richtlinie über den Fernabsatz für Finanzdienstleistungen wird dies jedoch kein Hindernis mehr bedeuten. Dieser Rückschluss lässt sich daraus ableiten, dass die dritte Richtlinie Lebensversicherung zu einem Zeitpunkt formuliert und erlassen wurde, als die elektronischen Medien für den grenzüberschreitenden Vertrieb von Dienstleistungen noch keine Bedeutung gewonnen hatten[514].

---

509 Vgl. Anhang II Abschnitt B b.1 der 3. RLLV.
510 Vgl. Anhang II Abschnitt B b.2 der 3. RLLV.
511 Vgl. Anhang II Abschnitt B b.3 der 3. RLLV.
512 Vgl. Art.31 Absatz 3 der 3. RLLV.
513 Vgl. Anhang II Satz 2 der 3. RLLV.
514 Die dritte Richtlinie Lebensversicherung wurde bereits im Jahr 1992 durch den Gemeinschafts-gesetzgeber erlassen, während beispielsweise das Internet

Ausdrücklich zulässig ist eine Information der Versicherungsnehmer in einer anderen Sprache entweder auf seinen Wunsch hin, sofern es das Recht des Mitgliedstaates zulässt, oder der Versicherungsnehmer das anwendbare Recht frei wählen kann, wie es beispielsweise für die Korrespondenzversicherung der Fall ist.

bb) Art. 40 Absatz 3 – 6

Mit der Umsetzung des Art. 39 der 3. RLLV in nationales Recht wurde die bislang in Deutschland zwingende Vorabgenehmigung von Versicherungsbedingungen durch das BAV aufgehoben[515]. Um Unternehmen, die Dienstleistungen in anderen Mitgliedstaaten erbringen, zur Einhaltung der Vorschriften im Mitgliedstaat der Verpflichtung anzuhalten, stehen den Behörden des Mitgliedstaates der Verpflichtung gemäß Art. 40 der 3. RLLV verschiedene Sanktionsmittel von unterschiedlicher Intensität zur Verfügung.

Neben der an die betreffenden Unternehmen gerichteten Aufforderung, die festgestellten Unregelmäßigkeiten abzustellen[516], können die Behörden des Mitgliedstaats der Verpflichtung, sofern die Unternehmen ihr Gebaren trotz Aufforderung nicht ändern, den Behörden des Herkunftsmitgliedstaats eine Mitteilung darüber machen und sie veranlassen, dass diese unverzüglich alle zweckdienlichen Maßnahmen treffen[517]. Sollten sich auch diese Bemühungen als fruchtlos erweisen, steht dem betroffenen Mitgliedstaat als ultima ratio - zumindest rechtlich - die Möglichkeit offen, die Unternehmen daran zu hindern, weitere Versicherungsverträge in seinem Staatsgebiet abzuschließen[518]. In dringenden Fällen sind die Mitgliedstaaten unabhängig von dem in Art. 40 Absatz 3 – 5 geregelten Verfahren zur Ergreifung geeigneter Maßnahmen, bis hin zur Verhinderung weiterer Vertragsschlüsse in ihrem Staatsgebiet, befugt[519]. Inwieweit sich derartige Verbotsverfügungen für den Vertrieb auf elektronischem

---

erst im Jahre 1995 begann für eine breite kommerzielle Nutzung eine gewisse Bedeutung zu erreichen.

515 In Deutschland erfolgte die Umsetzung durch das Dritte Durchführungsgesetz/EWG zum VAG vom 21. Juni 1994, BGBl. I, S.1630.

516 Art.40 Absatz 3 der 3. RLLV.

517 Art.40 Absatz 4 der 3. RLLV.

518 Art.40 Absatz 5 der 3. RLLV.

519 Art.40 Absatz 6 der 3. RLLV.

Weg auch in der Praxis durchsetzen lassen, ist ein technisches Problem, das an dieser Stelle nicht vertieft werden kann.

c) Das Institut der „Rechtsvorschriften des Allgemeininteresses" als Kontrollinstrument des Verbraucherschutzes

Mit Art. 28 der 3. RLLV[520] hat der Gemeinschaftsgesetzgeber dem vom EuGH entwickelten[521] unbestimmten Rechtsbegriff des Allgemeininteresses auch für den Sektor des europäischen Lebensversicherungsrechts ausdrücklich Geltung verschafft. Dieser Art. 28 bestimmt dabei, dass kein Versicherungsnehmer durch den Mitgliedsstaat der Verpflichtung (Sitzland des Versicherungsnehmers) daran gehindert werden darf, einen Vertrag mit einem EU-zugelassenen ausländischen Versicherer zu unterzeichnen, solange der Vertrag nicht in Widerspruch zu den in dem Mitgliedstaat der Verpflichtung geltenden „Rechtsvorschriften des Allgemeininteresses" steht. Da auch der Verbraucherschutz zu den insoweit anerkannten legitimen Zielen des Allgemeininteresses gehört[522], können einem EU-ausländischen Versicherer gegenüber gegebenenfalls auch verbraucherschützende Normen des Wohnsitzstaates des Versicherungsnehmers Rechtswirkung entfalten. Die Grenzen der Anwendbarkeit dieses wenig präzisen[523] Prüfungsmaßstabs sind allerdings

---

520 Richtlinie 92/96/EWG des Rates vom 10. November 1992 zur Koordinierung der Rechts- und Verwaltungsvorschriften für die Direktversicherung (Lebensversicherung) sowie zur Änderung der Richtlinien 79/267/EWG und 90/619/EWG (Dritte Richtlinie Lebensversicherung).

521 Vgl. dazu Prölss/Schmidt, VAG, Vorbem. Rn.46.

522 Vgl. Seite V der Mitteilung der Kommission zu Auslegungsfragen freier Dienstleistungsverkehr und Allgemeininteresse im Versicherungswesen, C (1999) 5046; Geiger, VW 2000, 616 (618); Lorenz, VersRdsch 3/1995, 8 (17); O.V., VP 2000, 78 (79); Prölss/Armbrüster, DZWir 1993, 449 (457); Roth, VersR 1993, 129 (134).

523 Prölss/Armbrüster bezeichnen den Begriff als „völlig konturlos" und seine Auslegung daher als mit erheblichen Schwierigkeiten verbunden, wobei eine praktikable qualitative Definition des Begriffs auch nach ihrer Ansicht jedoch nicht möglich sei, DZWir 1993, 449 (457). Eine, Rechtsunsicherheiten vermeidende, Definition ist auch nach Ansicht von von Criegern nicht möglich, S.130. Lorenz spricht in diesem Zusammenhang gar von einer „Geheimwissenschaft", VersRdsch 3/1995, 8. Und Egger nennt in einem insgesamt süffisant gehaltenen Aufsatz das Allgemeininteresse „die vom EuGH initiierte fünfte Grundfreiheit", VersRdsch 2/1996, VIII.

bislang weder innerhalb der Literatur[524] noch durch die Rechtsprechung[525] einvernehmlich definiert, mit der Folge, dass aufgrund der dadurch bedingten Unsicherheit über den Umfang des Rechtfertigungsmaßstabs eine Gefährdung des Versicherungsbinnenmarktes befürchtet wird[526].

aa) Begriff des Allgemeininteresses

Das „Allgemeininteresse" wird als Rechtfertigungsschranke für Begrenzungen der durch Art. 59 EG-Vertrag gewährleisteten Dienstleistungsfreiheit verstanden[527], das heißt, die im sogenannten „Allgemeininteresse" stehenden Ziele rechtfertigen die aufgrund der Geltung zwingender Vorschriften des Wohnsitzstaates des Versicherungsnehmers erfolgende Beschränkung der Dienstleistungsfreiheit im Versicherungsgeschäftsverkehr. Zu den im Rahmen der Dienstleistungsfreiheit ausgeübten Versicherungstätigkeiten zählt demnach u.a. auch der unter Verwendung von Fernkommunikationstechniken des elektronischen Geschäftsverkehrs vollzogene Abschluss von Versicherungsverträgen[528]. Das Allgemeininteresse ist ferner nationalstaatlich auszulegen[529].

---

524 Vgl. zum Diskussionsstand Prölss/Schmidt, VAG, Vorbem. Rn.46 ff.

525 Darauf, dass der EuGH den Begriff des Allgemeininteresses zwar eingeführt aber bislang nicht definiert hat, macht Kollhosser aufmerksam, Prölss/Kollhosser, VAG, § 111a Rn.4.

526 Vgl. Mitteregger, VersRdsch 2/1996, S.VII sowie Werle, VersRdsch 4/1996, 62 (65), der den Mitgliedsstaaten eine „fast schon willkürliche(n) Handhabung des Begriffs Allgemeininteresse" vorwirft. Eine „beträchtliche Rechtsunsicherheit" sieht auch Lorenz aufgrund der „weichen Kriterien" dieses Rechtsbegriffs als gegeben an, VersRdsch 3/95, 8 (18).

527 Vgl. insoweit nur die sich auf die jüngste Rechtsprechung des EuGH stützende Auffassung der EU-Kommission, Mitteilung der Kommission zu Auslegungsfragen Freier Dienstleistungsverkehr und Allgemeininteresse im Versicherungswesen, C (1999) 5046, S.23. Die Kommission spricht in diesem Zusammenhang von einer „Art Filter für die nationalen Rechtsvorschriften", vgl. S.43 der Mitteilung (C (1999) 5046).

528 Vgl. nur S.17 der Mitteilung der Kommission zu Auslegungsfragen freier Dienstleistungsverkehr und Allgemeininteresse im Versicherungswesen, C (1999) 5046.

529 Von Criegern, S.121.

(1) Abgrenzung der „Rechtsvorschriften des Allgemeininteresses“ zur Ordre - public - Klausel des Art. 6 EGBGB

Bereits die sogenannte Ordre-public-Klausel des Art. 6 EGBGB ermöglicht die Kontrolle der Anwendungsergebnisse EU-ausländischer Normen[530]. Auch der Bereich der versicherungsrechtlichen Vorschriften ist davon umfasst. Der Maßstab der Rechtsvorschriften des Allgemeininteresses i.S.d. Art. 28 der 3. RLLV soll ebenfalls die Durchsetzbarkeit versicherungsrechtlicher Vorschriften des Wohnsitzlandes des Versicherungsnehmers ermöglichen. Damit stellt sich die Frage nach dem spezifischen Regelungsgehalt des Art. 28 der 3.RLLV gegenüber Art. 6 EGBGB.

Als Ordre-public-Kontrolle „sui generis“ kennzeichnet Lorenz das der „allgemeinen Ordre-public-Kontrolle nachempfundene Strukturmodell“[531] des Allgemeininteresses und verdeutlicht mit dieser Differenzierung zugleich die Nähe der Kontrollinstrumente zueinander. Zuweilen wird das Allgemeininteresse auch als eine Art ordre public des Europarechts bezeichnet[532]. Allgemeininteresse und ordre public ist gemein, dass sie restriktiv auszulegen sind[533]. Anders als Art. 28 verlangt die Kontrolle nach Art. 6 EGBGB aber, dass das Ergebnis der Anwendung offensichtlich mit den wesentlichen Rechtsgrundsätzen des Mitgliedsstaats unvereinbar ist. Im Unterschied zu den Rechtsvorschriften des Allgemeininteresses greift die Ordre-public-Kontrolle demnach zum einen erst ein, wenn das Anwendungs*ergebnis* nicht mit den Rechtsgrundsätzen vereinbar erscheint und andererseits diese Unvereinbarkeit auch *offensichtlich*, das heißt eklatant, ist. Eine Prüfung des Ergebnisses der Anwendung der Rechtsvorschriften des Allgemeininteresses ist hingegen nicht erforderlich. Vor allem führt die Kontrolle nach Art. 6 EGBGB lediglich zur Nichtanwendung einer bestimmten Rechtsnorm, während der Maßstab des Allgemeininteresses zur Unzulässigkeit des gesamten Vertrags führt[534].

---

[530] Näheres dazu in den Ausführungen im Teil A.I.3.h dieser Arbeit.

[531] Lorenz, FS Büchner, S.93.

[532] Lagrange/Möller/Sieg/Steindorff, S.89.

[533] Von Criegern, S.129.

[534] So geht auch Lorenz davon aus, dass die Rechtsvorschriften des Allgemeininteresses der Kontrolle der Zulässigkeit des Vertrags dienen und somit nur die Vorschriften gemeint sein können, die den Vertrag verbieten, FS Büchner, S.94; ders. VersRdsch 3/1995, 8 (12).

(2) Voraussetzungen der Kontrolle anhand der Rechtsvorschriften des Allgemeininteresses

Der Rechtsprechung des EuGH[535] zufolge kann die Dienstleistungsfreiheit ausländischer Versicherer in einem anderen Mitgliedsstaat durch dessen nationalstaatliche Vorschriften wirksam beschränkt werden, wenn diese Vorschriften folgende Kriterien erfüllen:

Die einzelstaatlichen Vorschriften müssen einem nicht harmonisierten Bereich zuzuordnen sein, im Allgemeininteresse liegen, nicht diskriminierend sein, objektiv notwendig sein, in einem angemessenen Verhältnis zum verfolgten Ziel stehen, und ferner darf das Allgemeininteresse nicht bereits durch die Vorschriften geschützt werden, denen der Versicherer in seinem Sitzland unterliegt[536]. Die Kriterien sind nicht alternativ erfüllbar, sondern müssen kumulativ vorliegen.

Die EU-Kommission teilt die vom EuGH entwickelten Voraussetzungen und weist zugleich darauf hin, dass diese Kriterien nicht dauerhaft festgelegt, sondern evolutionärer Natur sind und somit einer weiteren Entwicklung offen stehen[537]..

Auch das Schrifttum billigt die gefundenen Kriterien des EuGH und äußert allenfalls sehr verhaltene Skepsis gegenüber der Tauglichkeit einzelner Aspekte[538]. Erhebliche Differenzen existieren jedoch hinsichtlich des versicherungsrechtlichen Anwendungsspektrums des Allgemeininteresses.

---

535 Grundlegend insoweit: EuGH 30.11.1995, Gebhard, Rechtssache C – 19/94, Slg. 1995, I – 4165.

536 Vgl. dazu S.24 f. der Mitteilung der Kommission zu Auslegungsfragen Freier Dienstleistungsverkehr und Allgemeininteresse im Versicherungswesen, C (1999) 5046.

537 S.23 f. der Mitteilung der Kommission zu Auslegungsfragen Freier Dienstleistungsverkehr und Allgemeininteresse im Versicherungswesen, C (1999) 5046.

538 Braumüller, S.211; Czech, VersRdsch 1-2/1998, IX (X); Fahr, VersR 1992, 1033 (1036); Gärtner, EWS 1994, 114 (120 f.); Geiger, VW 2000, 616 (618); Lorenz, VersRdsch 3/1995, 8 (18); Prölss/Armbrüster, DZWir 1993, 449 (457 f.); Prölss/Schmidt, VAG, § 110a Rn.16, der die Grenzziehung beim Diskriminierungsverbot für schwierig erachtet; Roth, VersR 1993, 129 (134); von Criegern, S.122 f.

bb) Das Allgemeininteresse i.S.d. Art. 28 der dritten Richtlinie Lebensversicherung als aufsichtsrechtliches Korrektiv

Unbestritten können einem ausländischen Versicherer - auf der Grundlage des Rechtsbegriffs des Allgemeininteresses - nationalstaatliche Bestimmungen des Versicherungsaufsichtsrechts entgegengehalten werden, sofern diese Vorschriften die oben genannten Voraussetzungen erfüllen[539]. Die aufsichtsrechtliche Kontrolle i.S.d. Allgemeininteresses obliegt dabei den jeweils zuständigen Aufsichtsbehörden der einzelnen Mitgliedstaaten des Sitzlandes des Versicherungsnehmers, da nach dem eindeutigen Wortlaut der Vorschrift nur auf diesen Personenkreis abgestellt wird. In der dieser Arbeit zugrundeliegenden Konstellation wäre mithin das BAV zuständige Aufsichtsbehörde.

Begrenzungen erfährt der Anwendungsbereich des Allgemeininteresses im Versicherungsaufsichtsrecht jedoch durch das Erfordernis, dass die entsprechende einzelstaatliche Vorschrift einem nicht harmonisierten Bereich zuzuordnen sein muss. Die für den Sektor der Lebensversicherung maßgeblichen Richtlinien[540] schreiben nämlich einen gemeinschaftsweit harmonisierten Mindeststandard für weite Bereiche des Aufsichtsrechts fest. Obschon es den Mitgliedsländern insofern unbenommen bleibt, abweichend von den Mindeststandardegelungen strengere Bestimmungen für die in ihrem Hoheitsgebiet ansässigen Versicherer zu erlassen, dürfen die Mitgliedstaaten die Durchsetzung der harmonisierten Vorschriften nicht mit dem Allgemeininteresse begründen[541].

---

539 Bähr, S.179; Fahr, VersR 1992, 1033 (1036); Lorenz, ZVersWiss 1991, 121 (139); Prölss/Armbrüster, DZWir 1993, 449 (455); Prölss/Schmidt, VAG, § 110a Rn.16 f.; vorbehaltlich weiterer Untersuchungen aufsichtsrechtlicher Art formuliert Mewes vorsichtig, dass sich der Vorschrift „höchstens zusätzlich ein aufsichtsrechtlicher Regelungsbereich" zuerkennen ließe, S.194 und Fn.675; von Criegern, S.126 jeweils für die Dritte Richtlinie Schaden.

540 Richtlinien 79/267/EWG, 90/619/EWG und 92/96/EWG.

541 Vgl. S.25 der Mitteilung der Kommission zu Auslegungsfragen Freier Dienstleistungsverkehr und Allgemeininteresse im Versicherungswesen, C (1999) 5046.

cc) Das Allgemeininteresse i.S.d. Art. 28 der dritten Richtlinie Lebensversicherung als kollisionsrechtliches Korrektiv

Für die im Rahmen dieser Abhandlung zu untersuchende Konstellation von auf elektronischem Weg zwischen einem englischen Versicherer und einem deutschen Versicherungsnehmer geschlossenen Versicherungsverträgen ist die Beantwortung der Frage, inwieweit das Allgemeininteresse des Art. 28 der 3. RLLV auch auf das Kollisionsrecht Wirkung entfaltet, von nicht unerheblicher Bedeutung. Mit ihr entscheidet sich, ob über die gesetzlich fixierten Regelungen der Art. 7 ff. EGVVG hinaus die Parteiautonomie zugunsten des Vertragsstatuts des Mitgliedsstaats des Versicherungsnehmers beschränkt werden kann. Über die Bedeutung des in Art. 28 normierten Allgemeininteresses herrscht im Schrifttum allerdings kein einheitliches Verständnis hinsichtlich dessen Anwendbarkeit als kollisionsrechtliches Korrektiv im europäischen Internationalen Versicherungsvertragsrecht als einem Bestandteil des deutschen IPR. Erhellende Rechtsprechungsauffassungen liegen zu dieser Fragestellung, soweit ersichtlich, bislang ebenfalls nicht vor. Zur Klärung des Problemkomplexes bedarf es deshalb zunächst einer Analyse der in der Literatur vertretenen Ansichten, um anschließend eine adäquate Lösung zu formulieren. Zu beachten ist allerdings, dass sich die Mehrzahl der Stellungnahmen auf die dritte Richtlinie Schaden beziehen. Da die dritte Richtlinie Lebensversicherung hingegen erst im Anschluss an die dritte Richtlinie Schaden erlassen wurde, sind die betreffenden Überlegungen m.E. jedoch durchaus von gewissem Wert für die dieser Abhandlung zugrundeliegenden Konstellationen und finden deshalb an dieser Stelle Berücksichtigung.

(1) Art. 28 als kollisionsrechtliches Schutzinstrument zugunsten des Versicherungsnehmers

Für einen kollisionsrechtlichen Regelungsgehalt des Art. 28 plädieren Roth und Mewes mit jeweils unterschiedlichen Argumenten. In seiner Haltung etwas indifferent zeigt sich Roth allerdings, wenn er einerseits im Grundsatz eine Korrektur des Vertragsstatuts durch Art. 28 verneint[542], andererseits jedoch einen kollisionsrechtlichen Versicherungsnehmerschutz für geboten hält[543]. Er leitet den kollisi-

542 Roth, VersR 1993, 129 (131).
543 Roth, VersR 1993, 129 (134).

onsrechtlichen Charakter der Vorschrift dabei aus dem Wortlaut einer Entscheidung des EuGH zur Klage der Kommission gegen die Bundesrepublik Deutschland[544] ab, in welcher der EuGH den Mitgliedsstaaten als Bestimmungsstaat das Recht zuspricht, die Einhaltung der eigenen Vorschriften hinsichtlich der im eigenen Hoheitsgebiet erbrachten Dienstleistungen zu verlangen[545]. Damit sei nach Ansicht Roths der kollisionsrechtliche Schutz des Versicherungsnehmers angesprochen, wobei er zugleich wesentliche Einschränkungen hinsichtlich des Anwendungsrahmens macht: Einerseits solle es nur um *im* Hoheitsgebiet des Bestimmungsstaates erbrachte Dienstleistungen gehen und andererseits müssten *erhebliche* Unterschiede zwischen den einschlägigen nationalen Vorschriften bezüglich der Kontrolle der AVB bestehen[546]. Das gewählte Kriterium der Erheblichkeit bleibt allerdings einigermaßen vage, da Roth eine Definition des Begriffs schuldig bleibt.

Sowohl auf systematische Überlegungen als auch die sachliche Anknüpfung der Vorschrift stützt hingegen Mewes seine Ansicht. Da die Vorschrift im gleichen Kapitel mit den sonstigen Vorschriften des Internationalen Versicherungsvertragsrechts normiert sei, könne anhand des systematischen Zusammenhangs der Norm auf ihren kollisionsrechtlichen Wirkungsbereich geschlossen werden[547]. Daneben führt Mewes in entsprechender Anwendung seiner Argumentation zum Verständnis des Anwendungs- und Regelungsbereichs des Art. 28 der 3. RLSV[548] aus, dass die Vorschrift auf Kriterien der Risikobelegenheitsanknüpfung abstelle und damit den zentralen Bezugspunkt im Rahmen erlassener Vorschriften zur Konzeptionierung des richtlinien-immanenten Systems versicherungsrechtlichen Kollisionsrechts nenne[549]. Dieser gemeinsame Bezugspunkt spreche mithin gegen ein rein aufsichtsrechtliches Anwendungsspektrum, da aufsichtsrechtliche Fragen in den bisherigen Richtlinien und Richtli-

---

544 Abgedruckt in VersR 1986, 1225 ff.

545 Roth, VersR 1993, 129 (134) unter Verweis auf EuGH, VersR 1986, 1225 (1229).

546 Roth, VersR 1993, 129 (134).

547 Mewes, S.193 i.V.m. S.265.

548 Richtlinie 92/49/EWG vom 11. August 1992 zur Koordinierung der Rechts- und Verwaltungsvorschriften für die Schadenversicherung, ABl. L 228.

549 Mewes, S.193 f. i.V.m. S.265.

nienvorschlägen stets unabhängig von einer derartigen Bezugnahme einer Klärung zugeführt würden[550].

(2) Keine Anwendung des Allgemeininteresses i.S.d. Art. 28 als kollisionsrechtliches Korrektiv

Mit ebenfalls jeweils unterschiedlichen Erwägungen verneint die Gegenansicht[551] eine Regelungswirkung der Rechtsvorschriften des Allgemeininteresses des Art. 28 der 3. RLLV auf die Kollisionsnormen des Internationalen Versicherungsvertragsrechts. Im Ergebnis identisch sind nach dieser Auffassung die Art. 7 ff. EGVVG demzufolge über die gesetzlichen Regelungen hinaus keiner weiteren den Verbraucher gegebenenfalls schützenden Begrenzung der Parteiautonomie zugänglich.

Neben Prölss/Armbrüster verweisen auch Fahr und Lorenz im Wege der historischen Auslegung auf entstehungsgeschichtliche Argumente zur Festigung ihrer Position[552]. Zunächst hätte der ursprüngliche Richtlinienvorschlag in seinem Art. 24 eine Novellierung des Art. 7 der zweiten Richtlinie Schaden zur Neuregelung des Internationalen Privatrechts intendiert. Auf diese Vorschrift folgte unmittelbar Art. 25, der vorsah, dass ein Versicherungsnehmer nicht daran gehindert werden dürfe, einen Vertrag „gemäß der Regelung des Herkunftsstaates..." abzuschließen. Die nachfolgenden Verhandlungen hätten im Rahmen des Gesetzgebungsprozesses der Gemeinschaft aufgrund geäußerter Bedenken über mögliche Missinterpretationen des Art. 25 als Norm des IPR danach nicht nur zu entsprechenden Änderungen des Richtlinienvorschlags geführt, sondern auch zu ausdrücklichen Hinweisen der Kommission, dass ein solches Verständnis der Norm nicht beabsichtigt sei[553]. Nach der erfolgten Neufassung der ehemaligen Artt. 24 und 25 des Richtlinienentwurfs und jetzigen Artt. 27 und 28 der erlassenen 3. RLSV könne daher nicht der Fehlschluss gezogen werden, dass es sich bei Art. 28 um

[550] Mewes, S.194 i.V.m. S.265.
[551] Fahr, VersR 1992, 1033 (1036); Prölss/Armbrüster, DZWir 1993, 449 (455); Lorenz, VersRdsch 3/1995, 8 (10 f.); Prölss/Martin, VVG, Vor Art.7 EGVVG Rn.36; Gärtner, EWS 1994, 114 (122); von Criegern, S.126.
[552] Wie schon bereits erwähnt, darf nicht in Vergessenheit geraten, dass die Autoren dabei jeweils die dritte Richtlinie Schaden in den Mittelpunkt ihrer Ausführungen stellten.
[553] Vgl. dazu die Ausführungen bei Fahr, VersR 1992, 1033 (1036).

eine Norm des IPR handele[554]. Auf der Grundlage vergleichbarer Argumentationen schließen sich auch Prölss/Armbrüster und Lorenz dieser Interpretation des Anwendungsrahmens an[555].

Prölss/Armbrüster stellen darüber hinaus die These auf, dass der Richtliniengeber durch die für Massenrisiken zwingende Anknüpfung an das Recht der Risikobelegenheit zum Ausdruck gebracht habe, dass er diese Anknüpfung als im Allgemeininteresse liegend ansehe[556]. Diesem Ansatz folgt offenbar auch Gärtner, wenn er eine Behinderung der Dienstleistungsfreiheit für den Fall verneint, in dem das Kollisionsrecht auf das am Ort der Risikobelegenheit geltende Vertragsrecht verweist und er damit für diesen Komplex zugleich den Rechtfertigungszwang durch das Allgemeininteresse entfallen sieht[557].

(3) Würdigung der Literatur und eigene Auffassung

Durch eine Gegenüberstellung der beiden dritten Richtlinien Schaden und Lebensversicherung wird deutlich, dass aus dem systematischen Zusammenhang, in dem sich Art. 28 der 3. RLLV befindet, nicht auf eine kollisionsrechtliche Regelungskompetenz der Norm geschlossen werden kann. Zwar ergeben sich erste Zweifel an der oben dargelegten Deutung des systematischen Kontextes der Vorschrift, wie Mewes sie vornimmt, bereits daraus, dass lediglich der unmittelbar vor Art. 28 geregelte Art. 27 auf Fragen der Rechtswahl bezug nimmt, die weiteren auf Art. 28 folgenden Vorschriften innerhalb des Kapitels 3 jedoch aufsichtsrechtliche Sachverhalte regeln[558]. Selbst wenn man aber Mewes' Analyse folgt, ist eine Übertragung auf die 3. RLLV dennoch nicht zulässig. Anders als in der 3. RLSV beginnt das 3. Kapitel der 3. RLLV mit dem Art. 28 selbst. Die darauf folgenden Bestimmungen dieses Kapitels betreffen u.a. aufsichtsrechtliche Sachverhalte, nicht jedoch solche kollisionsrechtli-

---

[554] Fahr, VersR 1992, 1033 (1036).
[555] Vgl. Prölss/Armbrüster, DZWir 1993, 449 (455) und Lorenz, der noch auf Basis des Richtlinienentwurfs zu Art. 28 der 3. RLLV (entspricht Art.24 des Entwurfs) der Regelung eine kollisionsrechtliche Funktion zugesprochen hatte (vgl. Lorenz, FS Büchner, S.139), von dieser Auffassung später aber offenbar wieder abrückte, VersRdsch 3/1995, 8 (10).
[556] Prölss/Armbrüster, DZWir 1993, 449 (455).
[557] Gärtner, EWS 1994, 114 (121 f.).
[558] Vgl. Art.27 ff. der Richtlinie 92/49/EWG.

cher Natur[559]. Die vergleichende Analyse der systematischen Stellung des Art. 28 der 3. RLLV ergibt mithin keine Anhaltspunkte für einen kollisionsrechtlichen Regelungsgehalt der Vorschrift.

Ebenso verhält es sich hinsichtlich des sachlichen Anknüpfungspunktes des Art. 28 der dritten Richtlinien. Mewes erblickt darin ebenfalls einen Hinweis auf eine kollisionsrechtliche Bedeutung[560] der Vorschrift. Eine vergleichende Betrachtung des jeweiligen Wortlauts der Artt. 28 in den beiden Richtlinien, unter Berücksichtigung deren Entstehungsgeschichte, verdeutlicht auch hier die eigentlich vom Gemeinschaftsgesetzgeber intendierte Bedeutung der Formulierung. Während in einem Entwurf der 3. RLSV ursprünglich auf das „Recht des Herkunftsmitgliedsstaats" des Versicherers Bezug genommen wurde, enthielt die spätere Fassung der erlassenen Richtlinie die Formulierung vom „Mitgliedstaat, in dem das Risiko belegen ist". Die Änderung resultierte gerade aus dem Klarstellungswillen der Kommission, mögliche Missinterpretationen der Vorschrift, als einer solchen mit kollisionsregelndem Charakter, zu vermeiden[561].

Vor allem eröffnet sich die Bedeutung der Vorschriften jedoch durch einen direkten Wortlautvergleich. Der in Art. 28 der 3. RLLV gewählte Anknüpfungspunkt ist, anders als in der 3. RLSV, nicht der Risikobelegenheitsstaat, sondern der „Mitgliedstaat der Verpflichtung". Diese Anknüpfung ist vor dem Hintergrund der jeweiligen dem Versicherungsvertrag zugrundeliegenden Schutzwerte auch nur sinnvoll, da in einem Lebensversicherungsvertrag schwerlich ein Ort der „Risikobelegenheit" von größerer Dauerhaftigkeit ermittelbar ist. Feststellbar ist hingegen der gewöhnliche Aufenthaltsort der versicherten Person bzw. des Versicherungsnehmers und damit der Ort, an welchem die aus dem Vertrag resultierende Verpflichtung zu erbringen ist. Sowohl die entstehungsgeschichtliche Entwicklung der Formulierung in der dritten Schadenrichtlinie als auch die unterschiedlichen Definitionen der Anknüpfungspunkte in den betreffen-

---

559 Vgl. Art.29 – 31 der Richtlinie 92/96/EWG.

560 Vgl. oben unter 6 c) cc) (1).

561 Darauf verweist Lorenz in seiner Würdigung zur kollisionsrechtlichen Bedeutung des Art.28 der 3. RLSV, VersRdsch 3/1995, 8 (10 f.). Fahr berichtet darüber hinaus von stetigen Hinweisen der Kommission, dass eine kollisionsrechtliche Bedeutung der Vorschrift nicht beabsichtigt sei, VersR 1992, 1033 (1036).

den Artikeln der beiden Richtlinien zeigen, dass es dem Richtliniengeber lediglich um die exakte Beschreibung der Bezugspunkte ging, nicht jedoch um eine etwaige Verknüpfung zu Vorschriften des Kollisionsrechts.

Keine überzeugende Erhellung der Problematik erreicht der Hinweis Roths auf den Wortlaut der Entscheidungsbegründung des EuGH zum Urteil „Kommission gegen Bundesrepublik Deutschland“[562]. Der EuGH nimmt in seinen Aussagen, wie Roth im Übrigen selbst betont, unmittelbar nur Bezug auf das Aufsichtsrecht, so dass sich eine weitergehende Interpretation der Entscheidungsbegründung auf den kollisionsrechtlichen Komplex nicht unmittelbar aufdrängt.

Im Ergebnis zwar richtig, aber in der Begründung seiner These nicht logisch argumentiert Gärtner, wenn er eine Beschränkung der Dienstleistungsfreiheit durch kollisionsrechtliche Bestimmungen für den Fall verneint, dass diese auf das Vertragsstatut des Verbrauchers verweisen mit der Folge, dass ein Rechtfertigungszwang durch das Allgemeininteresse entfiele. Der Rechtfertigungszwang für die Beschränkung entfällt jedoch nicht bereits durch die Legitimität des Beschränkungsziels. Die Zulässigkeit der Beschränkung ist vielmehr erst die Folge des legitimen Ziels der Begrenzung.

Bei gedanklicher Übertragung des Problems auf das Prüfungsmodell von Grundrechten wird die Fehlerhaftigkeit der Argumentationsstruktur in besonderer Weise deutlich. Dieses Modell bietet sich auch deshalb an, da nach der jüngsten Rechtsprechung des EuGH nur Vorschriften des Allgemeininteresses die Grundfreiheit des freien Dienstleistungsverkehrs einschränken oder begrenzen können[563]. Versteht man die Dienstleistungsfreiheit i.S.d. Art. 59 EGV insofern als das geschützte Grundrecht und das nationale Kollisionsrecht als einen Eingriff in den Schutzbereich dieses höherrangigen Grundrechts, so bedarf es für die Rechtmäßigkeit des Eingriffs einer rechtfertigenden immanenten Schranke. Diese könnte dann im Allgemeininteresse zu finden sein, sofern der Sinn und Zweck der kollisionsrechtlichen Regelung dem Ziel des Allgemeininteresses entspricht. Zwar zählt auch der Verbraucherschutz zu den legitimen Zielen des Allgemeininteresses, doch umfasst das Allgemeininter-

---

[562] EuGH, VersR 1986, 1225 ff.

[563] EuGH, Slg. 1991, I – 4221; so auch der Ansatz von von Criegern, S.118 ff.

esse weit mehr von der EuGH-Rechtsprechung anerkannte Bereiche[564]. Denkbar wäre schließlich, dass bestimmte Ziele des Allgemeininteresses in besonderen Situationen in der Lage sind, auch den Verbraucherschutz zu überlagern. Eine selbstlegitimierende Wirkung kann daher weder einzelnen Rechtsvorschriften noch einem ganzen Normenkomplex wie dem Kollisionsrecht zukommen, so dass eine Einzelfallprüfung der betreffenden Regelung stets erforderlich bleibt. Dafür spricht auch, dass es keineswegs zwingend im Interesse des Verbrauchers liegen muss, wenn das Vertragsstatut des Mitgliedstaates seines gewöhnlichen Aufenthaltsortes kollisionsrechtlich vorgeschrieben ist[565]. Zu denken wäre in diesem Zusammenhang beispielsweise an den Fall, dass eine ehemalige britische Staatsbürgerin nach Eheschließung mit einem Deutschen in Deutschland lebend ihre ursprüngliche Staatsbürgerschaft aufgibt, die deutsche annimmt, ohne jedoch im deutschen die sprachliche Perfektion ihrer Muttersprache zu erreichen. Dieser Frau wäre die Möglichkeit der Vereinbarung eines englischen Vertragsstatuts daher unter Umständen genehmer. Eine geradezu kausale Beziehung zwischen einer implizit verbraucherschützenden Wirkung durch auf das Vertragsstatut des Aufenthaltsorts des Verbrauchers verweisendes Recht einerseits und einem damit einhergehenden Wegfall des Rechtfertigungserfordernisses andererseits besteht daher entgegen der Ansicht Gärtners nicht.

Ähnlich wie Gärtner argumentieren Prölss und Armbrüster, wenn sie die vom Richtliniengeber für Massenrisiken in der Schadenversicherung vorgesehene Anknüpfung an den Ort der Risikobelegenheit als Ausdruck dessen gesetzgeberischen Willens ansehen, dass diese Anknüpfung im Allgemeininteresse liege[566]. Folgt man der Logik dieser Annahme, so bedeutet dies, übertragen auf den Sektor der Lebensversicherung, in der Konsequenz, dass eine Beschränkung der kollisionsrechtlich vorgesehenen Ausnahmen von der Regelanknüpfung an den gewöhnlichen Aufenthaltsort des Versicherungs-

---

[564] So zählt beispielsweise u.a. der Gläubigerschutz (EuGH, Slg. 1996, I – 6511) und die Wahrung des guten Rufs des nationalen Finanzsektors (EuGH, Slg. 1995, I – 1141) zu den Bereichen, die dem Allgemeininteresse zugeordnet werden können, wobei eine Erweiterung der Liste durch die Rechtsprechung weiterhin möglich ist.

[565] Grundsätzliche Bedenken dieser Art meldet auch die European Consumer Law Group an, JoCP 1992, 207 (210 und 212).

[566] Prölss/Armbrüster, DZWir 1993, 449 (455).

nehmers nicht von vornherein im Allgemeininteresse liegt. Ob diese, die Dienstleistungsfreiheit weniger bzw. nicht beschränkenden kollisionsrechtlichen Vorschriften, darüber hinaus einer Begrenzung durch Rechtsvorschriften des Allgemeininteresses zugänglich sind, lassen die Autoren allerdings offen.

Entscheidend gegen eine Begrenzung kollisionsrechtlicher Regeln durch das Allgemeininteresse spricht jedoch das seitens der Rechtsprechung entwickelte Kriterium, dass die betreffende Vorschrift nicht einem harmonisierten Bereich zuzuordnen sein darf. Das Kollisionsregelwerk für den Bereich des internationalen Versicherungsvertragsrechts beruht dagegen gerade auf den Vorgaben der zweiten Richtlinien Schaden und Lebensversicherung[567]. So sind die für die dieser Abhandlung zugrundeliegenden Konstellation interessanten Artt. 9 Absatz 4 und 5 EGVVG erst auf der Grundlage der zweiten bzw. 3. RLLV durch das zweite und dritte Durchführungsgesetz zum VAG als Normen eines eigenständigen Kapitels („Europäisches Internationales Versicherungsvertragsrecht") in das EGVVG eingeführt worden[568]. Nach den Anforderungen des EuGH handelt es sich bei diesen Vorschriften mithin um nicht durch Allgemeininteresse beschränkbare Regeln, zumal diese ohnehin zu den wenigen Ausnahmetatbeständen von der Regelverweisung auf das Recht des Aufenthaltsortes des Versicherungsnehmers gehören.

Unterstützung findet diese Auslegung des Anwendungsbereichs des Allgemeininteressebegriffs insbesondere auch in den ersten beiden Erwägungsgründen zur 3. RLLV. Darin betont der Gemeinschaftsgesetzgeber das Erfordernis zur Vollendung des freien Dienstleistungsverkehrs, um es den Versicherern mit Sitz in der Gemeinschaft zu erleichtern, im Binnenmarkt Verpflichtungen einzugehen[569]. Vor allem wird betont, dass die zuvor erlassene Richtlinie 90/619/EWG dadurch maßgeblich zur Verwirklichung des Binnenmarktes beigetragen habe, dass sie im Bereich der Korrespondenzversicherung eine unbeschränkte Rechtswahl ermögliche[570]. Ließe man eine Beschränkung durch den Kontrollmaßstab des Allge-

---

[567] Vgl. die Richtlinien 88/357/EWG sowie 90/619/EWG.

[568] Vgl. Zweites Durchführungsgesetz/EWG zum VAG vom 28.6.1990, BGBl. I, 1249 ff., und Drittes Durchführungsgesetz/EWG zum VAG vom 21.7.1994, BGBl. I, 1630 ff.

[569] Vgl. Erwägungsgrund 1 der Richtlinie 92/96/EWG.

[570] Vgl. Erwägungsgrund 2 der Richtlinie 92/96/EWG.

meininteresses dennoch zu, stünde dies nicht nur der eindeutigen Intention des Richtliniengebers diametral entgegen, sondern widerspräche auch dem Sinn und Zweck der Norm.

dd) Das Allgemeininteresse als versicherungsvertragsrechtliches Korrektiv bei britischem Vertragsstatut

Die Auslegung des Allgemeininteressebegriffs ist hinsichtlich seiner möglichen Kontrollfunktion für einzelmitgliedstaatliche versicherungsvertragliche Bestimmungen ebenfalls lebhaft umstritten. Im wesentlichen lassen sich drei unterschiedliche Auslegungsansätze unterscheiden.

(1) Das Allgemeininteresse als versicherungsvertragsrechtliches Korrektiv

Die wohl überwiegende Auffassung will das Allgemeininteresse auch als Kontrollinstrument auf das Versicherungsvertragsrecht Anwendung finden lassen. Die Position der Aufsichtsbehörde formulierte, in seiner damaligen Funktion als Präsident des BAV, Hohlfeld, indem er für einen weiten Ermessensspielraum des nationalen Gesetzgebers bei der Bestimmung der Regelungen, die den besten Schutz des Allgemeininteresses gewährleisten könnten, plädierte[571]. Hiervon nahm er das Versicherungsvertragsrecht ausdrücklich nicht aus und stützte sich dabei auf die Erwägungsgründe zu den dritten Richtlinien, denen zu entnehmen sei, dass Versicherer in der Produktgestaltung nur durch das Allgemeininteresse eingeschränkt werden sollen[572].

Aufgrund des vergleichsweise geringen Harmonisierungsgrads des Versicherungsvertragsrechts im Rahmen des sekundären Gemeinschaftsrechts sieht auch die EU-Kommission für dieses Rechtsgebiet einen größeren Ermessensspielraum der Mitgliedstaaten und rechnet mit deren Rückgriff auf Vorschriften, die sich auf das Allgemeininteresse stützen werden[573].

---

571 Hohlfeld, VersR 1993, 144 (149).
572 Hohlfeld, VersR 1993, 144 (149).
573 Mitteilung der Kommission zu Auslegungsfragen Freier Dienstleistungsverkehr und Allgemeininteresse im Versicherungswesen, S.24, Fn.58.

Auch nach Auffassung des Rates der Europäischen Gemeinschaft, der sich die deutsche Bundesregierung angeschlossen hat, gehört zu den das Allgemeininteresse schützenden Vorschriften neben anderen der Bereich der Bestimmungen vertragsrechtlicher Art[574]. Eine nähere Begründung für ihre Position bleiben allerdings sowohl Bundesregierung als auch Rat schuldig.

Der EuGH hat in seinem zum grenzüberschreitenden Versicherungsgeschäftsverkehr grundlegenden Urteil ein Recht der Mitgliedstaaten anerkannt, die Einhaltung der zwingenden Vorschriften der Versicherungsbedingungen für in dem jeweiligen Hoheitsgebiet erbrachten Dienstleistungen zu gewährleisten und zu überwachen[575]. Teilweise werden diese auf das Aufsichtsrecht bezogene Äußerungen im Schrifttum auch als „ohne weiteres" auf das Vertragsrecht übertragbar betrachtet[576]. Eine eindeutige Stellungnahme der Judikative zum Verhältnis von Allgemeininteresse und Versicherungsvertragsrecht ist darin jedoch nicht zweifelsfrei zu erkennen und bislang auch nicht vorhanden.

Auf der Grundlage der gemeinschaftsgesetzgeberischen Erwägungsgründe argumentiert Mewes als weiterer Befürworter für eine weite Auslegung des Allgemeininteressebegriffs, die auch eine Kontrolle versicherungsvertragsrechtlicher Normen zulässt. Da jeglicher Produktvergleich auf die materiell-rechtliche Prägung der Angebote abziele und im Erwägungsgrund 20[577] nicht nur allgemein auf die Vorschriften des Allgemeininteresses abgestellt werde, sondern speziell im Hinblick auf den Zugang der Versicherungsnehmer zu einer möglichst breiten Produktauswahl, soll der Anwendungsbe-

---

[574] Auf eine entsprechende Protokollerklärung des Rates bezieht sich die Bundesregierung in der BT-Drs. 12/6959, S.94.
[575] EuGH, VersR 1986, 1225 (1229).
[576] Roth konstatiert zwar ausdrücklich einen primären Bezug der im Urteil getroffenen Aussagen auf die „Instrumente der Versicherungsaufsicht", hält diese jedoch für „ohne weiteres auf das (...) Versicherungsvertragsrecht" übertragbar, VersR, 1993, 129 (134).
[577] Mewes bezieht sich in seinen Ausführungen auf den insoweit vergleichbaren Erwägungsgrund 19 der 3. RLSV, verweist jedoch in dem Teil seiner Abhandlung über die Lebensversicherung zugleich auf eine entsprechende Gültigkeit seiner Aussagen zum Schadensversicherungssektor, S.194 i.V.m. S.265 f.

reich des Allgemeininteresses vor allem im versicherungsvertragsrechtlichen Bereich zu finden sein[578].

Am Maßstab des Allgemeininteresses will auch Lorenz versicherungsvertragsrechtliche Vorschriften der Mitgliedstaaten der Verpflichtung messen, da der Wortlaut des Art. 28 nicht nach der Rechtsnatur der Vorschriften unterscheidet und die Vorschriften daher ebenso einer gemeinschaftsrechtlichen Anwendbarkeitskontrolle unterliegen[579].

Eher deskriptiv widmet sich Bosse unter Verzicht auf eine eigene Stellungnahme der Auslegungsproblematik, äußert jedoch auch keine Kritik an den aufgezeigten Positionen, so dass auch er wohl zu den Befürwortern einer Anwendung des Allgemeininteresses auf den Bereich des Versicherungsvertragsrechts zu zählen ist[580].

(2) Das Allgemeininteresse als Korrektiv mit aufsichtsrechtlicher Funktion

Eine andere Ansicht nähert sich dem Anwendungsbereich des Allgemeininteresses durch eine differenzierende Betrachtungsweise, die der Funktion der Vorschrift entscheidende Bedeutung zumessen will. Demnach umfasst der Vorbehalt des Allgemeininteresses gemäß Art. 28 der 3. RLLV[581] zwar auch Vorschriften des Versicherungsvertragsrechts der einzelnen Mitgliedstaaten. Begrenzung findet dieser weite Auslegungsrahmen jedoch durch das Erfordernis, dass der konkreten Regelung eine aufsichtsrechtliche Funktion zukommen müsse. Dies sei immer dann der Fall, wenn die versicherungsvertragsrechtliche Vorschrift nicht lediglich einem gerechten Ausgleich der Interessen der Vertragsparteien dient, sondern vielmehr mit ihr materiell öffentlich-rechtliche Zwecke verfolgt wer-

---

[578] Mewes, S.194 f. i.V.m. S.265 f.
[579] Lorenz, VersRdsch 3/1995, 8 (12 f.).
[580] Bosse, S.52 f.
[581] Zwar beziehen sich die Stellungnahmen auf die 3. RLSV. Anhaltspunkte, die einer auf die 3. RLLV bezogenen entsprechenden Wertung widersprechen würden, sind jedoch nicht ersichtlich.

den[582]. Dies ergebe sich bereits aus dem Wortlaut des Art. 28, der sich allein an die Aufsichtsbehörden wende[583].

(3) Keine Kontrolle des Versicherungsvertragsrechts am Maßstab des Allgemeininteresses

Nach der Gegenansicht zur herrschenden Auffassung kommt dem Vorbehalt des Allgemeininteresses des Art. 28 kein Einfluss auf versicherungsvertragsrechtliche Bestimmungen der Mitgliedstaaten zu[584]. Begründet wird dies mit der historischen Genese der Vorschrift sowie ihrer systematischen Stellung innerhalb der Richtlinie[585]. Zwar beziehen sich diese Erwägungen zunächst auf Art. 28 der 3. RLSV. Diese können dennoch, wie bereits oben unter 6. c) cc) (2) ausgeführt, für die Auslegung des Anwendungsbereichs des Art. 28 der 3. RLLV entsprechend herangezogen werden.

(4) Zusammenfassende Würdigung und eigene Auffassung

Auf der Basis der Genese und der systematischen Stellung des Art. 28 RLLV kann nicht auf eine Unanwendbarkeit des Allgemeininteresseprinzips auf Vorschriften des Versicherungsvertragsrechts geschlossen werden. Entsprechende Äußerungen der Kommission und die erfolgten Änderungen des Richtlinienvorschlags knüpften an kollisionsrechtliche Bedenken der Kritiker an der zuvor vorgeschlagenen Fassung des Richtlinienentwurfs des Art. 28 RLSV an. Die kollisionsrechtliche Frage nach dem grundsätzlich anwendbaren Vertragsstatut muss jedoch strikt von der Frage nach den gegebenenfalls Rechtswirkung entfaltenden Vorschriften des Versicherungsvertragsrechts getrennt werden. Vor allem findet sich keine Stütze im Wortlaut für eine Ablehnung der Anwendbarkeit der Kon-

---

582 Prölss/Armbrüster, DZWir 1993, 449 (456); Prölss/Martin, VVG, Vor Art.7 EGVVG Rn.36; von Criegern, S.126.

583 Prölss/Martin, VVG, Vor Art.7 EGVVG Rn.36.

584 Fahr, VersR 1993, 1033 (1036); Hinsichtlich des Lebensversicherungsbereich scheint auch Kagelmacher keine versicherungsvertragsrechtlichen Vorschriften zu erkennen, die einer Kontrolle durch das Allgemeininteresse bedürfen, S.160.

585 Vgl. Fahr, VersR 1993, 1033 (1036), dessen Ausführungen sich zwar auf Art.28 der 3. RLSV beziehen. Diese können dennoch für die dieser Abhandlung zugrundliegenden Konstellation fruchtbar gemacht werden.

trolle des Versicherungsvertragsrechts durch das Allgemeininteresse.

Ebenfalls eine Stütze im Wortlaut vermissen lässt die These, dass sich die Vorschrift allein an die Aufsichtsbehörden wende, und damit der Bestimmung lediglich eine aufsichtsrechtliche Funktion zukomme. Schließlich spricht der Wortlaut des Art. 28 der 3. RLLV nicht explizit die Aufsichtsbehörden an, sondern nennt den „Mitgliedstaat" ganz allgemein. Unter diesen Begriff lässt sich freilich auch die Kontrolle des Allgemeininteresses durch die nationalstaatlichen Gerichte fassen, die für die Überprüfung versicherungsvertragsrechtlicher Regeln im konkreten Einzelfall ebenfalls zuständig sind.

Im Ergebnis verdient die „funktionale Betrachtungsweise" allerdings Zustimmung. Weder der Wortlaut der Vorschrift, noch die von der Rechtsprechung entwickelten Kriterien zur Prüfung von Normen auf ihren Allgemeininteressecharakter gebieten eine Ausgrenzung versicherungsvertragsrechtlicher Bestimmungen aus dem Katalog von Rechtsvorschriften, die einer Kontrolle durch das Allgemeininteresse zugänglich sind. Der geringe Harmonisierungsgrad der einzelstaatlichen Bestimmungen des Versicherungsvertragsrechts spricht statt dessen vielmehr für eine Zugänglichkeit. Ebenso ist aber entgegen der herrschenden Auffassung auch eine schrankenlose Einbeziehung des Versicherungsvertragsrechts nicht angezeigt. Berücksichtigung finden muss insbesondere auch das Regelungsumfeld des Art. 28 der 3. RLLV.

Überließe man allein den Mitgliedstaaten die Wertung, inwieweit Normen des Vertragsrechts einer Kontrolle durch das Allgemeininteresse unterliegen können, so bestünde die Gefahr der missbräuchlichen Marktabschottung gegen ausländische Konkurrenzunternehmen[586]. Zudem wäre das gemeinschaftsgesetzgeberische Ziel, den Versicherungsnehmern einen Zugang zu einer möglichst weiten Angebotspalette an im Binnenmarkt vorhandenen Versiche-

[586] So sieht auch die European Consumer Law Group einerseits die Gefahr, dass ein weiter Interpretationsrahmen zugunsten der Aufsichtsbehörden die Versicherungsnehmer hindert, die Vorteile eines ausländischen Systems nutzen zu können, sowie andererseits das Risiko des Missbrauchs der Kontrollmöglichkeit zugunsten der „heimatlichen" Versicherungswirtschaft in Form eines Konkurrenzschutzes, JoCP 1992, 207 (210 und 212 f.).

rungsprodukten zugänglich zu machen, stark gefährdet[587]. Hinzu käme die handelshemmende Wirkung für den grenzüberschreitenden Dienstleistungsverkehr, wenn die Versicherungsunternehmen bis zu 15 verschiedene potentiell anwendbare versicherungsvertragliche Normenkomplexe zu beachten hätten. Schließlich sind die Versicherungsnehmer insbesondere beim Abschluss von Versicherungsverträgen im Korrespondenzverkehr weniger schutzwürdig[588], sodass auch aus diesem Grunde der Rahmen einer der Allgemeininteressekontrolle zugänglichen Vorschriften auf ein Minimum zu begrenzen ist. Auch die Aufhebung des Kumulverbots[589] zeigt, dass den Unternehmen eine größere Bandbreite wirtschaftlicher Betätigung ermöglicht werden soll, um auf diese Weise auch zu einer höheren Produktvielfalt zu gelangen.

Ein weiterer Aspekt, der gegen einen vollständigen Entzug des gesamten Komplexes vertragsrechtlicher Normen von der Kontrolle durch das Allgemeininteresse spricht, ist darin zu sehen, dass die Märkte der einzelnen Mitgliedstaaten ansonsten einem derart intensiven Wettbewerb ausgesetzt sein könnten, der die nationalen Gesetzgeber zu einer Nivellierung ihrer versicherungsvertragsrechtlichen Normen auf ein geringeres konkurrenzfähigeres Schutzniveau zwingen könnte. Daher ist auch zur Vermeidung einer solchen negativen Nivellierungsspirale die Einbeziehung des Vertragsrechts opportun.

Letztlich sind jedoch vor allem zwei Gesichtspunkte für das Auslegungsergebnis von entscheidender Bedeutung. Zum einen ist nicht einmal das BAV imstande, eine vollständige Liste konkret benannter Normen zu veröffentlichen, die für eine Kontrolle durch das Allgemeininteresse in Frage kommen und insofern von den ausländischen Unternehmen beim Vertrieb ihrer Produkte beachtet werden müssen und nur dann auch beachtet werden können. In seinen Veröffentlichungen bezeichnet das BAV lediglich die zu beachtenden Gesetze in allgemeiner Form ohne jede Konkretisierung auf be-

587 Vgl. Erwägungsgrund 20 der 3. RLLV.
588 Gar als einen Verstoß gegen die durch Art.59 EWGV geschützte Dienstleistungsfreiheit wertet Roth eine Einschränkung der Korrespondenzversicherung durch zwingende Normen des Versicherungsvertragsrechts, VersR 1993, 129 (137).
589 Vgl. Erwägungsgrund 25 der 3. RLLV.

stimmte Normen[590]. Auf diese Weise stellt es faktisch nahezu das gesamte deutsche Zivilrecht unter den Vorbehalt des Allgemeininteresses mit den bereits beschriebenen Risiken für den Wettbewerb im Versicherungsmarkt. Zum anderen bezweckt das Versicherungsvertragsrecht vor allem den Ausgleich der widerstreitenden Individualinteressen der am Vertrag beteiligten Parteien. Diese Individualinteressen entsprechen jedoch keinesfalls zwingend dem Interesse der Allgemeinheit in Form des Allgemeininteresses. Hierzu zählen aber die aufsichtsrechtlichen Vorschriften im materiellen Sinn, sodass der durch das Allgemeininteresse kontrollierbare Bereich versicherungsvertragsrechtlicher Normen auf diesen sehr engen Rahmen beschränkt werden muss.

d) Ergebnis

Das nach einer entsprechenden Umsetzung in nationales Recht durch die Richtlinien bzw. den Richtlinienentwürfen absehbar gewährte gemeinschaftsweite Verbraucherschutzniveau bietet einen akzeptablen Mindeststandard sowohl in technischer wie rechtlicher Hinsicht auch für den grenzüberschreitenden Vertrieb von auf elektronischem Weg abgeschlossenen Lebensversicherungsverträgen.

Am Maßstab des Allgemeininteresses i.S.d. Art. 28 der 3. RLLV lässt sich eine Kontrolle besonders fragwürdiger ausländischer Angebote vornehmen und schützt die Verbraucher in den Mitgliedstaaten auf diese Weise vor sozialschädlichen Produktvarianten.

---

[590] So nennt das BAV als Rechtsvorschriften des Allgemeininteresses sogar lediglich beispielhaft als durch die Unternehmen zu beachtende Gesetze u.a. das BGB, EGBGB, VVG, EGVVG sowie das AGBG, VerBAV 1996, 51.

Kapitel II. Englisches Lebensversicherungsvertragsrecht und der Schutz der Verbraucher

Zwischen dem deutschen und dem englischen Versicherungsvertragsrecht bestehen sehr grundsätzliche Unterschiede, so dass zunächst ein allgemeiner Überblick über die Struktur des englischen Versicherungsvertragsrechts hilfreich erscheint, um anschließend auf das englische Lebensversicherungsvertragsrecht im Besonderen vertieft einzugehen.

1. Grundlagen des Versicherungsvertragsrechts

Anders als in Deutschland ist das englische Versicherungsvertragsrecht, mit Ausnahme weniger spezieller Regelungen, nicht gesetzlich geregelt. Dies heißt nicht, dass es etwa keinerlei Rechtssicherheit vermittelnde Rechtsgrundlagen gäbe. Diese Grundlagen ergeben sich jedoch vielmehr aus den Entscheidungen der Rechtsprechung, dem sogenannten case law, dass noch immer einen wesentlichen Teil des englischen Rechts bestimmt.

a) Marine Insurance Act 1906

Als eine der wenigen gesetzlich geregelten Gebiete im englischen Versicherungsvertragsrecht gilt das des Seeversicherungsrechts. Es wurde mit dem ‚Marine Insurance Act 1906' kodifiziert und wird allgemein als Recht sui generis betrachtet[591]. Grundsätzlich sind die Prinzipien des Seeversicherungsrechts deshalb auch nicht auf andere versicherungsrechtliche Gebiete übertragbar[592]. In einigen Ausnahmefällen hat die Rechtsprechung allerdings eine Anwendbarkeit und allgemeine Gültigkeit von bestimmten Regelungen auch für Gebiete außerhalb des Seeversicherungsvertragsrechts anerkannt[593].

---

591 Birds, S.3.

592 Birds, S.3.

593 Vgl. dazu das Beispiel bei Hardy Ivamy zu den sogenannten ‚Tests of Materiality', S.143 ff.; Birds, S.3.

b) Case Law

Wie bereits betont, nimmt das case law trotz des stetig wachsenden Anteils des von den Parlamenten geschaffenen geschriebenen Rechts noch immer, und vor allem im Versicherungsvertragsrecht, einen erheblichen Anteil des englischen Rechts ein[594]. Dieses Richterrecht basiert dabei auf der Regel der sogenannten ‚doctrine of binding judicial precedent'[595]. Für den englischsprachigen Raum stellt dieses Prinzip zwar keine Besonderheit dar, doch ist es für deutsche Juristen im allgemeinen eher ungewohnt. Um ein besseres Verständnis auch dafür zu erreichen, weshalb selbst sehr alte, noch unter gänzlich anderen sozialen Umständen ergangene Urteile für die heutige Zeit durchaus Bedeutung haben können, erscheint eine Vertiefung an dieser Stelle zweckmäßig.

aa) Doctrine of binding judicial precedent

Die doctrine of binding judicial precedent[596] besagt, dass früheren Entscheidungen gefolgt werden muss, sofern die dem jeweiligen Fall zugrunde liegenden Tatsachen identisch mit denen der früheren Entscheidung oder diesen zumindest ähnlich sind[597]. Diese Bindungskraft bedeutet jedoch nicht, dass eine Weiterentwicklung von Entscheidungen nicht möglich wäre. Eine Änderung ist allerdings, abgesehen von Gesetzgebungsakten des Parlaments, den Gerichten der jeweils höheren Ordnung innerhalb der judikativen Hierarchie vorbehalten. Sie können ebenso die Rechtsprechung der hierarchisch niedrigeren Gericht verändern wie auch unter bestimmten Umständen die frühere Rechtsprechung der eigenen Ebene[598]. Der praktische Hintergrund dieser Systematik ist darin zu erblicken, dass aufgrund mangelnden geschriebenen Rechts damit eine Rechtssicherheit vermittelnde Basis geschaffen wurde.

Der Vorschlag, das case law–Prinzip und seine Bindungswirkung der Präzedenzfälle in den Dienst der Weiterentwicklung des Rechts

---

594 Keenan/Riches, S.31; Smith/Keenan, S.137.
595 Keenan/Riches, S.31.
596 Sie ist auch unter dem Begriff doctrine of stare decisis bekannt, vgl. Smith/Keenan, S.137.
597 Keenan/Riches, S.31; Walker/Ward, S.59; Darbyshire, S.201.
598 Walker/Ward, S.58.

als Wissenschaft zu stellen, findet sich bereits im Jahr 1833 und hat damit eine lange Tradition im englischen Recht.[599]

(1) Ratio decidendi und obiter dicta

Bindungskraft für zukünftige Fälle entfaltet lediglich die sogenannte ratio decidendi, d.h. die für ein Urteil erforderlichen, vom Richter herausgearbeiteten Gründe seiner Entscheidung. In der englischen Rechtswissenschaft wird die ratio decidendi daher auch als „vom Richter gebrauchtes Rechtsprinzip, um zu seiner Entscheidung zu kommen sowie seiner Gründe hierfür" definiert[600]. Alle weiteren Kommentare des Richters in der Urteilsbegründung, die nicht Teil der für die Entscheidung erforderlichen Erwägungen sind, werden als obiter dicta bezeichnet und entfalten keine Bindungswirkung[601].

(2) Binding Force

Wie bereits oben angedeutet, hängt die Bindungskraft früherer Entscheidungen vor allem von der jeweiligen Stellung des Gerichts im hierarchischen Aufbau der englischen Justiz ab.

Die Stellung als oberstes Revisionsgericht nimmt das House of Lords als höchste Rechtsprechungsinstanz ein und bindet mit seinen Entscheidungen alle anderen Gerichte[602]. Seit einer Erklärung des Lord Chancellor im Jahre 1966 ist das House of Lords allerdings entgegen früherer Praxis[603] nicht mehr strikt an seine eigenen früheren Entscheidungen gebunden[604]. Von der Möglichkeit, eigene Positionen zu revidieren, hat das House of Lords bislang jedoch nur wenig Gebrauch gemacht[605].

---

599 Vgl. Park, C.J. in Mirehouse v. Renell (1833) 1 Cl. & Fin. 527 („Precedent must be adhered to for the sake of developing the law as a science").

600 Smith/Keenan, S.139.

601 Vgl. Keenan/Riches, S.32; Darbyshire, S.205 f.; Walker/Ward, S.62 f.

602 Vgl. Keenan/Riches, S.32; Walker/Ward, S.70 f.

603 London Street Tramways v. London County Council (1898) A.C. 375.

604 Der Erklärungstext ist abgedruckt in Smith/Kennan, S.140 f.; vgl. auch Keenan/Riches, S.32.

605 Keenan/Riches, S.32.

An die Entscheidungen des House of Lords sowie an die eigenen früheren Entscheidungen ist der Court of Appeal gebunden[606]. Von diesem Grundsatz gibt es allerdings drei Ausnahmen:

(1) Das Gericht muss sich zwischen zwei inhaltlich vergleichbaren, im Ergebnis unterschiedlichen, auf der gleichen Ebene ergangenen früheren Urteilen entscheiden.

(2) Das Gericht darf einer eigenen Entscheidung dann nicht folgen, wenn sie im Widerspruch zu einer späteren Entscheidung des House of Lords steht.

(3) Das Gericht ist nicht an seine eigenen Entscheidungen gebunden, wenn es in dieser Entscheidung ein relevantes Gesetz oder einen relevanten Fall übersehen hat (sog. per incuriam)[607].

Auf der nächst niedrigeren Ebene, den Divisional Courts, besteht somit eine Bindungskraft durch die Entscheidungen des House of Lords und des Court of Appeal ebenso wie durch die eigenen früheren Entscheidungen. Die Bindungskraft der eigenen Entscheidungen unterliegt dabei den gleichen Beschränkungen wie die des Court of Appeal[608]. Die Entscheidungen des Divisional Courts wiederum binden einerseits die Einzelrichter des High Courts sowie die rangniedrigsten Gerichte[609]. Zu diesen zählen die Magistrates' Courts und die County Courts. Sie sind an die Entscheidungen aller ranghöheren Gerichte gebunden, ihre eigenen Entscheidungen entfalten jedoch keinerlei Bindungswirkung, weder auf vertikaler noch auf horizontaler Ebene[610].

bb) Durchbrechung des Bindungsprinzips

Das Bindungsprinzip kann neben den drei oben bereits beschriebenen Möglichkeiten zudem auf weiteren Wegen durchbrochen werden[611]. Da das Präzedenzfall-Prinzip auf der Überlegung beruht, dass Fälle gleichen Sachverhalts gleich entschieden werden sollen,

---

606 Young v. Bristol Aeroplane Co (1944) 2 All E.R. 293; Walker/Ward, S.72 f.
607 Vgl. Keenan/Riches, S.32.
608 Smith/Keenan, S.142.
609 Smith/Keenan, S.142 f.; Keenan/Riches, S.32 f.; Walker/Ward, S.76 f.
610 Walker/Ward, S.78.
611 Vgl. dazu insgesamt Smith/Keenan, S.144 f.

kann mit der Begründung, der Sachverhalt eines Falls unterscheide sich in wesentlichen Tatsachenumständen von denen einer früheren Entscheidung, die Bindungskraft früherer Urteile abgewendet werden[612]. Diese Methode wird als ‚distinguishing' bezeichnet.

Die Bindungskraft einer Entscheidung kann darüber hinaus dann überwunden werden, wenn die ratio decidendi einer Entscheidung nicht eindeutig feststellbar sind, die ratio also ‚obscure' ist[613].

Durch die Erklärung, eine Präzedenzentscheidung stünde im Widerspruch zu einem fundamentalen Rechtsprinzip, kann deren Bindungskraft ebenfalls umgangen werden[614]. Im übrigen kann die Bindungskraft eines Präzedenzfalls freilich durch ein inhaltlich entsprechend anderes Parlamentsgesetz aufgehoben werden[615].

Festzuhalten bleibt mithin, dass es zwar eine Reihe von Ausnahmen vom Bindungsprinzip gibt, der Ausnahmenkatalog der doctrine of binding judicial precedent gleichwohl als vergleichsweise eng begrenzt bezeichnet werden kann.

2. Der Lebensversicherungsvertrag

Im folgenden sollen die Struktur und die Merkmale des britischen Lebensversicherungsvertragsrechts dargestellt werden.

a) Das Wesen des Lebensversicherungsvertrags

Im englischen Recht wird ein Vertrag im allgemeinen definiert als eine rechtlich durchsetzbare Vereinbarung zwischen zwei oder mehr Personen, durch die Rechte einer oder mehrerer Personen geltend gemacht werden können, eine bestimmte Handlung oder ein Unterlassen durch den anderen zu verlangen[616].

Eine allseits akzeptierte Definition für das Wesen eines Lebensversicherungsvertrags scheint hingegen bislang innerhalb der briti-

---

[612] Quinn v. Leatham (1901) A.C. 495.
[613] Harper v. NCB (1974) 2 All E.R. 441.
[614] Smith/Keenan, S.144.
[615] Smith/Keenan, S.145.
[616] Houseman/Davies, S.1.

schen Rechtswissenschaft noch nicht gelungen[617]. Eine praktikable Lösung wird allerdings in der Definition von Channel, J. gesehen, nach der ein Lebensversicherungsvertrag ein Vertrag ist, in der es eine Partei (der Versicherer) unternimmt, für einen Beitrag (die Prämie) eine Geldleistung (die Versicherungssumme) zum Nutzen der anderen Partei (des Versicherten) im Falle des Eintritts eines bestimmten Ereignisses, in dem der Versicherte eine bestimmte Summe für sich oder andere an einem zukünftigen Tag erhalten soll, zu erbringen oder die Summe im Falle des Todes des Versicherten an andere zu zahlen[618].

Da allerdings spezielle Formen der Lebensversicherung, wie beispielsweise Verträge auf das Leben anderer, Verträge mit jährlich wiederkehrenden Leistungen, Einmalprämienverträge oder Policen mit einer Leistungspflicht auch bei Auftreten bestimmter Krankheiten (‚dread disease'[619] oder ‚critical illness benefit') von der Definition nicht umfasst werden, stößt sie durchaus auf Kritik[620]. Jedenfalls sind Lebensversicherungen auch nach allgemeiner Ansicht in Großbritannien keine Verträge zum Ersatz eines Schadens[621].

b) Die Vertragsgestaltung im englischen Recht

Das britische Recht unterscheidet sich hinsichtlich der Voraussetzungen für einen Vertragsschlusses nicht wesentlich von den Erfordernissen im deutschen Recht. Neben Angebot (offer) und Annahme (acceptance) ist der darin enthaltene jeweilige Rechtsbindungswille der Parteien (intention to create legal relations) ebenso Voraussetzung wie im deutschen Recht. Darüber hinaus verlangt das englische Recht lediglich eine vertraglich zugesicherte Gegenleistung (consideration)[622]. Besondere zusätzliche Bedingungen knüpft das englische Recht an online geschlossene Verträge insoweit

---

[617] Hamilton, A 1.2.
[618] Vgl. Prudential Insurance Co v. Inland Revenue Commissioners (1904) 2 K.B. 658.
[619] Zur Vertiefung vgl. Winter, ZVersWiss 1991, 203 (214); Dickstein, S.233 f.
[620] Vgl. Houseman/Davies, S.1 f.; kritisch auch L.J. Buckley in Gould v. Curtis (1913) 3 K.B. 84.
[621] Hamilton, A 1.3 B; Houseman/Davies, S.2.
[622] Houseman/Davis, S.2 ff.; Gringras, S.14; Chissick/Kelman, Rn.3.28.

nicht[623]. Allerdings ist bei der Anwendung der Kriterien auf die technisch bedingten Besonderheiten des Vertragsschlussmediums Rücksicht zu nehmen.

aa) Angebot

Nach englischem Recht wird das Vorliegen eines Angebots davon abhängig gemacht, ob – gemessen am Maßstab einer vernünftigen Person – eine bestimmte Handlung oder Kommunikation als ein Angebot verstanden werden konnte, gleichgültig, ob die Partei die Abgabe eines Angebots überhaupt beabsichtigt hatte[624]. Auf die Art der dabei genutzten Kommunikationsmittel kommt es nicht an[625]. Ebenso wie im deutschen Recht ist auch den englischen Unternehmen die Möglichkeit eröffnet, durch eine entsprechende Gestaltung ihrer Website dieser den Charakter einer Aufforderung zur Abgabe eines Angebots (invitation to treat) zur Vermeidung von ungewollten Vertragsschlüssen zu geben[626]. Websites seien insoweit prinzipiell nichts anderes als ein analoger Sachverhalt zu Schaufenstern von Ladengeschäften oder auch Katalogen[627]. Der schlichte Hinweis ‚make an offer' über einem Link in einer Website wird jedoch als nicht ausreichend für eine invitation to treat angesehen[628].

bb) Annahme

Die Annahme wird definiert als das unbedingte Einverständnis mit dem vorgebrachten Angebot[629]. Auch hier kommt es auf den gewählten Kommunikationsweg nicht an, sodass eine Annahmeerklärung durch ein schlichtes Anklicken einer entsprechend gekennzeichneten Ikone auf der Website des Unternehmens genügen kann[630]. Nach englischem Recht sind ferner auch Annahmeerklärungen mittels Email zulässig[631]. Zu beachten ist in diesem Zusam-

---

[623] Chissick/Kelman, Rn.3.02 ("...on-line contracts fit very nicely into the English law framework").
[624] Chissick/Kelman, Rn.3.29.
[625] Chissick/Kelman, Rn.3.29.
[626] Chissick/Kelman, Rn.3.30; Gringras, S.15.
[627] Chissick/Kelman, Rn.3.30.
[628] Gringras, S.15.
[629] Chissick/Kelman, Rn.3.36.
[630] Chissick/Kelman, Rn.3.36.
[631] Chissick/Kelman, Rn.3.42; Gringras, S.23.

menhang allerdings, dass die Annahme erst zu dem Zeitpunkt wirksam wird, in dem sie den Anbieter erreicht[632].

cc) Consideration

Die consideration ist das Merkmal, das ein reines Versprechen erst in einen rechtsverbindlichen Vertrag wandelt. Es wird häufig als der Austausch von etwas im rechtlichen Sinne Wertvollem definiert, das allerdings auch einen Nachteil für den Versprechensempfänger bzw. einen Vorteil für den Versprechenden beinhalten kann[633]. Für die Wirksamkeit online geschlossener Verträge über Dienstleistungen stellt dieses Kriterium im Übrigen keine Gefährdung dar[634].

Anders jedoch als im deutschen Recht mittels des AGBG kann die im Versicherungsvertrag versprochene Gegenleistung des Versicherers im britischen Recht nicht an einem vergleichbaren Maßstab auf ihre Angemessenheit hin gerichtlich überprüft werden[635]. Dem Versicherungsnehmer bietet sich allerdings vor Erhebung einer Klage die Möglichkeit, eine Beschwerde an das Insurance Ombudsman Bureau (IOB) bzw. das Personal Investment Authority Ombudsman Bureau (PIA) zu richten[636]. Bemerkenswert ist in diesem Zusammenhang, dass das Ombudsman Bureau Beschwerdefälle seit Juli 1992 so entscheidet, als würde der Unfair Contract Terms Act 1977 auch für Versicherungsverträge gelten[637].

dd) Intention to create legal relations

Bei schriftlichen Vertragsschlüssen wird das vierte und letzte Element eines Vertragsschlusses, der Rechtsbindungswille, regelmäßig unterstellt. Sollte eine der beiden Vertragsparteien diesen Willen be-

---

[632] Chissick/Kelman, Rn.3.46.
[633] Chissick/Kelman, Rn.3.55; Gringras, S.27.
[634] Chissick/Kelman, Rn.3.55.
[635] Thomas v. Thomas (1842) 2 Q.B. 851. Das Versicherungsgeschäft ist im Übrigen insgesamt vom Anwendungsbereich des Unfair Contract Terms Act 1977 ausgenommen und auch die Unfair Contract Terms Directive 93/13/EEC ist, zumindest bezüglich der hier in Rede stehenden Problematik, nicht anwendbar.
[636] Näheres zu den Details der Aufgaben, Verfahren etc., siehe unten S.230 in dieser Arbeit.
[637] McGee, 1.21.

streiten, liegt die Beweislast für das Fehlen der intention to create legal relations insoweit bei ihr[638].

Als problematisch könnte sich dieses Merkmal beim Vertragsschluss via Internet auf den ersten Blick jedoch insofern erweisen, als auch nach englischem Rechtsverständnis Willensbildungen nur durch Menschen erzeugt werden können, nicht aber durch Maschinen. Schließlich vollzieht sich der Vertragsschluss über das Internet im vorliegenden Fall regelmäßig durch das Angebot eines Verbrauchers auf der einen und einer Annahme durch einen von einem Versicherer betriebenen programmgesteuerten Rechner auf der anderen Seite. Allerdings wird auch in der englischen Literatur und Rechtsprechung auf den menschlichen Willen abgestellt, der hinter dem programmgesteuerten Ablauf eines Rechners steht[639]. Somit hat es unter wertenden Gesichtspunkten keine rechtliche Bedeutung, dass der Vertragsschluss von einer Maschine und nicht von einem Menschen vollendet wird[640].

ee) Besonderheiten für Lebensversicherungsverträge mit EU-Ausländern

Eine Besonderheit bietet das englische Vertragsrecht mit Blick auf den Vertragsschluss mit Ausländern. Zwar können auch Ausländer unter normalen Umständen jederzeit Lebensversicherungsverträge mit britischen Versicherern abschließen. Dies gilt dessen ungeachtet ausnahmsweise nicht für sogenannte feindliche Ausländer („enemy aliens"), d.h. Bürger solcher Staaten, mit denen sich das Vereinigte Königreich im Kriegszustand befindet. Sofern jedoch bereits zuvor ein Abschluss über einen Lebensversicherungsvertrag getätigt wurde, bleibt der Vertrag als solcher zwar bestehen. Bis zum Friedensschluss mit dem Staat des betroffenen Versicherungsnehmers sind allerdings die vertraglichen Pflichten, also im Versicherungsfall auch die Leistungspflicht des Versicherers, ausgesetzt[641].

---

638 Chissick/Kelman, Rn.3.56; Gringras, S.29.
639 Gringras, S.29; Thornton v Shoe Lane Parking (1971) 2 QB 163.
640 Chissick/Kelman, Rn.3.57; Gringras, S.29.
641 Zum Ganzen vgl. Houseman/Davies, S.10 sowie Hardy Ivamy, S.622 ff. Für deutsche Staatsbürger hat diese Klausel vor dem Hintergrund des Niveaus der derzeitigen bilateralen Beziehungen zwischen Deutschland und Großbritannien naturgemäß keine praktische Bedeutung.

Bei Lebensversicherungsverträgen besteht für Versicherungsnehmer mit gewöhnlichem Aufenthaltsort innerhalb eines Mitgliedsstaates der Europäischen Union, entsprechend den Vorgaben der 3. RLLV nunmehr ebenso wie auch in Deutschland, das Recht, mittels einer sogenannten cooling-off notice innerhalb einer Frist von 14 Tagen vom Vertragsschluss zurückzutreten. Auf das Medium des Vertragsschlusses kommt es nicht an. Ein Schriftlichkeitserfordernis der cooling-off notice im Sinne einer Papierform wird zugunsten des Versicherungsnehmers nicht zu fordern sein, so dass er seinen Rücktritt auch per Email rechtswirksam erklären könnte. Allerdings trägt er dann das technisch bedingt zur Zeit wohl im Vergleich zur Papierform (z.B. Einschreiben) noch als höher zu bewertende Beweislastrisiko der fristgerechten Absendung der elektronischen Nachricht.

Das britische Lebensversicherungsvertragsrecht sieht auch darüber hinaus kein Schriftlichkeitserfordernis für den rechtswirksamen Abschluss von Lebensversicherungsverträgen vor. Aus versicherungsvertragsrechtlicher Sicht spricht somit nichts dagegen, wenn von den Vertragspartnern für den Abschluss eines Vertrages die elektronische Form gewählt würde.

c) Warranties und conditions im Versicherungsvertragsrecht

Im englischen Versicherungsrecht unterscheidet man zwischen verschiedenen Arten von Verpflichtungen des Versicherungsnehmers. Als warranties und conditions werden die durch Vertrag begründeten Pflichten bezeichnet. Dem gegenüber stehen die sogenannte non-disclosure bzw. misrepresentation des quasi-dispositiven Rechts[642].

Die Abgrenzung der Begriffe warranty und condition im englischen Versicherungsvertragsrecht erweist sich allerdings aus zweierlei Gründen als problematisch. Erstens entspricht der Begriff der warranty im Versicherungsvertragsrecht der Bedeutung der condition im sonstigen Vertragsrecht. Rechtsfolge eines Verstoßes gegen eine condition (fundamental breach) ist dann die Möglichkeit zum Rücktritt. Dem Verständnis des gewöhnlichen Vertragsrechts zufolge enthält eine warranty hingegen das Versprechen einer Vertragspar-

[642] Näher dazu: S.174 ff. in dieser Arbeit.

tei, dessen Nichteinhaltung die andere Partei lediglich zu Schadenersatz berechtigt. Auf diese Weise führt bereits das uneinheitliche Verständnis von der Bedeutung der Begriffe zu Unklarheiten[643]. Hinzukommt, dass die Gerichte im Rahmen der versicherungsvertragsrechtlichen Rechtsprechung die Begriffe warranty und condition ebenfalls vertauschen oder wahlweise benutzen[644]. Eine detailliertere Beschäftigung mit diesem Problem muss aber nicht zuletzt aus thematischen Gründen an dieser Stelle unterbleiben. Die Ausführungen sollen sich daher auf den Begriff der warranty beschränken.

aa) Das Wesen einer warranty

Warranties sind versicherungsvertragliche Klauseln, deren Bruch den Versicherer von jedweder vertragsrechtlichen Verantwortung vom Zeitpunkt der Verletzung des Vertrags an freistellt. Gleichgültig ist dabei, ob den Versicherungsnehmer bezüglich der Verletzung der warranty ein Verschulden trifft. Auch eine Kenntnis des Versicherungsnehmers von den Tatumständen und dem Gegenstand der warranty ist nicht erforderlich[645]. Auf eine Kausalität zwischen Verstoß und Schadenseintritt kommt es ebenfalls nicht an[646]. Die Haftung des Versicherungsnehmers für die Einhaltung der warranties ergibt sich im Sinne einer strengen Garantiehaftung grundsätzlich lediglich aus der Garantie für die Wahrheit seiner Erklärungen gegenüber dem Versicherer[647].

Die Versicherer können mittels der warranties bei der Ausstellung der Policen auf Nachforschungen hinsichtlich des Gegenstands der warranty verzichten[648], da deren Verletzung - im Gegensatz zur misrepresentation – den Versicherer zur Vertragsauflösung berechtigt, ohne dass dieser eine Kausalität der Erheblichkeit des Vertragsbruchs für den Vertragsabschluss bzw. für den Eintritt des Versicherungsfalls nachweisen müsste[649]. Sofern ein Versicherungsvertrag die warranty in Schriftform enthält, soll es daher ausreichen, wenn der Versicherer die objektive Vertragsverletzung, regelmäßig somit

[643] Jess, S.26.
[644] Vgl. zum Ganzen auch Haeberlin, S.120.
[645] Colinvaux/Merkin, 6-11.
[646] De Hahn v. Hartly (1786) 1 T.R. 343 (345 f.).
[647] De Hahn v. Hartly (1786) 1 T.R. 343 (345 f.).
[648] Colinvaux/Merkin, 6-07.
[649] Colinvaux/Merkin, 6-15.

die Unwahrheit einer Erklärung des Versicherungsnehmers gegenüber dem Versicherer, beweisen kann[650]. Entsprechendes dürfte gleichermaßen für in elektronischer Form vorliegende Erklärungen von Versicherungsnehmern gelten.

bb) Die Arten von warranties

Unterschieden werden kann im englischen Recht zwischen drei verschiedenen Arten von warranties: Den warranties of past or present facts, promissory warranties und den warranties of opinion. Diese lassen sich sowohl hinsichtlich des Zeitpunkts der Leistungsfreiheit als auch der Voraussetzungen für deren Verletzung kategorisieren. Zur Leistungsfreiheit ex tunc ist der Versicherer nach dem Bruch einer warranty über vergangene oder gegenwärtige Tatsachen berechtigt. Gleiches gilt auch für den Bruch einer warranty of opinion. Die Verletzung einer promissory warranty berechtigt den Versicherer hingegen lediglich mit Wirkung ex nunc zur Verweigerung der Leistung[651].

Vergleicht man die verschiedenen Formen der warranties bezüglich ihrer Verletzungsvoraussetzungen, so ist festzustellen, dass die warranties of past or present facts ebenso wie die promissory warranties die apodiktische Einhaltung des Versprechens vom Versicherten verlangen. Dagegen sind die Anforderungen an den Versicherungsnehmer bei der warranty of opinion niedriger angesetzt. Vom Versicherten wird nur die Wiedergabe seines Kenntnisstandes nach bestem Wissen und Gewissen gefordert. Die Rechtsprechung behandelt die Fragen nach der Meinung des Versicherten offenbar jedoch tendenziell so, als ob ein Tatsachenbericht als Antwort erwartet würde[652].

Hinsichtlich der von den Vertragsparteien gewählten Kommunikationswege ist im englischen Recht bezüglich der genannten warranties keine rechtserhebliche Bedeutung erkennbar, so dass für mittels Internet geschlossene Vereinbarungen die gleichen Grundsätze gelten.

---

650 Colinvaux/Merkin, 6-16.
651 Vgl. zum Ganzen: Haeberlin, S.123 f.
652 Vgl. Haeberlin, S.124 m.w.N.

d) Non-disclosure und misrepresentation

Im englischen Vertragsrecht gilt der allgemeine Grundsatz, dass keine Partei der anderen Informationen liefern muss, die möglicherweise die Entscheidung der jeweiligen anderen Partei beeinflussen könnte. Jede Partei hat von sich aus die Auskünfte einzuholen, die sie bei objektiver Betrachtung vernünftigerweise einholen würde[653].

Dieser Grundsatz hat jedoch insbesondere im Versicherungsvertragsrecht eine Vielzahl von Ausnahmen erfahren, da das Gleichgewicht zwischen den beteiligten Parteien (Versicherer und Versicherungsnehmer) von der Rechtsprechung und dem Gesetzgeber als unausgeglichen bewertet wurde. Der Versicherer steht schließlich nicht selten vor dem Problem, dass er das Risiko im Gegensatz zum Versicherungsnehmer zunächst nicht kennt. Versicherer sind daher insoweit auf Auskünfte des Versicherungsnehmers angewiesen, um eine adäquate Risikobeurteilung vornehmen zu können.

Die Vertragsparteien trifft demnach die Pflicht, vertragswesentliche Informationen an die andere Partei zu geben. Diese Auskunftspflicht des Versicherungsnehmers wird als duty of disclosure bezeichnet und entspringt dem Grundsatz von Treu und Glauben (utmost good faith), welcher in section 17 des Marine Insurance Act 1906 seine gesetzliche Fixierung gefunden hat. Falschdarstellungen (misrepresentations) stellen daher ebenso wie die Nichtmitteilung vertragswesentlicher Informationen (non-disclosure) eine Pflichtverletzung dar[654].

aa) Non-disclosure

Es ist die Pflicht jedes Versicherungsnehmers, freiwillig alle wesentlichen Angaben über ihm bekannte Umstände, bzw. über solche von denen er hätte Kenntnis haben müssen, zu machen[655]. Als wesentliche Informationen gelten alle Umstände, die einen umsichtigen Versicherer bei der Erwägung, ob er ein Risiko versichern soll sowie gegebenenfalls hinsichtlich der Ausgestaltung der Prämienhöhe und

---

653 Houseman/Davies, S.27.
654 Houseman/Davies, S.27.
655 Vgl. Rozanes v. Bowen (1928) 32 Ll.L.R. 98.

der Bedingungen, beeinflussen[656]. Dessen ungeachtet sehen die Regeln der PIA vor, dass Versicherer ihre potentiellen Versicherungsnehmer nach allen vernünftigerweise als relevant zu betrachtenden Umständen befragen müssen, um den eigenen Verpflichtungen gegenüber ihren Kunden nachzukommen[657].

Andererseits kann sich der Versicherungsnehmer nicht darauf berufen, dass der Versicherer im Antragsformular entsprechende Fragen zu einem bestimmten Punkt nicht gestellt hat, wenn es sich bei den nichtmitgeteilten Informationen um vertragswesentliche handelte[658]. Eine Rechtfertigung könnte sich allerdings aus dem Rückschluss ergeben, dass der Versicherer auf eine bestimmte Frage verzichtet hat und diese daher für ihn offenbar nicht von wesentlicher Bedeutung für den Vertragsschluss ist, da er sie ansonsten vernünftigerweise gestellt hätte[659]. Insofern würde ein Versicherungsnehmer, der Informationen zu diesem bestimmten Punkt nicht mitgeteilt hat, keine Pflichtverletzung begangen haben.

Fahrlässigkeit des Versicherungsnehmers oder eine andere Bewertung bezüglich der Frage, ob eine Information wesentlich ist, werden hingegen nicht als taugliche Rechtfertigung für das Unterlassen der Mitteilungspflicht betrachtet[660].

Die Verletzung der Mitteilungspflicht durch den Versicherungsnehmer führt nicht automatisch zur Nichtigkeit des Vertrages. Der Vertrag bleibt statt dessen solange in Kraft, bis der Versicherer aufgrund der Verletzung der Mitteilungspflicht seinen Rücktritt vom Vertrag mit Wirkung ex tunc erklärt[661].

bb) Misrepresentation

Zu Konsequenzen des Versicherers hinsichtlich des Vertrags können nicht nur fehlende, sondern darüber hinaus auch falsche Anga-

---

[656] Vgl. Lambert v. Co-operative Insurance Society Ltd (1975) 2 Lloyd's Rep. 485.
[657] Dies gilt jedenfalls für Verträge mit Investmentcharakter, vgl. Prinzip 4 der PIA Regeln.
[658] Vgl. Houseman/Davies, S.29.
[659] Vgl. Schoolman v. Hall (1951) 1 Lloyd's Rep. 139.
[660] Vgl. Bates v. Hewitt (1867) LR 7 CP 65.
[661] Houseman/Davies, S.31; Hardy Ivamy, S.174 f.

ben des Versicherungsnehmers zu vertragswesentlichen Fragen (sog. misrepresentations) führen. Diesbezüglich wird zwischen zwei Formen von misrepresentations, den nicht arglistigen (innocent) einerseits und denen in Absicht arglistiger Täuschung bzw. betrügerischer Absicht begangenen (fraud) andererseits, unterschieden. Je nach Art der Falschdarstellung sind dem Versicherer dabei verschiedene Reaktionsoptionen eröffnet.

Im Falle einer „nicht arglistigen" Falschangabe kann der Versicherer den Vertrag rückwirkend aufheben, muss jedoch die empfangenen Beiträge an den Versicherungsnehmer zurückerstatten. Die Voraussetzungen dafür sind, dass die Angabe unwahr oder ungenau war, es sich bei der Angabe um eine Stellungnahme zu einer Tatsache und nicht einer Meinung handelte und die Angabe aus Sicht des Versicherers vertragswesentliche Bedeutung bei der Entscheidung über die Übernahme der Deckung des Risikos hatte[662].

Wenn die Falschangaben zugleich den Tatbestand arglistiger Täuschung erfüllen, hat der Lebensversicherer neben den strafrechtlichen Optionen nicht nur die Möglichkeit, den Vertrag aufzuheben sondern auch die vom Versicherungsnehmer gezahlten Beiträge einzubehalten[663].

Die Versicherungsunternehmen verlieren ihr Rücktrittsrecht jedoch, wenn sie nicht unverzüglich nach Erhalt der Kenntnis von der Falschangabe ihre Rechte geltend machen, da Versicherungsnehmer dieses Verhalten ansonsten als Verzicht auf die Ausübung der Rechte deuten und von einem Willen des Versicherers zur Weiterführung des Vertrags ausgehen können[664].

Ein solcher Rücktritt vom Versicherungsvertrag wegen vorvertraglicher Falschangaben kann vom Versicherer zwar dem Grunde nach auch elektronisch geäußert werden, doch sollte er, nicht zuletzt wegen der unter Umständen erheblichen Konsequenzen für den Versicherungsnehmer, zu dessen Schutz gegenwärtig mindestens zusätzlich schriftlich in Papierform erklärt werden. Auf diese Weise ließe sich auch das den Versicherer treffende Beweislastrisiko hin-

[662] Hardy Ivamy, S.178 ff.
[663] Vgl. Anderson v. Fitzgerald (1853) 4 H.L. Cas. 484.
[664] Houseman/Davies, S.35.

sichtlich der Rechtzeitigkeit der Ausübung seiner Rechte minimieren. Im Übrigen macht es unter rechtlichen Gesichtspunkten jedoch keinen Unterschied, ob die Falschangaben schriftlich in Papierform oder im Wege der Vertragsverhandlungen via Internet erfolgt sind[665].

e) Versicherbares Interesse

Lange Zeit war es in England möglich, Versicherungsverträge auf das Leben fremder, häufig prominenter Personen abzuschließen, ohne dass diese in einer Beziehung zu dem Versicherungsnehmer standen oder überhaupt Kenntnis vom Vertragsschluss gehabt hätten. Da auf diese Weise nicht nur die Grenze zwischen einer Versicherung eines Risikos und der Wette auf den Eintritt eines bestimmten Ereignisses zunehmend unschärfer wurde, sondern vor allem das Sterblichkeitsrisiko der versicherten Personen anstieg, da andere Personen plötzlich ein materielles Interesse an deren Tod hatten, entschloss sich der Gesetzgeber mit dem Life Assurance Act 1774, das Erfordernis eines versicherbaren Interesses (‚insurable interest') in der Lebensversicherung einzuführen[666].

Der Life Assurance Act 1774, der gemeinhin auch als Gambling Act bezeichnet wird, sieht vor, dass Verträge mit Versicherungsnehmern ohne versicherbares Interesse nicht abgeschlossen werden dürfen, Verträge ohne ein solches Interesse null und nichtig sind („null and void") sowie der Name dessen, der ein Interesse am Vertragsschluss hat, in die Police aufgenommen werden muss[667]. Mit Ausnahme von Versicherungen, die auf das eigene Leben abgeschlossen werden, sowie von Verträgen unter Eheleuten darf ferner die Versicherungssumme den Wert des versicherten Interesses nicht übersteigen[668].

Die Rechtsprechung hat ein versicherbares Interesse dabei in folgenden Fällen anerkannt:

---

[665] Chissick/Kelman, Rn.3.14; Gringras, S.16.
[666] Vgl. McGee, 2.01 ff.; Houseman/Davies, S.17 f.
[667] Life Assurance Act 1774, section 1.
[668] Vgl. section 3.

(1) Das unlimitierte Interesse am Abschluss eines Lebensversicherungsvertrages auf das eigene Leben[669].

(2) Das ebenfalls unlimitierte Interesse am Abschluss eines Vertrages auf das Leben des jeweils anderen Ehepartners[670].

(3) Zwar können Eltern ein versicherbares Interesse am Leben ihrer Kinder haben, ebenso wie dies umgekehrt denkbar ist, jedoch besteht insofern kein Automatismus wie in den beiden oben genannten Varianten[671]. Gleiches gilt auch für das versicherbare Interesse unter Geschwistern[672].

(4) Anerkannt wurde ferner ein Interesse von Schuldner und Gläubiger[673], Arbeitgeber und Arbeitnehmer[674] am Leben des jeweils anderen sowie das Interesse von Unternehmen an dem Leben ihrer Führungskräfte.

Maßgeblicher Zeitpunkt für das Bestehen eines versicherbaren Interesses ist ausschließlich der Zeitpunkt des Vertragsschlusses selbst[675]. Ein späterer Wegfall des Interesses ist hingegen unschädlich[676].

Innerhalb der Literatur wird das mehr als 200 Jahre alte Gesetz jedoch nicht nur als zwischenzeitlich überflüssig angesehen, sondern vielmehr auch als Hindernis für das Versicherungsgeschäft heutiger Zeit bezeichnet, da der durch die Vielzahl der Einzelentscheidungen geprägte Rahmen nicht mehr den Bedürfnissen der modernen Ge-

---

669 Wainwright v. Bland (1835) 1 Mood. & R. 481.

670 Vgl. Reed v. Royal Exchange Assurance (1795) Peake, Add. Cas. 70 hinsichtlich des Interesses einer Ehefrau sowie Griffith v. Fleming (1909) 1 K.B. 805 bezüglich des entsprechenden Interesses eines Ehemanns am Leben seiner Frau.

671 Vgl. Halford v. Kymer (1830) 10 B. & C. 724 für das Interesse der Eltern am Leben ihrer Kinder; Howard v. Refuge Friendly Society (1886) 54 L.T. 644 für das Interesse der Kinder am Leben der Eltern.

672 Vgl. Harse v. Pearl Assurance (1904) 1 K.B. 558.

673 Vgl. Von Lindenau v. Desborough (1828) 3 C. & P. 353.

674 Vgl. Simcock v. Scottish Imperial Co (1902) 10 S.L.T. 286 bezüglich des Interesses eines Arbeitgebers sowie Hebdon v. West (1863) 3 B. & S. 579 hinsichtlich des Interesses eines Arbeitnehmers am Lebens seines Arbeitgebers.

675 McGee, 2.22; Bruck/Möller/Winter, B 83.

676 Vgl. Dalby v. India & London Life Assurance Company (1854) 15 C.B. 365.

sellschaft entspricht[677]. In der Praxis hat sich daher offenbar die Bereitschaft einiger Lebensversicherer entwickelt, Versicherungsverträge auch mit Personen ohne rechtlich anerkanntes versicherbares Interesse abzuschließen, sofern die beteiligten Vertragsparteien ihre Kenntnis hinsichtlich der Art des abgeschlossenen Vertrags selbst sowie der Höhe der Versicherungssumme anzeigen[678]. Dies zeigt eine Annäherung der Praxis an die in Deutschland übliche Voraussetzung des Einverständnisses der versicherten Person zum Vertragsschluss. Allerdings bleibt es strenggenommen bei der gesetzlich vorgesehenen Nichtigkeit der Verträge, wenn ein versicherbares Interesse zum Zeitpunkt des Vertragsschluss nicht bestand bzw. in einem späteren gerichtlichen Verfahren nicht nachweisbar ist[679].

f) Investors Compensation Scheme

Zum Schutz der Versicherungsnehmer, die einen Lebensversicherungsvertrag mit Investmentcharakter, wie beispielsweise Kapitallebensversicherungsverträge auf Aktienfondsbasis, abgeschlossen haben, wurde mit Wirkung vom 28. August 1988 der sogenannte ‚Investors Compensation Scheme' (Investorenentschädigungsfonds) geschaffen[680]. Dieser zentrale, von der Versicherungswirtschaft finanzierte Entschädigungsfonds wurde vom Securities and Investments Board (SIB), einer Aufsichtsbehörde, geschaffen. Lebensversicherer waren von dem Fonds zunächst völlig ausgeschlossen, da der Schutz der Versicherungsnehmer durch den Policy Holders Protection Act 1975 umfassender war. Seitdem das Gesetz über die Financial Services (Compensation of Investors) Rules 1990 in Kraft trat, sind nunmehr auch die Lebensversicherungen von dem Schutz durch den Fonds erfasst.

Voraussetzungen für eine Entschädigungsleistung aus dem Fonds sind mit Blick auf den Investor, dass es sich bei diesem weder um ein Unternehmen noch um einen hauptberuflich tätigen Investor handelt und er in Bezug auf die Verluste kein bloßer Treuhänder ist. Sollte er doch Treuhänder sein, dann ist eine Entschädigungsleistung nur möglich, wenn er nachweist, dass er das Treuhandvermö-

---

[677] Vgl. Houseman/Davies, S.26 f.
[678] Houseman/Davies, S.27.
[679] Ein entsprechender Hinweis findet sich auch in Houseman/Davies, S.27.
[680] Vgl. zum Ganzen Houseman/Davies, S.36 f.

gen entweder für natürliche Personen, die dieses Geschäft nicht hauptberuflich betreiben, oder für eine Wohltätigkeitsorganisation verwaltet.

Weitere Bedingungen sind, dass es sich um einen zugelassenen Versicherer handelt und dieser seinen Hauptsitz nicht außerhalb des Vereinigten Königreichs hat. Ferner dürfen die Ansprüche nicht bereits aus anderen Fonds o.ä. Einrichtungen gedeckt sein.

Da es weder auf den gewöhnlichen Aufenthaltsort des Versicherungsnehmers noch auf den Vertriebsweg der Produkte ankommt, fallen unter den Schutz dieses Investors' Compensation Scheme mithin auch via Internet u.ä. abgeschlossene Lebensversicherungsverträge.

g) Statement of Long-term Insurance Practice

Nicht zuletzt um einer Einbeziehung des Versicherungsgeschäftsverkehrs in den Anwendungsbereich des Unfair Contract Terms Act 1977 zu entgehen, wurde vom Verband der britischen Versicherungswirtschaft (Association of British Insurers - ABI) unter anderem auch für den Bereich der Lebensversicherung eine Verhaltensempfehlung an die Verbandsmitglieder formuliert. Diese hat zwar lediglich freiwilligen Charakter, ist also nicht rechtlich bindend, und richtet sich dem Wortlaut nach auch ausschließlich an im Vereinigten Königreich ihren gewöhnlichen Aufenthaltsort habende Versicherungsnehmer. Da sich die Mitgliedsunternehmen jedoch an die festgelegten Verhaltensempfehlungen halten und eine Anwendung der Empfehlungen durch die Unternehmen auch auf im Ausland wohnhafte Versicherungsnehmer zumindest wahrscheinlich ist[681], soll eine genauere Betrachtung dieses Verhaltenskodex an dieser Stelle nicht unterbleiben.

Das statement enthält Verhaltensempfehlungen zu den zu verwendenden Antragsformularen, den Policen und diese begleitenden Dokumente, der Behandlung von Ansprüchen der Versicherungsnehmer sowie gegebenenfalls auftretenden Meinungsverschiedenheiten zwischen Versicherern und Versicherungsnehmern.

---

[681] Vgl. dazu und zur Entwicklungsgeschichte der Statements, S.218 f. in dieser Arbeit.

Sofern demnach die Antragsformulare zur Angabe vertragswesentlicher Informationen (disclosures) auffordern, sollte das Formular an hervorgehobener Stelle auf die Konsequenzen falscher und unvollständiger Angaben aufmerksam machen und erklären, dass dies für den Versicherer Einfluss auf die Einschätzung des Risikos und die Annahme des Antrags hat[682]. Außerdem sollte ein Warnung enthalten sein, die den Versicherungsnehmer dazu anhält, wenn er sich im Zweifel über die Wesentlichkeit einer Information befindet, dem Versicherer diese Angaben trotzdem zu machen[683].
Die Angelegenheiten, welche die Versicherer als üblicherweise wesentlich ansehen, sollten Gegenstand klarer Fragen in dem Antragsformular sein[684]. Die Versicherer sollten des weiteren Fragen vermeiden, die über das vernünftigerweise zu erwartende Maß an Kenntnissen des Antragstellers hinaus geht[685].

Das Antragsformular oder ein begleitendes Dokument sollten darüber hinaus eine Erklärung enthalten, nach der Kopien der Police, der Versicherungsbedingungen sowie des ausgefüllten Antragsformulars auf Anforderung des Versicherungsnehmers erhältlich sind[686].

Im statement findet sich ferner die allgemeine Absichtsbekundung der Versicherer, weiterhin noch klarere und eindeutigere Antragsformulare und Versicherungspolicen entwickeln zu wollen[687]. Die Lebensversicherungspolicen, bzw. die sie begleitenden Dokumente (accompanying documents), sollten darüber hinaus zum Ausdruck bringen, unter welchen Umständen die Versicherungsleistung fällig wird, sowie, ob, und gegebenenfalls wem das Recht zukommt, eine vorzeitige Vertragsauflösung zu beanspruchen[688].

Ferner sieht die Verhaltensempfehlung vor, dass die Versicherer keine Ansprüche unbegründet ablehnen. Insbesondere sollen die Versicherer weder geltend gemachte Ansprüche aufgrund von

---

[682] Vgl. Statement of Long-term Insurance Practice (August 1992), section 1 (a) (i).
[683] Section 1 (a) (ii).
[684] Section 1 (c).
[685] Section 1 (d).
[686] Section 1 (e) und (f).
[687] Section 2 (a).
[688] Section 2 (b) (i) und (ii).

Nichtmitteilungen (non-disclosure) oder Falschdarstellungen (misrepresentation) der Versicherungsnehmer ablehnen, noch deshalb Verträge aufheben, wenn es sich dabei nicht um wesentliche Tatsachen (material fact) handelt, von welchen der Versicherungsnehmer Kenntnis hatte und deren Angabe vom Antragsteller vernünftigerweise zu erwarten gewesen wäre[689].

Im Falle der Anerkennung der Verhaltensempfehlungen verpflichten sich die Versicherer - mit der Ausnahme von Betrugsfällen - außerdem dazu, weder Ansprüche abzulehnen noch Verträge aufzuheben, wenn Versicherungsnehmer vertraglich vereinbarte Bedingungen brechen, es sei den, der geltend gemachte Anspruch steht in Verbindung mit dem Bedingungsbruch und der Versicherer hätte aufgrund von Umständen im Sinne von section 3 (a) Gründe zur Ablehnung der Leistungspflicht, wenn die versicherte Person selbst Versicherungsnehmer des Vertrags gewesen wäre[690]. Dies gilt ebenso für Fälle, in denen die Bedingung in Verbindung zu speziellen risikorelevanten Umständen gestellt und dem Antragsteller beim oder vor dem Vertragsschluss zur Kenntnis gebracht wurde[691].

Sofern die Versicherer eine Frist zur Geltendmachung von Ansprüchen setzen, darf unter keinen Umständen mehr als die Benachrichtigung über den Anspruch selbst sowie die folgenden Entwicklungen, in einem schnelleren Zeitrahmen als dies vernünftigerweise möglich ist, vom Anspruchsteller verlangt werden[692].

Versicherungsfallbedingte Zahlungen werden von den Versicherern des weiteren ohne vermeidbare Verzögerung erbracht, sobald der Versicherungsfall und der berechtigte Anspruchsteller festgestellt wurden[693]. Sollte die Zahlung einer Versicherungsleistung mehr als zwei Monate verspätet sein, ist der Versicherer zusätzlich zur Verzinsung der Summe verpflichtet. Der Lauf der zweimonatigen Frist beginnt dabei am Tag des Eintritts des Versicherungsfalls. Die Höhe der Verzinsung bestimmt sich nach der entsprechenden Rate am

[689] Section 3 (a) (i – iii).
[690] Section 3 (b) (i).
[691] Section 3 (b) (ii).
[692] Section 3 (c).
[693] Section 3 (d).

Markt zum Zeitpunkt des Ablaufs der Frist bis zum Zeitpunkt der tatsächlichen Zahlung[694].

Abschließend enthält das statement die Erklärung, dass im Falle von strittigen Verhandlungen zwischen Versicherungsnehmern und Versicherern in Schiedsgerichtsverfahren die Bestimmungen der Verhaltensempfehlungen Berücksichtigung finden sollen[695].

Die Beachtung der Verhaltensempfehlungen ist an den von den Parteien gewählten Vertriebsweg der Versicherungsverträge nicht gebunden, sodass sich die Mitgliedsunternehmen an die Empfehlungen des statements auch bei elektronisch mittels Internet abgeschlossenen Lebensversicherungsverträgen halten müssten.

h) Zugang der Versicherer zu medizinischen Berichten

In manchen Fällen verlangen Lebensversicherungsunternehmen die Einsicht in ärztliche Berichte, um das zu übernehmende Risiko besser einschätzen zu können. In Großbritannien regelt der ‚Access to Medical Reports Act 1988' den Rahmen, innerhalb dessen Versicherer entsprechende Informationen verlangen dürfen. Die Antragsteller haben demnach gemäß section 1 zunächst das Recht, den Versicherungsunternehmen die Einsichtnahme in derartige Berichte zu verweigern. Selbst wenn der Antragsteller dem Versicherer die Einsichtnahme gestattet, kann er dies von der vorherigen eigenen Einsicht und Prüfung der ärztlichen Berichte abhängig machen[696]. In jedem Fall muss der Versicherer den Antragsteller vorher – möglichst im Antragsformular – über seine Rechte in diesem Zusammenhang aufklären.

Sofern der Antragsteller seine Zustimmung zur Einsichtnahme von der vorherigen eigenen Prüfung abhängig gemacht hat, ist der Versicherer verpflichtet, den Arzt sowohl darüber als auch über den Zweck des Einsichtnahmebegehrens des Versicherers entsprechend zu informieren, vgl. section 3. Der Arzt wiederum hat gemäß section 4 dem Antragsteller innerhalb einer Frist von 21 Tagen die Einsichtnahme zu gewähren. Auf Wunsch des Antragstellers können

---

[694] Section 3 (e).
[695] Section 4.
[696] Section 3.

auch Änderungen an dem Bericht des Arztes vorgenommen werden, sofern sich der Arzt mit diesen einverstanden erklärt. Andernfalls kann der Antragsteller einen Anhang an den für den Versicherer gefertigten Bericht verlangen, der seine Auffassung wiedergibt[697].

3. Die Lebensversicherungspolice

Eine gesetzliche Vorschrift hinsichtlich der Form von Lebensversicherungsverträgen existiert im englischen Versicherungsvertragsrecht nicht. Gängig ist jedoch die Ausgabe von Versicherungspolicen in schriftlicher Form nach dem Vertragsschluss, wobei auch dies lediglich einem zwischenzeitlich zur Gewohnheit gewordenen Brauch entspricht[698].

a) Die Police

Die von den Versicherern ausgestellte Versicherungspolice beschränkt sich üblicherweise auf die Wiedergabe der die Parteien treffenden Pflichten und Rechte und dient als Nachweis für das Bestehen des Versicherungsvertrags. Zwar werden dem Vertragsschluss vorangehende Erklärungen, wie Versprechungen in Werbeprospekten u.ä., nicht automatisch Bestandteil des Vertrags, doch können solche Einlassungen zur Haftung der Versicherer im Falle der Nichterfüllung führen, sofern diese nicht vernünftige Gründe dafür nachweisen können, dass sie von der Richtigkeit der Angaben zum Zeitpunkt des Vertragsschlusses ausgehen konnten[699]. Da eine bestimmte Form der Versicherungspolicen nicht vorgeschrieben ist, variiert diese zwischen den verschiedenen Versicherungsunternehmen[700].

Sind in der Police mehrdeutige Formulierungen enthalten, so ist ein Gericht frei, Dokumente, die Bestandteil vorvertraglicher Verhandlungen waren, in seine Erwägungen zur korrekten Deutung der Bestimmungen in der Police heranziehen[701].

---

697 McGee, 4.13.
698 McGee, 4.16 f.; vgl. insoweit auch zur historischen Entwicklung Houseman/Davies, S.60.
699 Houseman/Davies, S.61 f.
700 Hardy Ivamy, S.234.
701 Houseman/Davies, S.63.

Nachdem sich die englische Versicherungswirtschaft mit ihrer Forderung nach einem Ausschluss aller Versicherungsverträge aus dem Anwendungsbereich der Richtlinie nicht durchsetzen konnte, ergibt sich nunmehr ein zusätzlicher Schutz der Versicherungsnehmer durch die EU-Richtlinie über missbräuchliche Klauseln (Unfair Contract Terms Directive 93/13/EEC)[702]. Auf der Basis dieser Richtlinie hat das Vereinigte Königreich die Unfair Terms in Consumer Contracts Regulations 1994 (UTCCR 1994) geschaffen, die seit dem 1. Juli 1995 in Kraft sind. An der Umsetzung wird in der Literatur allerdings kritisiert, dass die UTCCR 1994 streckenweise hinter den Anforderungen der Richtlinie zurück bleiben. So ginge etwa die Vorgabe der EU-Richtlinie unter, dass nur die Klauseln vom Anwendungsbereich der Regulations ausgeschlossen werden sollen, in denen das versicherte Risiko und die Verpflichtung des Versicherers deutlich festgelegt oder abgegrenzt sind[703]. Bei einseitig gestellten Vertragsbedingungen kann der Versicherungsnehmer im übrigen unstreitig gegebenenfalls geltend machen, dass die entsprechenden Klauseln zu ihn benachteiligenden Ungleichgewichtungen zwischen den Rechten und Pflichten der am Vertrag beteiligten Parteien führen[704] und daher nicht wirksam sind. Dieser Schutz erstreckt sich auch auf Verträge, die auf elektronischem Weg entsprechend dem der Abhandlung zugrunde liegenden Ausgangsfall zustande gekommen sind.

b) Die Prämie

Eine gesetzliche Vorschrift, nach der eine Prämie vor Abschluss des Versicherungsvertrages zu zahlen wäre, gibt es im englischen Recht nicht. Die Lebensversicherungsverträge sehen allerdings regelmäßig Klauseln vor, nach denen der Versicherungsschutz erst nach Zahlung der Prämie gewährt wird[705]. Beginnt der Versicherungsschutz jedoch bereits vor Zahlung der Erstprämie und ist der Versicherungsfall auch vor dieser Zahlung eingetreten, so kann der Ver-

---

[702] Clarke, 19-5A, S.485.
[703] Haeberlin, S.188.
[704] Darauf weisen Houseman/Davies hin, vgl. S.64.
[705] Hardy Ivamy, S.205.

sicherer die Befriedigung seines Prämienanspruchs aus der Versicherungssumme suchen[706].

In den englischen Lebensversicherungspolicen wird des weiteren regelmäßig ein Termin für die Zahlung der Prämien benannt. Verbreitet ist diesbezüglich auch die Gewährung einer Nachfrist von 30 Tagen („30 days of grace") für die Zahlung der Folgeprämien, innerhalb derer der Vertrag trotz nicht termingerechter Zahlung weiter besteht[707]. Die Gewährung der Frist ist allerdings anders als in Deutschland gemäß § 39 VVG nicht gesetzlich gesichert. Auch die Beantwortung der Frage nach der Leistungspflicht des Versicherers im Versicherungsfall innerhalb der „Gnadenfrist" („days of grace"), wenn der Versicherungsnehmer mit der Zahlung der Folgeprämie im Verzug war, hängt von der jeweiligen vertraglichen Vereinbarung ab und ist somit ebenfalls nicht gesetzlich geregelt. Auch ist der Hinweis des Versicherungsnehmers auf eine unterbliebene Benachrichtigung über die Fälligkeit der Folgeprämie keine Rechtfertigung für die Nichtzahlung[708]. Seine Zahlungspflicht besteht unabhängig davon.

Zur Vermeidung des Verlusts des Versicherungsschutzes aufgrund der Nichtzahlung von Folgeprämien sehen die Versicherungsverträge häufig spezielle Regelungen vor. Dazu zählen beispielsweise die Nutzung des bisher erreichten Rückkaufswertes zur Befriedigung der Beitragsschuld ebenso wie die Heranziehung des Rückkaufswertes als Prämie im Sinne eines Einmalbeitrags[709].

c) Die Leistung

Während den Lebensversicherungsunternehmen in Deutschland durch die §§ 54, 54 a VAG in sehr detaillierter Weise Begrenzungen der zulässigen Anlageformen auferlegt sind, unterliegen die britischen Versicherer mit den Insurance Companies Regulations 1994 (ICR 1994) einer wesentlich liberaleren Kapitalanlageregelung. So dürfen deutsche Lebensversicherer ihr gebundenes Vermögen le-

---

[706] Diese in der Literatur vertretene Auffassung kann sich nicht auf Entscheidungen der Rechtsprechung stützen, da ein entsprechender Fall bislang nicht zur gerichtlichen Klärung gebracht wurde, vgl. Houseman/Davies, S.70.
[707] Hamilton, A.3.26; Houseman/Davies, S.71 f.
[708] Houseman/Davies, S.72.
[709] Diese und weitere Beispiele finden sich in Houseman/Davies, S.73.

diglich unter Beachtung der im Gesetz enumerativ aufgeführten Anlagearten[710] sowie der entsprechenden Mischungs-[711] und Streuungsquoten[712] anlegen. Beispielsweise ist es deutschen Lebensversicherern weitestgehend nicht gestattet, ihr gebundenes Vermögen in Kapitalanlagen in Staaten außerhalb des EWR-Abkommens zu investieren[713]. Ferner dürfen Anlagen in Anteile an Unternehmen nicht mehr als 30% für den Deckungsstock und das übrige gebundene Vermögen ausmachen[714].

In Großbritannien bleibt die Art und der Umfang der Kapitalanlagen hingegen jedem Versicherer selbst überlassen. Lediglich die Bewertungsvorschriften des Teils V der ICR 1994 begrenzen den Umfang bestimmter Anlagearten und bilden insofern eine negative Kapitalanlagebestimmung, da sie die Höchstgrenze für den Anteil festlegen, mit der eine Vermögensanlage zur Deckung von Verpflichtungen angesetzt werden darf. Diese Freiheiten erlauben es den britischen Versicherern, an den Chancen boomender Aktienmärkte wesentlich intensiver zu partizipieren. Bereits im Jahre 1989 lag der Aktienanteil am Vermögen der britischen Lebensversicherer daher mit 48% deutlich über dem der deutschen mit einem Anteil von lediglich 7%[715].

Ein wichtiger Bestandteil der Leistungen der Lebensversicherer sowohl in Deutschland als auch in Großbritannien sind die sogenannten Überschussbeteiligungen. Wichtige Unterschiede bestehen jedoch hinsichtlich der Höhe der zu zahlenden Überschüsse sowie bezüglich der Anspruchsberechtigten auf Beteiligung an diesen Überschüssen. Die in Deutschland abgeschlossenen Lebensversicherungsverträge enthalten alle ein Überschussbeteiligungsrecht, da nach Auffassung des BAV die Überschussbeteiligung ein Korrektiv für nicht benötigte Beiträge sei und daher keine für die Unternehmen frei verfügbaren Gewinne darstelle, so dass nahezu alle Lebensversicherer jährlich eine Gutschrift der Überschüsse zugunsten der Versicherungsnehmer vornehmen[716].

---

710 Vgl. § 54a Absatz 2 VAG.
711 Vgl. § 54a Absatz 2, 4 und 4a VAG.
712 Vgl. § 54a Absatz 4b, 4c VAG.
713 Vgl. § 54a Absatz 1 VAG.
714 Vgl. § 54a Absatz 4, 4a VAG.
715 Vgl. Wasner, S.124 m.w.N.
716 Wasner, S.129.

Auch in Großbritannien können Versicherungsnehmer an von den Unternehmen erwirtschafteten Überschüssen beteiligt sein. Dies setzt allerdings voraus, dass im Versicherungsvertrag dieses Recht auf Gewinnbeteiligung ausdrücklich vereinbart wurde[717]. Zwar ist die sich nach Erklärung der Boni (Teilhabe an den Überschüssen) ergebende Vertragssumme auch in Großbritannien garantiert und erhöht auf diese Weise den Rückkaufswert des Vertrages. Der gegebenenfalls beanspruchbare Bonus fällt jedoch deutlich niedriger aus als die jährlichen Gutschriften der deutschen Anbieter[718]. Größeres Gewicht kommt in Großbritannien statt dessen dem sogenannten Schlussbonus („terminal-bonus") zu, da dieser vergleichsweise hoch ausfällt. Anders als die jährlichen Boni ist der Schlussbonus allerdings nicht garantiert, sondern steht der Höhe nach im Ermessen der jeweiligen Gesellschaft, so dass bei einer vorzeitigen Vertragsbeendigung auch kein anteiliger Schlussbonus verlangt werden kann mit der Folge, dass die Rückkaufswerte britischer Lebensversicherungsverträge deutlich niedriger als die der deutscher Anbieter ausfallen. Damit wird das Renditerisiko in Großbritannien vollständig auf die Versicherungsnehmer übertragen[719]. Dies erweist sich insbesondere in Zeiten stark schwankender Aktienkurse als problematisch, da die Höhe der Überschüsse und die Gesamtrendite vor allem für den Laien nicht mehr berechenbar sind. Wasner kommt daher auch zu dem Schluss, dass das englische Überschussbeteiligungssystem der deutschen Vorstellung einer verzögerungsfreien und verursachungsgerechten Gewinnverteilung in keinster Weise entspricht[720].

4. Ergebnis

Das britische Lebensversicherungsvertragsrecht bietet den Vertragsparteien aufgrund seiner weitgehenden Freiheit von gesetzlichen Beschränkungen zusätzliche Möglichkeiten, auf die speziellen Bedürfnisse von Verbrauchern einzugehen. Andererseits muss deutlich betont werden, dass gerade darin auch ein erhebliches Risiko für Versicherungsnehmer liegen kann, da der Schutz durch die Festlegung gesetzlicher Mindeststandards im Vergleich zum deut-

---

[717] Wasner, S.130.
[718] Vgl. Wasner, S.129.
[719] Vgl. Wasner, S.131.
[720] Vgl. Wasner, S.132.

schen Versicherungsvertragsrecht entsprechend geringer ist. Zudem bestehen bei britischen Lebensversicherungsverträgen Nachteile hinsichtlich geringer ausfallender garantierter Überschussbeteiligungen und geringerer Rückkaufswerte bei vorzeitiger Vertragsauflösung.

Insbesondere die Tatsache, dass der Versicherungsnehmerschutz zu einem wesentlichen Teil auf unverbindlichen Verhaltensempfehlungen beruht, die zumindest dem Wortlaut nach ausschließlich auf im Vereinigten Königreich wohnhafte Versicherungsnehmer anwendbar sind, rechtfertigt besondere Vorsicht beim Abschluss britischer Lebensversicherungspolicen.

Festzuhalten bleibt ferner, dass im Gegensatz zum deutschen Versicherungsvertragsrecht einem elektronischen Abschluss von Lebensversicherungsverträgen Schriftformerfordernisse unstreitig nicht entgegenstehen.

3. Teil: Die aufsichtsrechtliche Zuständigkeit für grenzüberschreitend elektronisch vertriebene Versicherungsprodukte

Kapitel I. Die Eingriffsmöglichkeiten deutschen Versicherungsaufsichtsrechts beim grenzüberschreitenden elektronischen Vertrieb von Lebensversicherungsprodukten

Grundsätzlich steht entsprechend den Koordinierungsregeln der 3. RLLV den Aufsichtsbehörden der Sitzländer der Lebensversicherungsunternehmen die Aufsicht über deren Geschäftsbetrieb zu[721]. Dies gilt auch für die grenzüberschreitenden Geschäftstätigkeiten dieser Versicherer im Rahmen der Dienstleistungsfreiheit innerhalb der Europäischen Union[722]. Im Ausgangsfall wäre somit die britische Aufsichtsbehörde grundsätzlich zuständig. Die Versicherungsrichtlinien sehen allerdings Ausnahmen von diesem Grundsatz vor, so dass auch dem BAV Aufsichtsrechte für solche im deutschen Versicherungsmarkt tätige EU-ausländische Versicherer verbleiben, soweit es sich dabei nicht um reine Korrespondenzgeschäfte handelt.

1. Die Aufsichtskompetenzen des BAV

Im Kapitel I. des ersten Teils dieser Abhandlung wurde bereits die Auffassung vertreten, dass aus versicherungsvertragsrechtlicher Sicht der grenzüberschreitende elektronische Vertrieb von Lebensversicherungsprodukten als ein Fall der Korrespondenzversicherung i.S.d. Art. 9 Absatz 4 EGVVG zu betrachten ist. Damit ist jedoch lediglich die Frage nach den Rechtswahlfreiheiten der Vertragsparteien beantwortet. Davon zu unterscheiden ist dessen ungeachtet die aufsichtsrechtliche Komponente des Korrespondenzversicherungsgeschäftsverkehrs. Der Umfang der aufsichts-rechtlichen Eingriffsbefugnisse des BAV gegenüber den ausländischen Versicherungsunternehmen bestimmt sich vielmehr durch die Entscheidung, ob auch unter aufsichtsrechtlicher Sicht der „Internet-Vertrieb" von Versicherungen im grenzüberschreitenden Geschäftsverkehr als ein Fall der Korrespondenzversicherung zu bewerten ist.

---

721 Vgl. Titel II und III der 3. RLLV.
722 Vgl. Art.7 Abs.1 der 3 RLLV.

a) Der „Internet-Vertrieb“ als ein Fall der Korrespondenzversicherung unter versicherungsaufsichtsrechtlicher Sicht

Auf dem Korrespondenzwege geschlossene Versicherungsverträge sind frei von jeglicher Aufsicht durch die Behörden des Tätigkeitslandes. Gemäß § 110a VAG stünden dem BAV insoweit weder Finanz- noch sonstige Aufsichtsrechte gegenüber den ausländischen Versicherern zur Verfügung, so dass auch die Rechte aus den §§ 111b ff. VAG unanwendbar blieben. Für die aufsichtsrechtliche Kontrolle wäre allein die Aufsichtsbehörde des Sitzlands zuständig. Der aufsichtsrechtliche Schutz der Verbraucher steht damit auch in Abhängigkeit zur Reichweite der rechtlichen Eingriffsbefugnisse der jeweiligen Aufsichtsbehörden der Sitzländer der Versicherungsunternehmen, so dass der Entscheidung darüber, ob die tatbestandlichen Voraussetzungen der Korrespondenzversicherung auch beim „Internet-Vertrieb“ erfüllt sind, eine nicht unerhebliche Bedeutung zukommt.

aa) Definition der Korrespondenzversicherung

Nach anerkannter Definition des ehemals für die Aufsicht der Versicherungswirtschaft zuständigen BWM sind „Korrespondenzversicherungen (...) solche Versicherungsverträge, die ohne Einschaltung eines im Inland geschäftsmäßig handelnden Vermittlers zwischen einem ausländischen Versicherer und einem Versicherungsnehmer, der im Inland seinen gewöhnlichen Aufenthalt hat, abgeschlossen werden“[723], wobei das BAV später einen Beschränkungsbedarf der Definition dahingehend sah, dass nicht nur der Abschluss, sondern auch die Durchführung des Vertrags ohne Mitwirkung eines im Inland tätigen Vermittlers erfolgen müsse, da der Betrieb nicht in Abschluss und Durchführung aufgeteilt werden könne und insoweit eine Einheit bilde[724]. Das BAV will damit auch die spätere Abwicklung des Schadens im Versicherungsfall dann nicht als Korrespondenzverkehr werten, wenn beispielsweise Gutachter oder

---

[723] Erlass des Bundesministers für Wirtschaft vom 24.10.1956 – VI B 5/VA 9 b – 17265/56 abgedruckt in: Versicherungsvermittlung 1956, 118. Zustimmung findet diese Definition auch über die Grenzen Deutschlands hinaus: Vgl. Braumüller, S.73.

[724] BAV, GB 1966, 53; kritisch dazu Engert, VP 1970, 49 ff.; Vgl. vertiefend zum damaligen Stand der Diskussion innerhalb der Literatur insbesondere Preuss, S.24 ff.

Vertreter des Unternehmens zur Schadenabwicklung im Wohnsitzland des Versicherungsnehmers tätig werden[725].

Bei den über die elektronischen Medien abgeschlossenen Versicherungsverträgen wird in der dieser Abhandlung zugrunde liegenden Konstellation weder beim Abschluss noch bei der Durchführung des Vertrags eine geschäftsmäßig handelnde Mittelsperson tätig. Die tatbestandlichen Voraussetzungen des Korrespondenzversicherungsbegriffs scheinen damit, auch unter Beachtung der einschränkenden Definitionsmerkmale des BAV, für den elektronischen Versicherungsgeschäftsverkehr zunächst erfüllt.

bb) Die Begrenzung der Korrespondenzversicherung durch die Standstill-Klausel

Hiergegen wendet sich jedoch Schmidt, der den Tatbestand der aufsichtsfreien reinen Korrespondenzversicherung dann nicht als erfüllt ansieht, wenn die Antragstellung „durch (den) Bildschirm" erfolgt[726]. Zwar bezieht sich seine Stellungnahme wohl auf den vom elektronischen Geschäftsverkehr über das Internet zu unterscheidenden Vertrieb durch den Bildschirmtext, doch lässt die Begründung für seine ablehnende Haltung einen allgemeineren Charakter seiner Position vermuten. Seiner Auffassung nach steht die auf der Basis der Standstill-Klauseln beruhende Korrespondenzversicherung nicht mehr der konzessionierten, sondern nur noch der gemäß § 13 c VAG unter Überwachung liberalisierten Dienstleistungstätigkeit gegenüber, sodass der Standstill-Bereich entgegen dem harmonisierten Versicherungsaufsichtsrecht erweitert würde, wenn man einen Vertrieb über den Bildschirm als einen Fall des Korrespondenzgeschäfts akzeptiere[727].

Diese Ansicht müsste Schmidt konsequenterweise auch für den grenzüberschreitenden Vertrieb mittels der neueren elektronischen Kommunikationsmedien vertreten, da hiermit insoweit ebenfalls eine weitere Möglichkeit zum Abschluss von Versicherungsverträgen geschaffen wurde, die zum Zeitpunkt des Inkrafttretens der Stillhalte-

---

725 VerBAV 1965, S.22.
726 Prölss/Schmidt, VAG, § 105 Rn.12.
727 Prölss/Schmidt, VAG, § 105 Rn.12. Dieser Ansicht folgt auch Mankowski in VersR 1999, 923 (931).

verpflichtung i.S.d. Art. 62 EGV am 1. Januar 1958[728] noch nicht bekannt war und daher – der Logik der Argumentation Schmidts folgend - nicht in den Rahmen der bis dahin bereits erreichten Freiheit des Dienstleistungsverkehrs fallen würde.

cc) Würdigung und eigene Ansicht

Obschon Schmidt zuzugeben ist, dass zum Zeitpunkt des Inkrafttretens der Standstill-Klausel die sich durch Internet u.ä. eröffnenden Möglichkeiten des grenzüberschreitenden Geschäftsverkehrs im Versicherungsmarkt nicht hatten gesehen werden können, da diese technischen Optionen damals schlicht nicht existierten, so kann seiner Sichtweise letztlich gleichwohl nicht gefolgt werden.

Zunächst ist nochmals darauf hinzuweisen, dass ein entsprechendes, den Anwendungsbereich beschränkendes Kriterium in der Definition des Korrespondenzversicherungsbegriffs nicht vorhanden ist. Es ließe sich jedoch der Standpunkt vertreten, dass eine Begrenzung für den Fall erforderlich sei, dass der Anwendungsbereich der Korrespondenzversicherung durch die Nutzung elektronischer Kommunikationsmedien tatsächlich eine materielle Erweiterung über die Grenzen der Standstill-Klausel hinaus erfahre.

Nach ganz allgemein anerkannter Meinung fordert der Korrespondenzbegriff keine persönliche Anwesenheit des potentiellen Versicherungsnehmers am Sitz des ausländischen Versicherungsunternehmens beim Vertragsschluss. Statt dessen kann der Abschluss auch unter Nutzung von Kommunikationsmitteln wie Post oder Telefon herbeigeführt werden[729], was auch von Schmidt bislang nicht bestritten wurde. Dies bedeutet dann allerdings, dass Schmidt dem elektronischen Abschluss via Bildschirmtext, Internet oder Email offenbar einen wesentlich anderen Charakter beimisst als beispielsweise dem Vertragsschluss mittels Telefon. Worin die Bedenken Schmidts insofern im Einzelnen begründet liegen, lässt er allerdings offen, sodass darüber lediglich spekuliert werden kann.

---

[728] Auf den Stichtag des Inkrafttretens weisen Groeben/Thiesing/Ehlermann/Troberg in Art.62 Rn.1 hin.

[729] Darauf weist u.a. Bosse hin, S.48; Fahr spricht nur allgemein von „andere(n) Kommunikationsmittel(n) außer reiner Korrespondenz, Fahr/Kaulbach, VAG, § 105 Rn.34.

Sowohl hinsichtlich des zu betreibenden Aufwands als auch des Bewusstseins der Verbraucher, dass sie mit einem ausländischen Versicherer kontrahieren, lässt sich ein bedeutender Unterschied zwischen den Kommunikationsmedien Telefon einerseits sowie Internet und Email andererseits jedenfalls nicht erkennen[730]. Ebenso wie ein potentieller Versicherungsnehmer die Rufnummer eines ausländischen Versicherers über Zeitungsanzeigen oder die Auslandsauskunft erfahren kann, ist auch der Aufwand zu bewerten, der beispielsweise durch die Nutzung von Suchmaschinen im Internet zu betreiben ist.

Aufgrund der für den elektronischen Geschäftsverkehr EU-weit gleichermaßen bestehenden Verpflichtung der Versicherer zur Angabe ihres Sitzes sowie des dem Vertrag zugrundeliegenden Vertragsstatuts, lässt sich eine Rechtfertigung für eine Ausgrenzung auch nicht auf ein im Vergleich zum Telefonkontakt vermeintlich geringeres Bewusstsein der Versicherungsnehmer über die Herkunft des Versicherers und das dem Vertrag zugrunde liegende Recht stützen.

Auch verbraucherschutzrechtliche Erwägungen lassen sich einer unterschiedlichen Behandlung der verschiedenen Kommunikationsmittel entgegenhalten. Anders als etwa beim telefonischen Kontakt mit einem Versicherer kann auf den potentiellen Versicherungsnehmer durch eine Homepage im Internet wohl kaum in vergleichbarer Weise „Abschlussdruck" aufgebaut werden. Die Websites der Unternehmen sind eher als eine Art „Werbung auf Abruf", verbunden mit einer Option zur Antragstellung zu sehen[731]. Das heißt, anders als beispielsweise bei Zeitungsannoncen, deren Kenntnisnahme durch den Betrachter kaum vermeidbar ist, muss der Verbraucher beim Aufrufen ausgewählter Websites bereits den Willen entwickelt haben, Informationen über bestimmte Versicherungsprodukte erhalten zu wollen.

---

[730] A.A. Mankowski, der Zweifel an einem entsprechenden Bewußtsein des grenzüberschreitenden Charakters des Vertragsschlusses in der Person des Versicherungsinteressenten äußert, VersR 1999, 923 (931).

[731] Auf die damit einhergehenden Risiken für die Verbraucher wurde bereits in den obigen Kapiteln eingehend hingewiesen. A.A. Mankowski, RabelsZ 63 (1999), 203 (243) m.w.N.

Mit Blick auf die schnelle Vergleichbarkeit von Produkten kann sich indessen die visualisierte Darstellung der Produktinformationen, gegenüber der postalischen oder telefonischen Kontaktaufnahme, ebenfalls als Vorteil für die Verbraucher erweisen. Denkbar wären beispielshalber auch individuelle Modellberechnungen von Ablaufleistungen bei Kapitallebensversicherungen u.ä.

Im Übrigen betont Schmidt selbst eine bestehende Entwicklung hin zu einem weiteren Abbau von Schranken im Versicherungsbinnenmarkt[732]. Zwar lässt sich seiner Stellungnahme weder entnehmen, ob er diese Entwicklung als einen durch die normative Kraft des Faktischen bedingten Prozess versteht oder als den Ausdruck eines möglicherweise auf Druck des Marktes bestehenden allgemeinen gesetzgeberischen Willens, noch, wie er die prognostizierte Entwicklung bewertet. Festzuhalten bleibt gleichwohl, dass eine Ausgrenzung der elektronisch zustande gekommenen Verträge vom Korrespondenzgeschäft gerade nicht zum Abbau von Beschränkungen des Versicherungsbinnenmarktes führen würde, sondern vielmehr den gegenteiligen Effekt auf die von Schmidt erwartete Entwicklung hätte.

Darüber hinaus ist eine den Anwendungsbereich im Sinne Schmidts begrenzende Regelung auch in der 2. RLLV nicht vorgesehen. Dort gilt der Versicherungsnehmer gemäß Art. 13 Absatz 1 erster Spiegelstrich dann als Initiator eines Korrespondenzgeschäfts, „wenn zum einen der Vertrag von beiden Parteien in dem Mitgliedstaat der Niederlassung des Unternehmens oder aber von jeder Partei in dem Staat, in dem sie niedergelassen ist bzw. in dem sie ihren gewöhnlichen Aufenthaltsort hat, geschlossen wird und zum anderen das Unternehmen den Kontakt zu dem Versicherungsnehmer weder durch einen Versicherungsvermittler oder eine beauftragte Person noch mittels einer persönlich an den Versicherungsnehmer gerichteten Werbeaktion in dem Staat, in dem dieser seinen gewöhnlichen Aufenthaltsort hat, hergestellt hat".

Weder findet sich in dieser Definition eine Einschränkung auf bestimmte technische Mittel zum Vertragsschluss, noch stellt sich die Bedingung der ‚nicht persönlich an den Versicherungsnehmer gerichteten Werbeaktion' als ein Hindernis für den grenzüberschrei-

[732] Vgl. Prölss/Schmidt, VAG, § 105 Rn.12.

tenden elektronischen Abschluss von Versicherungsverträgen dar. Schließlich handelt es sich bei den produktpreisenden Websites der Versicherungsunternehmen regelhaft nicht um individuelle Angebote an einzelne bestimmte Kunden, sondern um eine sog. invitatio ad offerendum, also die Aufforderung zur Abgabe eines konkreten Angebotes durch den potentiellen Versicherungsnehmer als den Nutzer der Website.

Um den Verbraucher vor einer allzu leichtfertigen Entscheidung zu bewahren, schreibt Art. 13 Absatz 2 der 2. RLLV den Versicherungsunternehmen für die Korrespondenzversicherungsgeschäfte im Übrigen vor, die Versicherungsnehmer durch Vorlegen und Unterzeichnung eines festgelegten Erklärungstextes über die aufsichtsrechtlichen Zuständigkeiten vor Vertragsschluss zu informieren.

Der Erklärungstext lautet:

„Ich nehme zur Kenntnis, dass (Name des Versicherers) in (Niederlassungsmitgliedstaat dieses Versicherers) niedergelassen ist, und bin mir darüber im klaren, dass für die Überwachung des Versicherten die Aufsichtsbehörden (Niederlassungsmitgliedstaat des Versicherers) und nicht die Aufsichtsbehörden (Staat, in dem der Versicherungsnehmer seinen gewöhnlichen Aufenthaltsort hat) zuständig sind.“[733]

Die Kenntnisgabe und entsprechende Unterzeichnung des Erklärungstextes ist selbstverständlich auch für den Abschluss mittels elektronischer Kommunikationsmittel zu fordern. Die Kenntnisnahme durch den Versicherungsnehmer könnte dabei in gleicher Weise wie bei den anderen obligatorischen Verbraucherinformationen erfolgen, indem eine Weiterführung im Programm von der elektronisch zu bestätigenden Akzeptanz durch den Versicherungsnehmer (z.B. durch Anklicken einer Bestätigungsikone) abhängig gemacht wird.

Ein weiteres denkbares Argument gegen eine Subsumtion der „Internet-Fälle“ unter den Korrespondenzversicherungsbegriff könnte in der Gefahr gesehen werden, dass die technischen Möglichkeiten der neuen Kommunikationsmedien zu einer systematischen Umge-

---

[733] Vgl. Art. 13 Absatz 2 i.V.m. Anhang B der 2.RLLV.

hung der restriktiveren Aufsichtsregionen seitens der Versicherer innerhalb der Europäischen Union führen könnte.

Gegen ein derartig verengtes Verständnis vom Korrespondenzbegriff spricht aber bereits die auf der Basis der 3.RLLV erfolgte Aufhebung des Kumulverbots. Der Gesetzeszweck des Verbots bestand darin, die Gefahr der Täuschung von Versicherungsnehmern über das Bestehen einer inländischen Aufsicht zu vermeiden[734]. Das gleiche Ziel wollte das BAV mit dem Verbot von Vermittlungstätigkeiten im Inland erreichen, sofern die Tätigkeit der Vermittler als ein Betrieb von Versicherungsgeschäften des ausländischen Versicherers betrachtet werden müsse[735]. Mit der Aufhebung des Verbots von gleichzeitigem Geschäftsverkehr über Niederlassungen und auf dem Dienstleistungsweg hat der Gesetzgeber offenbar auch eine neue Bewertung dieses Irrtumsrisikos des Versicherungsnehmers vorgenommen. Da das Korrespondenzgeschäft lediglich als ein Unterfall der Dienstleistungsfreiheit zu sehen ist[736], muss diese Wertung auch für diesen Bereich des Versicherungsgeschäftsverkehrs gelten.

Der Befürchtung einer systematischen Umgehung restriktiver Aufsichtsregionen muss ferner entgegnet werden, dass eine Quantifizierung eines auf der Basis der Korrespondenzversicherung zulässigen Geschäftsvolumens ebenfalls definitorisch nicht vorgesehen ist. Allenfalls ließe sich mit dem Hinweis auf diese – (bislang) wohl eher theoretische – Problematik darüber diskutieren, inwieweit sich Novellierungserfordernisse ergeben könnten, wenn ein nicht unerheblicher Anteil des Geschäftsverkehrs zukünftig tatsächlich auf diesem Weg abgewickelt würde.

Widerspruch provoziert des weiteren die Aufsichtspraxis des BAV, auch die Risikoeinschätzung und die Schadenabwicklung im Inland durch Gutachter, Sachverständige etc. als Kriterium für die Auslösung einer Erlaubnispflichtigkeit des Direktversicherungsgeschäfts zu definieren[737]. Wie jedoch Fahr[738] überzeugend darlegt, über-

---

734 Fahr/Kaulbach, § 107 Rn.1.

735 Vgl. Die Definition des (damaligen) BAA abgedruckt in Preuss, S.26.

736 Einen „dritten Weg" neben Dienstleistungs- und Niederlassungsverkehr sieht zumindest auch der „Gemeinsame Standpunkt" (EG 22/2000) nicht vor.

737 GB BAV 1964, S.47 f. und 1966, S.52.

738 Fahr/Kaulbach, § 105 Rn.25 ff.

nimmt etwa ein Arzt mit der Untersuchung einer zu versichernden Person eine Tätigkeit, die eine Voraussetzung für die Ausübung des Versicherungsgeschäfts sein kann, aber eben nicht selbst Teil des geschäftlichen Vorgangs ist. Diese Einschätzung gilt gleichermaßen auch für andere Sachverständige oder Gutachter, soweit diese sich auf Tatsachenfeststellungen und gutachterliche Äußerungen beschränken[739]. Daraus leitet Fahr die Schlussfolgerung ab, dass zu den Mittelspersonen daher nicht Versicherungsberater (i.S.v. § 1 Absatz 1 Nr.2 Rechtsberatungsgesetz), der Arzt oder sonstige Sachverständige, der keinen Kontakt zum ausländischen Versicherungsunternehmen herstellt, der vom Ausland handelnde Vermittler sowie der Zeitungsverleger oder sonstige Werbeträger, der Anzeigen ausländischer Versicherer veröffentlicht, zählen.

Überträgt man diese, m.E. zutreffende Ansicht, auf den elektronischen Geschäftsverkehr, so bedarf die Auflistung der Erweiterung: Anbieter von Websites, auf denen Werbebanner von Versicherern mit eigenen Seiten im World Wide Web eingeblendet werden. Auch in diesen Fällen handelt es sich nicht um Vermittlungen, da sich die Nutzer des Internet von sich aus an den Versicherer wenden und nicht etwa der Anbieter der Website, auf der die Werbung des Versicherers erscheint.

Entsprechendes gilt auch für im Internet vertretene ausländische Vermittler von Versicherungsprodukten, da der inländische Kunde den Geschäftskontakt zu den Vermittlern ebenfalls nur grenzüberschreitend herstellen kann.

b) Zwischenergebnis

Weder bestehen zwischen den Kommunikationsmedien Telefon einerseits und Internet, Email u.ä. andererseits derartig wesentliche technische Unterschiede, dass eine rechtliche Ungleichbehandlung zu rechtfertigen wäre, noch lassen Verbraucherschutzaspekte mit Blick auf die Vertragsschlussmittel im Korrespondenzversicherungsgeschäftsverkehr einen solchen Rückschluss zu. Demzufolge unterfallen auch die grenzüberschreitenden elektronisch getätigten Versicherungsgeschäfte dem aufsichtsrechtlichen Korrespondenz-

[739] Vgl. Fahr/Kaulbach, § 105 Rn.25 und 27.

begriff, soweit sie den genannten Tatbestandsmerkmalen nicht widersprechen.

2. Ergebnis

Nach der derzeit gültigen Rechtslage stehen dem BAV weder unmittelbar noch mittelbar Aufsichtsrechte, weder hinsichtlich der Finanz- noch bezüglich der sonstigen Aufsicht, gegenüber ausländischen, hier insbesondere britischen Versicherungsunternehmen zu, soweit diese ihren Geschäftsverkehr vollständig mittels der Kommunikationsmedien Internet und Email mit deutschen Versicherungsnehmern elektronisch abwickeln. Auch die Aufnahme von Geschäftstätigkeiten auf dem Korrespondenzwege der Versicherer unterliegen keiner Erlaubnispflicht durch das BAV.

3. Ausblick: Novellierungserfordernisse und –möglichkeiten

Produktdarstellungen sind im Internet mit vergleichsweise geringem zeitlichen und finanziellen Aufwand für Versicherungsunternehmen zu erstellen. Der Personalaufwand zur Pflege der Websites ist ebenfalls relativ niedrig und nicht ortsgebunden, sodass es Versicherern durchaus interessant erscheinen könnte, die sich aufgrund der unterschiedlichen versicherungsaufsichtsrechtlichen und vor allem versicherungsvertragsrechtlichen Vorschriften innerhalb der Europäischen Union ergebenden Freiheiten und Wettbewerbsvorteile zu nutzen. Je nach der Entwicklung der wirtschaftlichen Bedeutung der Abschlussvariante „Internet", ist die Gefahr einer bewussten, systematisch betriebenen Umgehung der aus Unternehmenssicht eher restriktiveren Aufsichtsregionen in der EU daher nicht von vornherein auszuschließen. Aus diesem Gesichtspunkt heraus könnte sich ein gewisses Novellierungsbedürfnis mit dem Ziel der Beschränkung des Anwendungsbereichs des Korrespondenzversicherungsgeschäfts ergeben. Bislang stellt sich der Umfang des elektronischen Geschäftsverkehrs freilich nicht gerade als eine Art „übergesetzliche Nivellierungsbedrohung" der nationalstaatlichen Versicherungsrechtssysteme dar, sodass zunächst einmal erste Erfahrungen mit den neuen Medien abgewartet und nicht zu voreilig dem Ruf nach neuerlichen, die wirtschaftlichen Freiheiten beschränkenden Gesetzgebungsmaßnahmen nachgegeben werden sollte.

Ohnehin ist zu bedenken, dass die rechtlichen Hürden für eine entsprechende Begrenzung des Anwendungsbereichs des Korrespondenzverkehrs vergleichsweise hoch sind. Die deutsche Bundesregierung müsste neben dem deutschen Gesetzgeber nicht nur auf der Ebene der Europäischen Union die Rechtssetzungsorgane von der Notwendigkeit einer Novellierung überzeugen. Auch müsste sie den Rat der Organisation für wirtschaftliche Zusammenarbeit und Entwicklung (Organisation for Economic Cooperation and Development – OECD) zu einer Änderung des „Kodex der Liberalisierung der laufenden unsichtbaren Geschäfte"[740] bewegen. Diese Beschlüsse beinhalten nämlich ebenfalls Vorschriften betreffend den grenzüberschreitenden Versicherungsverkehr und erklären darin u.a. den Abschluss von Lebensversicherungen[741] sowie der sonstigen Versicherungszweige[742] für „frei". Den Mitgliedstaaten verblieb jedoch die Möglichkeit der Regelung der Tätigkeit von Vermittlern in ihrem Hoheitsgebiet, bis hin zum vollständigen Verbot der Vermittlungstätigkeit. Von dieser Regelungskompetenz hat die Bundesrepublik Deutschland in vollem Umfang Gebrauch gemacht[743], sodass die Anwendung der durch den Kodex gewährten Freiheiten auf den Rahmen der Korrespondenzversicherung beschränkt ist.

Dieser, die Bundesrepublik Deutschland bindende Beschluss des Rates der OECD, hat die gleiche Wirkung wie ein völkerrechtlicher Vertrag[744] und bleibt als Übereinkunft zwischen einem Mitgliedstaat und weiteren Drittstaaten, ungeachtet nachträglicher Richtlinienregelungen innerhalb der Europäischen Union, nach den Grundsätzen des Art. 234 des EWG-Vertrags grundsätzlich bestehen[745].

---

740 Code of Liberalisation of Current Invisible Operations, OECD, Paris 1992.
741 Vgl. Anlage I zum Anhang A, Teil I, Rubrik D/3 des Kodex.
742 Vgl. Anlage I zum Anhang A, Teil I, Rubrik D/4 des Kodex.
743 Dies kommt auch durch die gemeinsame Definition des Korrespondenzbegriffs durch BWM und BAA aus dem Jahre 1961 zum Ausdruck. Demnach sind „Korrespondenzversicherungen...durch Korrespondenz zwischen einer Person, die ihren gewöhnlichen Aufenthalt im Inland hat, und einem Versicherungsunternehmen im Ausland zustande gekommene Versicherungen, ohne dass dabei ein geschäftsmäßig handelnder Vermittler mitwirkt und dadurch das ausländische Versicherungsunternehmen Versicherungsgeschäfte im Inland betreibt."
744 Fahr/Kaulbach, VAG, § 105 Rn.7; Müller, Rn.523.
745 Prölss/Schmidt, VAG, § 110a Rn.1.

Damit wird die Aufsichtsfreiheit der Korrespondenzversicherung allen Vertragsmitgliedstaaten des OECD-Vertrages von deutscher Seite garantiert[746] und somit auch gegenüber den Mitgliedsländern der Europäischen Union, soweit sie Vertragsstaaten des OECD-Vertrags sind, also faktisch allen wesentlichen Versicherungsnationen.

Novellierungserfordernisse sind somit bislang nicht erkennbar und deren Möglichkeiten im Übrigen als außerordentlich hürdenreich zu beurteilen.

---

746 Vgl. Fahr/Kaulbach, VAG, § 105 Rn.8; Müller, Rn.524; Rabe, S.106.

Kapitel II. Das britische Versicherungsaufsichtsrecht unter besonderer Berücksichtigung des Lebensversicherungssektors

Ebenso wie die deutsche Versicherungswirtschaft durch das VAG unterliegen auch die britischen Unternehmen seit dem ‚Life Assurance Company Act 1870' einer staatlichen Kontrolle. Anders als in Deutschland existiert hingegen keine, dem VAG vergleichbare, in einem Gesetz zusammengefasste Rechtsgrundlage. Statt dessen ergeben sich staatliche Aufsichtskompetenzen aus einer Reihe von Einzelgesetzen sowie Entscheidungen der Rechtsprechung.

Grundsätzlich betrachtet gilt das britische Recht der Versicherungsaufsicht gemeinhin, insbesondere im Vergleich zum deutschen Aufsichtssystem, als ein Exponent sehr unternehmensfreundlicher Regulierung der Geschäftstätigkeiten[747]. Das ursprüngliche System des Vereinigten Königreichs aus staatlicher Aufsicht durch das DTI[748] einerseits und der SRO´s[749] andererseits wurde dabei allerdings keineswegs kritiklos begleitet, sondern u.a. von Darling[750] - als Vertreter der Legislative - vielmehr als „in hohem Maße unbefriedigend"[751] bezeichnet. Er hielt daher eine Reform der Versicherungsaufsicht für essentiell[752] und schlug eine Änderung der ‚Regulierungskultur' vor, weshalb eine strukturelle Umgestaltung der Versicherungsaufsicht erforderlich sei[753].

---

[747] Vgl. Birds, S.4, der die durch das britische Aufsichtssystem gewährte generelle Freiheit von staatlicher Aufsicht, sowohl hinsichtlich der Risikodeckung als auch bezüglich der Kosten für die Versicherungsprodukte als einen Vorteil für den Versicherungsnehmer betrachtet.

[748] DTI = Department of Trade and Industry. Dies war die für die Aufsicht der Versicherungsunternehmen zuständige Abteilung im entsprechenden Ministerium.

[749] SRO = Self-regulating organization. Diese Form der Versicherungsaufsicht wurde u.a. für den unter der Bezeichnung 'Lloyd´s' bekannten Zusammenschluss einer Vielzahl von persönlich haftenden Einzelversicherern mit dem ‚Lloyd´s Act 1871' geschaffen.

[750] Alistair Darling ist Unterhausabgeordneter für die seit dem 1. Mai 1997 regierende Labour Party.

[751] Darling, S.44. Im Originaltext heißt es wörtlich: „The present system is highly unsatisfactory".

[752] Darling, S.43.

[753] Darling, S.45: „To change the culture of regulation needs a structural change".

Zwischenzeitlich wurde eine Neuordnung der aufsichtsrechtlichen Zuständigkeiten beschlossen und mit der Übertragung der Kompetenzen auf die neugeschaffene Aufsichtsbehörde FSA[754] auch umgesetzt. Das derzeitig wirksame Aufsichtsrecht für die britische Lebensversicherungswirtschaft wird demnach von folgenden Rechtsgrundlagen und Grundsätzen bestimmt:

1. Life Assurance Companies Act 1870

Die negativen Erfahrungen aus dem Bankrott zweier größerer Lebensversicherungsgesellschaften[755] ließen den Gesetzgeber daraufhin etwa zwei Jahre später mit dem ‚Life Assurance Companies Act 1870' einen ersten bescheidenen Anfang für die staatliche Kontrolle von Versicherungsunternehmen setzen[756]. Darin wurden die Versicherer verpflichtet, eine Summe von 20.000,-- GBP beim ‚High Court' als Sicherheit zu hinterlegen[757] sowie dem ‚Board of Trade' einen jährlichen Rechenschaftsbericht vorzulegen. Mit diesem Kautionssystem sollten Stabilität und Vertrauen in das Lebensversicherungsgeschäft gesichert werden[758], indem ein ausreichendes Maß unbelasteter Eigenmittel der Versicherer geschaffen wurde.

2. Policy Holders Protection Act 1975

Einen weiteren Schritt hin zu einer stärkeren finanziellen Absicherung der Versicherungsnehmer vor den Risiken eines in wirtschaftli-

---

754 FSA = Financial Services Authority. Nachdem die Aufsicht ursprünglich vom DTI (Department of Trade and Industry) wahrgenommen wurde und anschließend mit Wirkung vom 5. Januar 1998 die Zuständigkeit kurzzeitig auf das TID (Treasury Insurance Directorate) überging, wechselte die Verantwortung am 18. November 1998 zur FSA, als einer für den Investmentsektor insgesamt zuständigen Aufsichtsbehörde. Zu deren Aufgaben gehören darüber hinaus die bislang durch die drei verschiedenen SRO´s (Personal Investment Authority – PIA, Investment Management Regulatory Organization – IMRO und Securities and Futures Authority – SFA), das Securities and Investment Board (SIB) wahrgenommenen Bereiche. Ferner zählt dazu auch die Bankenaufsicht sowie die Zuständigkeit für Lloyd´s of London.

755 Vgl. zur historischen Entwicklung und Bedeutung des Gesetzes Ahlenstiel, S.33 ff.

756 Vgl. Birds, S.20, der auf den gesetzgeberischen Anlass hinweist; MacGillivray, Rn.34.3.; Neuhaus, S.6 ff.

757 Life Assurance Companies Act 1870, section 3.

758 Hansell, Rn.33.5.

che Schwierigkeiten geratenen Versicherungsunternehmens wurde mit dem ‚Policy Holders Protection Act' von 1975 gegangen, welcher im Jahr 1997 seine jüngste Novellierung[759] erfahren hat. Dieses Gesetz beruhte ebenfalls auf den Erfahrungen des Scheiterns einer Lebensversicherung, der Nation Life, im Jahre 1974[760]. Es entsprach dabei der damaligen Politik der britischen Regierung, keine öffentlichen Mittel zum Schutz vor Insolvenzen einzelner Unternehmen bereitzustellen, sondern die Branche insgesamt in die Verantwortung zu nehmen, indem ein Beitrag jedes einzelnen Unternehmens verlangt wurde[761].

Innerhalb der Versicherungswirtschaft wurde dieses Gesetz sehr kontrovers diskutiert, da befürchtet wurde, dass die namhaften und effizienten Versicherer für die inkompetenten und möglicherweise unehrenhaften Versicherer verantwortlich gemacht würden. Zwischenzeitlich ist das Policyholders Protection Board freilich eine etablierte und allgemein anerkannte Einrichtung[762].

a) Finanzieller Umfang der Haftung

Den Versicherungsnehmerschutz gewährleisten soll das bereits erwähnte ‚Policyholders Protection Board', eine Organisation, deren Aufgaben durch Beiträge der zugelassenen Versicherungsunternehmen finanziert werden, welche eine Höhe von jährlich bis zu 0,8% des Nettoprämienaufkommens dieser Versicherer erreichen können[763]. Diese Abgaben dürfen jedoch nicht im voraus erhoben werden, sondern erst, wenn Versicherungsnehmer vom wirtschaftlichen Zusammenbruch eines Unternehmens bedroht sind[764]. Neben den Abgaben der Unternehmen kann das Board zusätzlich Kredite in jeder erforderlichen Höhe zur Sicherung der Erfüllung seiner Auf-

[759] Im folgenden wird auf den Policy Holders Protection Act 1997 verwiesen. Gemeint ist der Policy Holders Protection Act 1975 in der geänderten Fassung von 1997.
[760] Hansell, Rn.33.24.
[761] Vgl. Hansell, Rn.33.24, der darauf hinweist, dass die Regierung in vergleichbarer Weise bezüglich gescheiterter Reisebüros reagiert hat.
[762] Hansell, Rn.33.29.
[763] Policy Holders Protection Act 1997, section 9 (2).
[764] Hansell, R.33.28.

gaben aus diesem Gesetz aufnehmen, wobei diese jedoch einen Betrag von 40 Millionen Pfund nicht übersteigen sollen[765].

Für Leistungsverpflichtungen aus Pflichtversicherungsverträgen muss das Board in dem Umfang haften, in dem ein Leistungsanspruch gegen den Versicherer besteht, d.h. in vollem Umfang[766]. Für alle anderen Versicherungsverträge besteht eine Leistungsverpflichtung der Behörde lediglich in einer Höhe von 90% des Umfangs der vertraglichen Verpflichtungen des in wirtschaftliche Not geratenen Versicherers gegenüber dem jeweiligen Anspruchsberechtigten[767].

Für sog. ‚Long-term policies' (darunter fallen insbesondere Lebens- und Pensionsversicherungsverträge) sieht das Gesetz darüber hinaus ein besonderes Verfahren vor. Demnach muss zunächst versucht werden, die Verträge des insolventen Versicherers auf einen anderen zugelassenen Versicherer zu übertragen. Gelingt dies nicht, so ist das Board ermächtigt Vereinbarungen dahin gehend zu treffen, dass als Ersatz für die insolventen Altverträge mit anderen Versicherern neue Verträge abgeschlossen werden, die sicherstellen, dass der Versicherungsnehmer zukünftig mindestens 90% seiner bisher erwarteten Leistungen aus dem Versicherungsvertrag erhält. Sollten derartige Bestandsübertragungen vernünftigerweise nicht praktikabel sein, muss das Board dem Versicherungsnehmer eine Geldsumme zahlen, die 90% des sich aus dem Vertrag ergebenden Leistungsanspruchs entspricht[768].

b) Geschützter Personenkreis

Das Gesetz schützt grundsätzlich alle Versicherungsnehmer, seien es natürliche oder juristische Personen. Hinsichtlich der sog. ‚General policies' ist das Board nur gegenüber *private policyholders* zur Entschädigung verpflichtet. Dies sind nach der Legaldefinition des Gesetzes solche Versicherungsnehmer, die entweder natürliche Personen sind, Personengesellschaften oder nichteingetragene Körperschaften. Für die ‚Long-term policies', also vor allem die Le-

---

[765] Policy Holders Protection Act 1997, section 1 (3) und 4.
[766] Policy Holders Protection Act 1997, section 6 (5) und section 7.
[767] Policy Holders Protection Act 1997, section 8 (2), section 10 (2).
[768] Policy Holders Protection Act 1997, section 10 und 11.

bensversicherungsverträge, gilt diese Beschränkung nicht. Nicht erfasst sind darüber hinaus Versicherungsnehmer aus Verträgen, die entweder den Rückversicherungsbereich oder die sog. MAT-Policen (marine, aviation and transit) betreffen.

Zu dem geschützten Personenkreis gehören im engeren Sinne zwar lediglich die jeweiligen Versicherungsnehmer. Jedoch ist das Board berechtigt, Auszahlungen auch an Dritte vorzunehmen, wie beispielsweise an außerhalb des Vertragsverhältnisses stehende berechtigte Anspruchsteller gegen Pflichtversicherungen, an Begünstigte aus Lebensversicherungsverträgen oder an Personen aufgrund sonstiger den Versicherungsnehmer bindenden Vereinbarungen[769].

c) „Internet-Verträge“

Die Behörde schützt die Versicherungsnehmer zwar ausschließlich vor Verlusten aus Insolvenzen von zugelassenen britischen Versicherungsunternehmen bzw. Versicherern aus anderen Mitgliedstaaten der Europäischen Union, die ihre vertraglichen Verpflichtungen aus Geschäftstätigkeiten im Vereinigten Königreich betreffen[770]. Zu diesen zählen allerdings auch Verträge, die von entsprechend zugelassenen Versicherern im grenzüberschreitenden elektronischen Geschäftsverkehr abgeschlossen wurden. Dies ist zwar bislang nicht ausdrücklich gesetzlich fixiert. Für eine Einbeziehung dieser Verträge in den Schutzbereich des Gesetzes lässt sich jedoch die Entscheidung des Court of Appeal zu dem Fall *Ackman and Ors and Scher and Ors v. The Policyholders Protection Board, Royal Insurance (UK) Ltd and New Hampshire Insurance Co (1992)* heranziehen. Darin stellt das Gericht klar, dass es für die Anwendbarkeit des Policy Holders Protection Act irrelevant ist, ob die Verpflichtung aus dem Vertrag innerhalb des Vereinigten Königreichs vollzogen wird. Im Ergebnis fielen damit auch all die Verträge unter den Schutz dieses Gesetzes, die von zugelassenen Versicherern des Vereinigten Königreichs an Versicherungsnehmer außerhalb des Königreichs geschlossen wurden[771].

---

[769] Policy Holders Protection Act 1997, section 13.
[770] Policy Holders Protection Act 1997, section 3.
[771] Vgl. Ellis/Wiltshire, B.11-36.

Wenn es also weder auf den gewöhnlichen Aufenthaltsort des Versicherungsnehmers ankommt, noch darauf, an welchem Ort die vertragliche Verpflichtung erfüllt wird, kann auch der gewählte Vertriebsweg nicht das maßgebliche Kriterium sein. Entscheidender Anknüpfungspunkt ist nach Auffassung des Gerichts vielmehr, dass der Versicherer eine vertragliche Verpflichtung eingegangen ist, die als Teil des Geschäftsverkehrs zu betrachten ist, die der Versicherer zulässigerweise im Vereinigten Königreich tätigen darf[772]. Diese Voraussetzungen erfüllen aber auch die elektronisch mittels Internet u.ä. im grenzüberschreitenden Geschäftsverkehr abgeschlossenen Verträge dieser Gesellschaften.

Somit werden auch die dieser Abhandlung zugrunde liegenden Fälle von Versicherungsverträgen des grenzüberschreitenden elektronischen Versicherungsgeschäftsverkehrs durch den Policy Holders Protection Act geschützt.

3. Insurance Companies Act 1982

Das im Vereinigten Königreich zur Zeit wirksame Aufsichtsrecht wird neben dem ‚Financial Services Act 1986'[773] vor allem durch den ‚Insurance Companies Act 1982'[774] bestimmt[775]. In ihm sind die Acts von 1974 und 1981 zusammengefasst. Das Gesetz besteht aus 100 sections und kann in fünf wesentliche Bereiche eingeteilt werden[776]:

(1) Beschränkungen der Ausübung des Versicherungsgeschäfts. Dieser Bereich behandelt die verschiedenen Sparten des Versicherungsgeschäfts, sowie die zu erfüllenden Voraussetzungen für die Aufnahme des Geschäftsbetriebs.

---

[772] Vgl. auch MacGillivray, Rn.34.62.

[773] Auf dieses Gesetz wird unten ab S.216 näher eingegangen.

[774] Auf der Grundlage der section 97 des Insurance Companies Act 1982 sind die Insurance Companies Regulations 1994 erlassen worden. Bei den regulations handelt es sich um Durchführungsvorschriften, die den Verordnungen im deutschen Recht entsprechen und die konkretere Beschränkung des Versicherungsgeschäfts, wie etwa hinsichtlich der finanziellen Sicherheiten, regeln.

[775] Als maßgebliches aufsichtsrechtliches Gesetz bezeichnet von Criegern den Insurance Companies Act 1982, vgl. S.100.

[776] In Anlehnung an die Übersicht bei Holyoake/Weipers, S.100 f. sowie die Überschriften des ‚Insurance Companies Act 1982'.

(2) Regulierungen der Versicherungsgesellschaften. Dieser Abschnitt regelt vorwiegend Fragen der Finanzaufsicht, wie beispielsweise die jährliche Rechnungslegung, die Kompetenzen des Aktuars und die Auflösung von Gesellschaften.

(3) Ausübung des Versicherungsgeschäfts. Vorschriften über die Werbung für Versicherungsunternehmen und die Mitteilungspflichten von Vermittlern über Verbindungen mit einer Versicherungsgesellschaft gehören zu den in diesem Teil u.a. behandelten Regelungsbereichen.

(4) Spezielle Klassifizierungen von Versicherern. Dieser Abschnitt enthält im wesentlichen Bestimmungen betreffend Lloyd's, die industrielle Lebensversicherung und Gesellschaften mit Sitz außerhalb des Vereinigten Königreichs.

(5) Zusatzbestimmungen. Mit den Strafvorschriften für den Fall der Nichtbeachtung von Vorschriften dieses Gesetzes sowie der Verpflichtung des Finanzministeriums, dem Parlament einen jährlichen Bericht über die Anwendung des Gesetzes zu erstatten, beschäftigt sich der letzte Teil des Gesetzes.

a) Ermächtigung zur Aufnahme des Geschäftsbetriebs

Auch im Vereinigten Königreich ist das Versicherungsgeschäft grundsätzlich genehmigungspflichtig[777]. Von dem Genehmigungserfordernis befreit ist - als signifikantestes Beispiel hierfür – Lloyd's[778]. Mit Ausnahme zum Zeitpunkt des Inkrafttretens des Gesetzes bereits bestehender Genehmigungen[779] für die Ausübung des Versicherungsgeschäfts darf eine Genehmigung vom zuständigen Finanzministerium nur erteilt werden, wenn der entsprechende Antrag alle erforderlichen Informationen enthält und das Ministerium davon überzeugt ist, dass die Genehmigung erteilt werden sollte[780].

Der Antrag muss Prognosen über die Geschäftsentwicklung der nächsten drei Jahre, inklusive der zur Deckung der Verbindlichkei-

[777] Section 2 (1) des Insurance Companies Act 1982.
[778] Vgl. Section 2 (2) des Acts; Coulson, Eng - 1.
[779] Vgl. section 4 des Acts.
[780] Section 5 (1) des Acts.

ten aus Versicherungsverträgen genutzten finanziellen Ressourcen, sowie Angaben darüber enthalten, in welcher Sparte der Geschäftsverkehr erfolgen soll[781]. Ferner sollen Genehmigungen nicht erteilt werden, wenn das Management des Unternehmens nicht die Kriterien der Zuverlässigkeit und Vorsicht erfüllt bzw. dies erwarten lässt[782].

Darüber hinaus wird das Führungspersonal einem ‚fitness screening' unterzogen, d.h. es wird geprüft, ob diese Personen geeignet und zuverlässig i.S.d. Gesetzes sind[783]. Bei ungeeignetem Personal kann das Ministerium die Zulassung des Geschäftsbetriebs konsequenterweise verweigern.

b) Solvabilitätsspanne

Mit dem ‚Assurance Companies Act 1946' wurde in Großbritannien erstmalig die Bildung einer Solvabilitätsspanne gesetzlich festgelegt. Dabei wird eine Beziehung zwischen den Vermögenswerten des Versicherers einerseits und dessen Verbindlichkeiten andererseits hergestellt. Der Gesetzgeber hat in dem ‚Insurance Companies Act 1982' neue Mindestanforderungen an die Solvabilität fixiert. Sie stehen in Abhängigkeit zum Sitz der Gesellschaft (innerhalb oder außerhalb Großbritanniens), zur betriebenen Versicherungssparte, zum Geschäftsumfang, zum Ergebnis der beiden zulässigen Kalkulationsmethoden sowie zum Umfang des Rückversicherungsanteils[784]. Grundsätzlich ist gemäß den Artt. 17 ff. der 3. RLLV diesbezüglich keine Anlageform ausgeschlossen[785].

Der Bedarf wird dabei als Prozentsatz der vom Aktuar des Unternehmens für die verschiedenen Sparten festgelegten mathematischen Reserve ausgedrückt. Für den Lebensversicherungsbereich wird insoweit eine Solvabilitätsspanne von 4% der Reserven, abzüglich eines Rückversicherungsnachlasses, verlangt[786].

---

[781] Section 5 (1a) des Acts.
[782] Section 5 (1A) („sound and prudent management").
[783] Vgl. sections 7 (3), 8 (2) und 9 (5) des Acts („fit and proper").
[784] Vgl. section 32 des Acts und Davis/Hood/Stein, S.41 f.
[785] Diese Bestimmungen wurden in den reg. 27 ff. der ‚Insurance Companies Regulations 1994' in das englische Recht transformiert.
[786] Beispiele für die Berechnung finden sich in Holyoake/Weipers, S.105 ff.

c) Trennung der Vermögensanlagen

Das Gesetz gliedert die Versicherungssparten zunächst in zwei Hauptkategorien. Es kennt das sog. ‚general business' (diese Kategorie umfasst 18 Bereiche des Nichtlebensversicherungssektors) und das ‚long-term business' (9 Bereiche insgesamt, wobei der Lebensversicherungssektor den wesentlichen Anteil ausmacht).

Sollte ein Versicherungsunternehmen sowohl das sog. ‚long-term business' als auch Sparten des sog. ‚general business' betreiben, so hat es sicherzustellen, dass eine getrennte Kontenführung einerseits die Identifikation der zugehörigen Versicherungssparte ermöglicht, als auch andererseits die Vermögensanlagen und die Verbindlichkeiten nachvollziehbar und getrennt von anderen Sparten ausweist[787]. Zu diesem Zweck hat der Versicherer separate Versicherungsfonds zu bilden und diese sachdienlich zu benennen[788].

Ferner haben Lebensversicherungsgesellschaften zu gewährleisten, dass adäquate Vorkehrungen getroffen werden, die im Falle von Transaktionen eine nachteilige Wirkung auf die Fonds verhindern. Bei einer Mehrzahl von gebildeten Fonds zu einer Sparte gilt dies auch für das Verhältnis der Fonds zueinander[789].

Den Unternehmen ist darüber hinaus vorgeschrieben, ihre Vermögensanlagen in einer Währung zu bilden, die sachdienlich im Verhältnis zu den Verbindlichkeiten ist, denen sich die Versicherer ausgesetzt sehen[790].

Grundsätzlich müssen die Vermögenswerte der jeweiligen Fonds freilich ausschließlich für Zwecke der jeweiligen Sparte genutzt werden[791]. Dadurch ist ein Versicherer jedoch nicht daran gehindert, Austausche zwischen den Vermögensanlagen einzelner Fonds verschiedener Sparten vorzunehmen, sofern diese Transaktionen zu den üblichen Marktwerten geschehen[792].

---

[787] Section 28 des Acts.
[788] Hardy Ivamy, S.49 f.
[789] Section 31A des Acts.
[790] Section 35 (1) des Acts.
[791] Section 29 (1) des Acts.
[792] Section 29 (4) des Acts.

Jede Hypothek oder andere Belastung, die den genannten Vorgaben zum Schutz der Fonds zuwiderläuft, gilt daher als nichtig[793]. Es ist den Unternehmen außerdem untersagt, Dividenden auszuschütten, sofern die von den Unternehmen gehaltenen Vermögensanlagen in den jeweiligen Fonds nicht ausreichend zur Deckung der aus dem Versicherungsgeschäft folgenden Verbindlichkeiten sind[794].

d) Zuweisungen an Versicherungsnehmer

Den Versicherungsnehmern aus Lebensversicherungen zustehende realisierte Gewinnüberschüsse, deren Umfang den Versicherungsnehmern angesichts früherer Gewinnanteile bereits zugewiesen ist, darf das Versicherungsunternehmen – zumindest bezüglich der jeweiligen Vermögensanlagen, aus denen der Gewinnanteil erwirtschaftet wurde, grundsätzlich nicht übertragen oder auf andere Art verwenden[795].

Ausnahmen dazu sind nur unter Beachtung des im Gesetz detailliert beschriebenen Verfahrens, das neben der Information der Aufsichtsbehörde insbesondere auch die Information der Versicherungsnehmer vorsieht, zulässig[796].

e) Prüfung der Unternehmen

Die regelmäßigen Prüfungen der Versicherungsunternehmen durch die FSA stellen den Kernbereich der in Großbritannien auf der Basis des ‚Insurance Companies Act 1982' durchgeführten staatlichen Aufsicht dar[797]. Durch die den Versicherern gesetzlich vorgeschriebenen Auflagen, die Kontoführung aufzuzeichnen, Ertragsrechnungen, Gewinn- und Verlustrechnungen und Bilanzen in einer bestimmten Form vorzulegen, soll die FSA in die Lage versetzt werden, eine Kontrolle der finanziellen Situation der Versicherer vorzunehmen[798].

---

[793] Section 29 (5) des Acts.
[794] Hardy Ivamy, S.51.
[795] Vgl. Hardy Ivamy, S.51.
[796] Vgl. Section 30 des Acts.
[797] Vgl. Davis/Hood/Stein, S.42.
[798] Vgl. Davis/Hood/Stein, S.42 f.

Lebensversicherer müssen darüber hinaus einen Aktuar benennen, der zu einer jährlichen Bewertung der gebildeten Vermögensanlagen verpflichtet ist. Die Konten müssen einer Rechnungsprüfung unterzogen und diese Informationen innerhalb von sechs Monaten an die Aufsichtsbehörde übermittelt werden[799].

f) Eingriffsbefugnisse der Aufsichtsbehörde

Der für die Aufsicht der Versicherungswirtschaft zuständigen Behörde steht ein weit gefächertes Spektrum an Eingriffsbefugnissen zur Verfügung. Das Gesetz legt in section 37 zunächst die Gründe für ein Eingreifen fest, um sodann die Eingriffsrechte in den sections 38 – 45[800] im einzelnen zu definieren.

aa) Gründe für ein Eingreifen der Aufsichtsbehörde

Es sind gemäß section 37 sieben Gründe für ein Eingreifen der Aufsichtsbehörde gegenüber einem Versicherungsunternehmen mit Sitz im Vereinigten Königreich gesetzlich vorgesehen. Dies sind:

(1) Schutz der Versicherungsnehmer oder potentieller Versicherungsnehmer vor dem Risiko, dass ein Unternehmen möglicherweise seine Verbindlichkeiten oder die vernünftigen Erwartungen der Versicherungsnehmer nicht erfüllen kann[801].

(2) Ein Unternehmen mit Sitz innerhalb des Vereinigten Königreichs oder außerhalb der Europäischen Union hat oder hatte bzw. hat oder hatte möglicherweise die Kriterien einer zuverlässigen und vorsichtigen Geschäftsführung nicht erfüllt[802].

(3) Das Versicherungsunternehmen hat allgemein seine aus diesem Gesetz folgenden Verpflichtungen nicht erfüllt[803].

---

[799] Vgl. Sections 17 – 22 des Acts.
[800] Keine Aufsichtsrechte werden der Behörde hingegen durch die sections 40A und 44A verliehen.
[801] Section 37 (2a) des Acts.
[802] Section 37 (2a)aa) des Acts.
[803] Section 37 (2bi) des Acts.

(4) Das Unternehmen hat bezüglich der Anforderungen dieses Gesetzes irreführende oder unrichtige Informationen an die Aufsichtsbehörde geliefert[804].

(5) Die vom Unternehmen zu erfüllenden Rückversicherungsverpflichtungen, soweit verlangt, sind nicht ausreichend vorgenommen[805].

(6) Es existieren Gründe, die die Verweigerung einer Zulassung zum Geschäftsbetrieb gemäß der sections 7 – 9 erlauben würde, wenn das Unternehmen diese zum derzeitigen Zeitpunkt beantragen würde[806].

(7) Es bestehen erhebliche Abweichungen zu den Prognosen bzw. Erwartungen des Unternehmens, die dieses bei der Anmeldung zum Geschäftsbetrieb abgegeben hatte[807].

Für alle genannten Eingriffsgründe steht der Aufsichtsbehörde, dem Wortlaut des Gesetzes zufolge („...that it appears to the Treasury..."), ein Ermessensspielraum zur Verfügung[808].

bb) Eingriffsrechte der Aufsichtsbehörde

Vor dem Hintergrund der beschriebenen Eingriffsgründe stehen der Aufsichtsbehörde eine Vielzahl von Eingriffsmitteln zur Verfügung. Die Behörde kann es einem Unternehmen demnach untersagen, innerhalb eines bestimmten Zeitraums bestimmte Investitionen zu tätigen[809]. Die Behörde kann die dem betroffenen Unternehmen gestatteten Investitionen insoweit auf die für die Aufrechterhaltung der im Rahmen einer Lebensversicherung gebildeten Fonds beschränken[810].

---

804 Section 37 (2c) des Acts.
805 Section 37 (2d) des Acts.
806 Section 37 (2e) des Acts. Die sections 7 – 9 behandeln die Verweigerung der Zulassung wegen der persönlichen Ungeeignetheit von Aufsichtsräten, Vorständen und Rechnungsprüfern von Unternehmen.
807 Section 37 (2f) des Acts.
808 Vgl. MacGillivray, Rn.34.27.
809 Section 38 (1).
810 Section 38 (2).

Die Aufsichtsbehörde kann ferner verlangen, dass Vermögenswerte, die dem Umfang der innerhalb der Europäischen Union bestehenden Verbindlichkeiten des Unternehmens mit Sitz im Vereinigten Königreich entsprechen, in der Europäischen Union belassen werden müssen[811]. Die Behörde kann dabei auch festlegen, ob und gegebenenfalls welche der Vermögensanlagen als innerhalb der Europäischen Union verbleibende Vermögensanlagen behandelt werden sollen[812]. Zur Sicherung dieser seitens der Behörde benannten Vermögenswerte kann sie einen Treuhänder bestellen[813]. Sie kann das Unternehmen außerdem dazu verpflichten, innerhalb eines bestimmten Zeitraums die Gesamtsumme der Prämieneinnahmen für bestimmte Geschäftszweige einen festgelegten Betrag nicht übersteigen zu lassen[814].

Bei Lebensversicherern können des weiteren außerhalb der üblichen Berichtsspannen Sonderprüfungen des verantwortlichen Aktuars bezüglich der finanziellen Situation des Versicherers durch die Behörde verlangt werden[815].

Das Gesetz ermächtigt das Finanzministerium ferner zur Benennung einer oder mehrerer kompetenter Personen, die Prüfungen durchzuführen, inwieweit die Geschäftsführung des jeweiligen Unternehmens den Kriterien der Zuverlässigkeit und Vorsicht entspricht bzw. ob durch die Bestellung einer vom Unternehmen benannten Person zum Rechnungsprüfer diese Kriterien erfüllt würden[816].

Gemäß section 44 des Acts steht der Aufsichtsbehörde zusätzlich die Möglichkeit offen, von den Versicherern die Übermittlung, entweder zu festgelegten Zeitpunkten oder in Intervallen, von Informationen über jegliche die Behörde interessierende Angelegenheiten zu verlangen[817]. Dazu kann sie sich auch von ihr autorisierter Personen bedienen, wobei freilich auch vom betroffenen Unternehmen

---

[811] Section 39 (1).
[812] Section 39 (2).
[813] Section 40 (1).
[814] Section 41 (1).
[815] Section 42 (1).
[816] Section 43A (1).
[817] Section 44 (1).

selbst die Erstellung der entsprechenden Unterlagen verlangt werden kann[818].

Abschließend eröffnet section 45 der Aufsichtsbehörde in einer Art „Auffangklausel"[819] das Recht, die erforderlichen Maßnahmen zum Schutz der Versicherungsnehmer oder potentieller Versicherungsnehmer zu treffen, um sie vor dem Risiko der Nichterfüllung der vertraglich zugesicherten bzw. vernünftiger Weise zu erwartenden Verpflichtungen zu schützen oder um eine den Kriterien der Zuverlässigkeit und Vorsicht entsprechenden Geschäftsführung zu gewährleisten[820]. Diese Ermächtigungsnorm darf gemäß section 37 (6) des Acts jedoch erst für den Fall zur Anwendung gelangen, dass die anderen spezielleren Maßnahmen nicht zum gewünschten Erfolg führten bzw. führen werden.

g) Leitung eines Versicherungsunternehmens

Der Aufsichtsbehörde stehen neben den Instrumenten der Finanzaufsicht zusätzlich eine Reihe von Regelungen zur Seite, um das Geschäftsgebaren eines Versicherungsunternehmens zum Schutz der Versicherungsnehmer zu regulieren. Das Gesetz ermächtigt die Aufsichtsbehörde Vorschriften zu erlassen, die die Form und den Inhalt von Werbung für Versicherungen näher regelt[821]. Dies umfasst dem Wortlaut des Gesetzes zufolge auch Werbemaßnahmen über das Internet[822].

Entsprechend den Vorgaben der 3. RLLV müssen die Versicherungsnehmer Verbraucherinformationen mit den bereits beschriebenen Mindestangaben zum Versicherungsunternehmen selbst sowie dem Vertragsstatut u.ä. erhalten[823]. Hierzu zählt auch das Recht des Versicherungsnehmers, innerhalb von 14 Tagen nach Abschluss

---

[818] Section 44 (2).

[819] Im Gesetzestext wird von „residual powers" gesprochen.

[820] Section 45 (1).

[821] Section 72.

[822] Der Legaldefinition des Begriffs der Werbung entsprechend, umfasst dieser jede Form der Werbung („...includes every form of advertising..."), vgl. section 72 (6).

[823] Diese Vorschriften finden sich als Anlage zum Insurance Companies Act 1982 in section 72A i.V.m. schedule 2E.

des Lebensversicherungsvertrages den Rücktritt vom Vertrag zu erklären.

h) Widerruf der Zulassung zum Geschäftsbetrieb

Die Zulassung zum Geschäftsbetrieb kann einem Versicherungsunternehmen auf zweierlei Wegen durch die Aufsichtsbehörde entzogen werden. Die eine Möglichkeit besteht darin, dass der Versicherer selbst die Rücknahme beantragt, beispielsweise aufgrund der unternehmenspolitischen Entscheidung, künftig kein Versicherungsgeschäft, sei es nur einer bestimmten Sparte oder insgesamt, betreiben zu wollen.

Die alternative Option besteht in dem einseitigen Entzug der Genehmigung durch die Aufsichtsbehörde wegen Missständen im Geschäftsverkehr des Unternehmens[824]. Im einzelnen sind dies, bezogen auf den dieser Abhandlung zugrunde liegenden Ausgangsfall, vor allem die folgenden vier Gründe, wobei der Aufsichtsbehörde bei der Ausübung ihrer Rechte hier ebenfalls jeweils ein Ermessensspielraum zur Verfügung steht.

Die Zulassung kann demnach entzogen werden[825], wenn die Aufsichtsbehörde der Auffassung ist, dass das Unternehmen seinen sich aus diesem Gesetz ergebenden Verpflichtungen nicht nachkommt oder die Geschäftsführung des Versicherers die Kriterien der Zuverlässigkeit und Vorsicht nicht erfüllt. Des weiteren kann die Zulassung entzogen werden, wenn das Unternehmen mit Sitz im Vereinigten Königreich eine Verpflichtung nicht erfüllt, der das Unternehmen aufgrund von Rechtsvorschriften eines anderen Mitgliedsstaates der Europäischen Union unterliegt. Die Aufsichtsbehörde kann im übrigen in allen anderen Fällen, in denen die Erteilung einer Zulassung unter der Prämisse eines entsprechenden Antrags hätte verweigert werden dürfen, die Genehmigung widerrufen. Dies gilt beispielsweise bei Zweifel an der Kompetenz des Leitungspersonals des Unternehmens i.S.d. section 7 – 9 des Gesetzes.

---

[824] Vgl. insoweit die sections 11 – 13 des Acts.

[825] Siehe im einzelnen dazu Hardy Ivamy, S.38 ff. sowie MacGillivray, Rn.34.39 mit weiteren Beispielen.

4. Financial Services Act 1986

Die Lebensversicherer mit Sitz in Großbritannien unterliegen hinsichtlich ihrer Geschäftstätigkeit im Bereich der Vermögensanlagen („investment business“) neben dem Insurance Companies Act 1982 auch der Aufsicht durch den Financial Services Act 1986[826]. Ausgenommen hiervon sind im Rahmen des Lebensversicherungsbereichs lediglich die Produkte, die eine Leistung im Erlebensfall vom Erreichen eines bestimmten Mindestalters abhängig machen, das jedoch 70 Jahre nicht überschreiten darf, sowie die reinen Risikolebensversicherungspolicen und die Policen mit Einmalbeiträgen, deren Erlebensfallleistung diesen Einmalbeitrag nicht übersteigt[827]. Produkten mit Anteilen sowohl des ‚long-term-‘ als auch des ‚general business‘ (z.B. Kapitallebensversicherungen mit doppelter Leistungshöhe bei Unfalltod) unterliegen nur bezüglich ihres ‚long-term‘ Teils den Vorschriften des Financial Services Act 1986.

a) Definition des Begriffs „investment business“

Als Tätigkeiten des „investment business“ definiert Schedule 1 des Acts den Kauf und Verkauf von Kapitalanlagen bzw. das entsprechende Angebot oder das Einverständnis dazu. Darunter fällt ferner auch die Vermittlung von Investmentgeschäften zwischen anderen Personen sowie darüber hinaus die Vermögensverwaltung (sog. „asset-management“) und Vermögensberatung[828].

b) Die Schutzvorschriften im einzelnen

Der gesamte Teil II (sections 129 – 139) sowie Schedule 10 des Gesetzes ist speziellen, auf die der britischen Aufsicht unterliegenden Versicherungsunternehmen anwendbare Vorkehrungen gewidmet. Auf die für den Ausgangskonstellationen der Abhandlung wichtigen Vorschriften wird im folgenden eingegangen.

Section 130 untersagt den Vertrieb und die Werbung für Versicherungsprodukte im Vereinigten Königreich, soweit diese nicht von

---

[826] Die Versicherer von Lloyd's of London fallen gemäß section 42 nicht unter den Anwendungsbereich des Gesetzes.
[827] Vgl. Ellis/Wiltshire, A7-19.
[828] Näher dazu Ellis/Wiltshire, A7-20.

entsprechend zugelassenen Unternehmen stammen. In Verbindung mit section 131 wird damit ein für den Versicherungsnehmer wichtiges Schutzrecht proklamiert. Sollte ein Versicherungsnehmer einen Vertrag aufgrund einer rechtswidrigen Werbung eingegangen sei, so berührt das die Wirksamkeit zugunsten des Versicherungsnehmers zunächst nicht. Ihm steht vielmehr ein Wahlrecht offen, ob er die Wirksamkeit oder die Nichtigkeit des Vertrags will. In jedem Fall ist der Vertrag jedoch nicht von Seiten des Versicherers gegen den Versicherungsnehmer durchsetzbar.

Des weiteren stellt die wissentliche Verbreitung irreführender Angaben, um potentielle Versicherungsnehmer zum Abschluss eines Versicherungsvertrages zu verleiten, eine strafbare Handlung dar (vgl. section 133 bzw. section 47)[829].

Mit section 135 werden Wirtschaftsprüfer von ihrer Schweigepflicht über interne Angelegenheiten ihrer Mandanten - der Versicherungsgesellschaften - entbunden, sofern sie auf dem direkten Wege der Aufsichtsbehörde Mitteilungen über Vorkommnisse machen, die sie in ihrer Funktion als Wirtschaftsprüfer erfahren haben[830].

5. Die Financial Services Authority (FSA) und die Beratungspflichten der Vermittler

a) Stellung und Aufgaben der Aufsichtsbehörde im Versicherungssektor

Die FSA ist eine Aufsichtsbehörde, die die Tätigkeiten des gesamten Finanzdienstleistungssektors überwacht und dem Financial Services and Markets Act 2000 (FSMA 2000) zufolge dem Schatzamt unterstellt und vier zentralen Aufsichtszielen im Bereich der Finanzdienstleistungen verpflichtet ist[831]. Hierzu zählen die Aufrechterhaltung des Vertrauens in den Finanzmarkt[832], die Förderung öffentlichen Bewusstseins über den Nutzen und die Risiken verschiedener Finanzanlagen sowie die Schaffung dafür geeigneter Informations-

---

829 Vgl. Davis/Hood/Stein, S.44.

830 Durch section 135 wurde section 21A als entsprechende Vorschrift in den Insurance Companies Act 1982 eingeführt.

831 Vgl. section 1 und 2 i.V.m. schedule 1 des FSMA 2000.

832 Vgl. section 3 des FSMA 2000.

und Beratungsvorschriften[833], der Schutz der Verbraucher[834] und die Verringerung der Zahl von Vermögensdelikten[835]. Die Behörde ist ferner ermächtigt, auf der Grundlage des Gesetzes Verwaltungsvorschriften, Regeln und generelle Richtlinien zu erlassen, die ihr zur Erreichung der Aufsichtsziele am geeignetsten erscheinen[836].

b) Beratungspflichten und Haftung der Vermittler beim Vertragsschluss konventioneller Art

Die Beratungspflichten der Vermittler von kapitalbildenden Lebensversicherungen ergeben sich aus dem im Juni 1988 in Kraft getretenen Financial Services Act 1986 (FSA 1986) sowie dem Financial Services and Market Act 2000 (FSMA 2000) vom 14. Juni 2000. Die auf Grundlage dieser Gesetze erlassenen Vorschriften verpflichten die Vermittler zu einer Vielzahl von umfangreichen Informations- und Beratungsleistungen vor und nach Abschluss des Vertrages gegenüber ihren Kunden[837].

Vor dem Abschluss von Lebensversicherungsverträgen soll dem Kunden zunächst der Status des Vermittlers offengelegt werden (sog. polarization), d.h. der Vermittler muss angeben, ob er an ein bestimmtes Unternehmen gebunden ist (tied agent) und nur deren Produkte vertreibt oder als unabhängiger Vermittler (independent intermediary) Produkte verschiedener Versicherer vermittelt[838].

Unabhängig vom jeweiligen Status der Vermittler müssen diese ihre Kunden jedoch gleichermaßen nach den Grundsätzen des ‚best advice' beraten[839]. Der Vermittler hat seine Beratung demnach ausschließlich am Interesse seines Kunden zu orientieren. Zur Ermittlung des Kundeninteresses soll der bedarfsorientierte Verkauf auf der Basis eines 10 – 20 Seiten umfassenden, ‚fact find' genannten

---

[833] Vgl. section 4 des FSMA 2000.
[834] Vgl. section 5 des FSMA 2000.
[835] Vgl. section 6 des FSMA 2000.
[836] Vgl. section 2 ss.1 und ss.4 a-c i.V.m. section 138 des FSMA 2000.
[837] Vgl. zum Ganzen die Übersicht unter: http://www.fsa.gov.uk/consumer/ your_rights/insurance/mn_information_before. html (Stand: 10.01.01)
[838] Vgl. Chapter 4 (4.2.1), status disclosure and stationary, PIA Rule Book, November 1994.
[839] Werber, VersR 1992, 917 (918); Skudlik, VW 1996, 1638 (1639); vgl. schedule L: 2, L6, PIA Rule Book, Dezember 1997.

Fragebogens erfolgen[840]. Dieser Bogen wird Bestandteil des Verkaufsabschlusses und muss vom Kunden unterzeichnet werden[841]. Nach dieser, in der Praxis offenbar mehrere Stunden dauernden Analyse der Anlageinteressen des Kunden[842] obliegt es dem Vermittler, eine Produktempfehlung auszusprechen, die den Bedürfnissen und Möglichkeiten des Kunden am ehesten entspricht. Dabei ist der Rahmen der best-advice- Beratung bei freien Vermittlern deutlich weiter gespannt, da diese das passende Produkt aus der Gesamtheit aller auf dem Markt angebotenen ermitteln müssen[843].

Vor der Vertragsunterzeichnung ist dem Kunden ferner ein sogenanntes key features document auszuhändigen[844]. In diesem sind in einer Produktbeschreibung Informationen über die Zahlungsmodalitäten, die Höhe der Beiträge und Gebühren, das Risiko, die Steuern sowie das Widerrufsrecht des Kunden enthalten[845]. Darüber hinaus beinhaltet das key features document eine sogenannte Illustration, aus der auf der Grundlage bestimmter festgelegter Annahmen hervorgeht, welche Rückkaufswerte bzw. Endablaufleistungen der Kunde möglicherweise erzielen wird[846]. Zudem besteht eine Mitteilungs- und Veröffentlichungspflicht (disclosure regulations) der Vermittler darüber, in welcher Höhe sie Provisionen bzw. Vergütungen für die Vermittlung des Vertragsschlusses erhalten werden. Bei Lebensversicherungsverträgen mit vereinbarter Überschussbeteiligung ist der Vermittler auf Verlangen des Kunden des weiteren verpflichtet, diesem einen sogenannten ‚with-profits guide' auszuhändigen. Aus diesem Leitfaden soll hervorgehen, wie die Bonusleistungen der Überschussanteile berechnet werden.

---

840 Skudlik, VW 1996, 1638 (1639).
841 Skudlik, VW 1996, 1638 (1639).
842 Skudlik, VW 1996, 1638.
843 Werber, VersR 1992, 917 (918); Skudlik, VW 1996, 1638 (1639).
844 Schedule L: 2, L6a (1A)(a), PIA Rule Book, November 1997.
845 Versicherungsnehmer von Lebensversicherungsverträgen sind von den Informationspflichten hinsichtlich der Widerrufsfristen sowie der finanziellen Konsequenzen im Falle der Ausübung des Widerrufsrechts ausgenommen, sofern sich der Wohnsitz des Versicherungsnehmers zum Zeitpunkt der Vertragsunterzeichnung in einem anderen Mitgliedsstaat befindet, vgl. Schedule L: 2, L6D (a) i.V.m. L6A (3), PIA Rule Book, February 1998.
846 Schedule L: 6, L2, PIA Rule Book, November 2000.

Nach Abschluss des Vertrages ist dem Kunden neben dem key features document und der Illustration außerdem eine ausführliche schriftliche Begründung (sog. reason-why Letter) zu geben, weshalb dem Kunden das von ihm letztlich erworbene und nicht ein anderes Produkt empfohlen wurde. Im Anschluss an die Annahme des Antrags auf Versicherungsschutz sind dem Kunden im Rahmen einer sogenannten ‚cancellation notice' die rechtlichen Bedingungen zu erläutern, unter denen ein Widerruf mit einem Anspruch auf Rückzahlung gegebenenfalls bereits gezahlter Beiträge möglich ist.

Zur Umsetzung der gesetzlichen Vorgaben wurden die Lebensversicherungsunternehmen verpflichtet, durch Benennung spezieller Beauftragter (compliance officer) und Teams (compliance team) eigene Einheiten für die Überwachung der Geschäftspraktiken ihrer Ausschließlichkeitsorganisationen einzurichten[847].

Innerhalb der Literatur sehen sich diese sehr umfangreichen Informations- und Beratungspflichten der Vermittler deutlicher Kritik ausgesetzt. Hingewiesen wird dabei darauf, dass solche Beratungsgespräche mehr als vier Stunden dauerten und in den seltensten Fällen ein Vertragsschluss nach dem ersten Besuch des Vermittlers stattfindet[848]. Ferner sei bei der Fülle der Informationen eine Überforderung des Kunden zu befürchten[849], und auch die Auseinandersetzungen mit den verschiedenen Überwachungsinstanzen auf den unterschiedlichen Ebenen des Verkaufsprozesses erhöhten den Zeitaufwand für den Vertragsschluss in drastischer Weise[850]. Diese Anforderungen hätten letztlich sogar zu einem Markteinbruch geführt[851].

Über die allgemeinen Regeln[852] hinaus gehende spezielle Haftungsbestimmungen für Beratungsfehler der Vermittler wurden allerdings weder durch den FSA 1986 bzw. den FSMA 2000 noch aufgrund dieser Gesetze geschaffen.

---

847 Vgl. Skudlik, VW 1996, 1638 (1639).
848 Vgl. Skudlik, VW 1996, 1638 (1640).
849 Förtsch, VW 1997, 184 (185).
850 Skudlik, VW 1996, 1638 (1640).
851 Förtsch, VW 1997, 184 (185).
852 Siehe zur zivilrechtlichen Haftung von englischen Versicherungsmaklern insoweit Jürgen Sieger, Die Rechtsstellung des englischen Versicherungsmaklers, Karlsruhe 1983, zugl. Diss. Universität Köln 1983, S.19 ff.

c) Beratungspflichten und Haftung beim Vertragsschluss via Internet

Spezielle Beratungspflichten für den Verkauf von Lebensversicherungen über das Internet sind gesetzlich nicht vorgesehen. Anders als beim konventionellen Vertrieb der Produkte kann der Vertragsschluss mittels Internet daher ohne jede Beratungsleistung erfolgen[853].

Innerhalb von drei Tagen nach Abschluss des Lebensversicherungsvertrags ist dem Kunden allerdings das key features document zuzustellen, so dass dieser neben den Angaben auf den Websites des Anbieters zusätzlich schriftlich über die wesentlichen Vertragsmerkmale informiert wird[854].
Auch für den Vertrieb über das Internet wurden weder durch den FSA 1986 bzw. den FSMA 2000 noch aufgrund dieser Gesetze eine spezielle Haftungsregelung für Beratungsfehler der Vermittler von Lebensversicherungsprodukten geschaffen.

6. Keine Kontrolle der Versicherungsbedingungen durch staatliche Aufsicht

Wie die obigen Ausführungen zeigen, beschränkt sich die Kontrolle der Versicherungswirtschaft durch die staatliche Aufsichtsbehörde mit wenigen Ausnahmen auf das Ziel, sicherzustellen, dass die Unternehmen solvent bleiben und von fachlich kompetenten Personen geführt werden. Auf diese Weise soll der Schutz der Versicherungsnehmer, der anspruchsberechtigten Dritten sowie der Mitglieder bei Gegenseitigkeitsgesellschaften erreicht werden[855]. Eine Kontrolle der Prämien oder der Versicherungsbedingungen wird von staatlicher Seite nicht vorgenommen[856]. Eine Regulierung der Versiche-

---

853 Vgl. die Ausführungen der Aufsichtsbehörde FSA: „You may be investing without advice when you buy over the phone or through an internet page.", http://www.fsa.gov.uk/consumer/your_rights/insurance/mn_buying_without.html, Stand: 10.01.01.

854 Vgl. die Angaben der FSA unter: http://www.fsa.gov.uk/consumer/your_rights/insurance/mn_information_after.html, Stand: 10.01.01.

855 Von Criegern, S.102 f.

856 Dessen ungeachtet wird in der britischen Literatur teilweise die Auffassung vertreten, dass es sich bei dem derzeitigen Stand der staatlichen Kontrolle bereits um eine Form der Bevormundung handele, die u.a. auf die Entstehung

rungsbedingungen findet insoweit lediglich auf der Basis freiwilliger Selbstkontrolle statt.

a) Statements of Insurance Practice

Im Jahre 1977 hat die britische Versicherungswirtschaft zwei sog. ‚Statements of Insurance Practice' veröffentlicht. Die erste Empfehlung wurde am 4. Mai 1977 von der ‚British Insurance Association' (BIA) und Lloyd's für den Bereich der Nicht-Lebensversicherung abgegeben. Die zweite Verhaltensempfehlung bezog sich auf den Lebensversicherungssektor und wurde am 26. Juli 1977 von der ‚Life Offices' Association' veröffentlicht. Seitdem sind die Empfehlungen mehrfach verändert und in aktualisierter Form von der inzwischen in ‚Association of British Insurers' (ABI) umbenannten Vereinigung herausgegeben worden.

Einer der Gründe für die Erstellung dieser Verhaltensempfehlungen war der Verzicht des Gesetzgebers auf die Einbeziehung der Versicherungswirtschaft in den Anwendungsbereich des ‚Unfair Contract Terms Act 1977', einer Art britischen AGB-Gesetzes[857].

In den Statements of General bzw. Long-term Insurance Practice wird auf die Ausübung einiger bestehender Rechte zugunsten der Versicherungsnehmer verzichtet. Diese Verhaltensempfehlungen schützen allerdings nur Privatpersonen, d.h. solche, die ihre Versicherungsverträge nicht in Ausübung beruflicher oder gewerblicher Zwecke abgeschlossen haben[858]. Wie aus dem Vorwort zu den Empfehlungen jedoch ebenfalls hervorgeht, richten sich diese zudem lediglich an Personen, die ihren Wohnsitz innerhalb des Vereinigten Königreichs haben. Versicherungsnehmer mit Sitz in Deutschland unterliegen dem Schutz somit nicht. Zu berücksichtigen bleibt ferner, das die Verhaltensempfehlungen keine rechtliche Bindungswirkung[859], sondern lediglich freiwilligen Charakter haben.

---

sozialistischer Ideen zurückzuführen sei und lediglich hinter dem distanziert und kühl klingenden Begriff der Prüfung von Versicherungsunternehmen („examination of insurance companies") versteckt werde, vgl. Ellis/Wiltshire, A.1-01. Und selbst in Deutschland findet sich inzwischen die Auffassung, dass der britische Verbraucherschutz als Vorbild dienen könne, vgl. Meyer, VK 2000, 24 f.

[857] Vgl. Davis/Hood/Stein, S.48; Bosse, S.60.

[858] Vgl. Vorwort der Statements.

[859] Vgl. Birds, S.5.

Es bestehen jedoch begründete Zweifel an der Befürchtung, dass die Versicherer britische und „Ausländer"-Verträge in der Praxis unterschiedlich behandeln würden. Zunächst führte dies zu einer komplizierteren Verwaltung der Versicherungsbestände, ferner könnte ein entsprechendes Bekenntnis zu den Verhaltensempfehlungen in der Anwendung auch auf Verträge mit Ausländern zu Wettbewerbsvorteilen gegenüber anderen britischen Konkurrenten führen. Vor allem dürfte eine Ungleichbehandlung aber als unzulässige Diskriminierung von Ausländern zu werten sein[860]. Im übrigen ist seit der Einführung der Richtlinie über missbräuchliche Klauseln der Europäischen Union die automatische Befreiung der Versicherungswirtschaft von den Vorschriften des ‚Unfair Contract Terms Act 1977' ohnehin passé.

b) Insurance Ombudsman Bureau

Die britische Versicherungswirtschaft hat zum Schutz der Versicherungsnehmer im Jahre 1981 zunächst das ‚Insurance Ombudsman Bureau' geschaffen, das sich mit Streitschlichtungen zwischen seinen Mitgliedsunternehmen und den Versicherungsnehmern beschäftigt. Speziell für den Lebensversicherungssektor (long-term business) wurde das Personal Investment Authority Ombudsman Bureau geschaffen, welches am 18. Juli 1994 seine Arbeit aufnahm[861].

Sofern ein Versicherungsnehmer in einer Auseinandersetzung mit einem Mitgliedsunternehmen noch keine juristischen Schritte eingeleitet hat, kann sich der Versicherungsnehmer innerhalb von sechs Monaten nach der endgültigen Entscheidung des Versicherungsunternehmens, d.h. nach Ausschöpfung aller Instanzen innerhalb des Unternehmens selbst bis hin zur Geschäftsleitung, an den Ombudsmann wenden[862]. Diese Möglichkeit ist aber ebenfalls lediglich für Verträge mit Privatpersonen vorgesehen.

Das Ombudsmannverfahren ist für den Versicherungsnehmer gebührenfrei. Die Kosten werden ausschließlich von der Versicherungswirtschaft getragen, wobei sich aus der Finanzierungsstruktur

---

[860] Auf diese Erwägungen weißt Bosse hin, vgl. S.61.
[861] Davis/Hood/Stein, S.49 f.
[862] Davis/Hood/Stein, S.49.

ebenfalls Vorteile für die Versicherungsnehmer ergeben, da die Unternehmen für jedes Beschwerdeverfahren eines Versicherungsnehmers eine festgelegte Gebühr zahlen müssen[863]. Er wird durch die Schiedssprüche des Ombudsmanns im Gegensatz zu den Mitgliedsunternehmen auch nicht gebunden. Der ordentliche Rechtsweg steht ihm danach weiterhin offen. Obschon das Insurance Ombudsman Bureau eine Einrichtung der Versicherungswirtschaft ist, bestimmt ein in seiner Mehrheit der Mitglieder nicht der Versicherungswirtschaft angehörender Rat die Person des Ombudsmanns. Der Ombudsmann ist in seinen Schiedssprüchen im übrigen nicht streng an die Rechtslage gebunden, sondern berücksichtigt vielmehr auch die Verkehrssitte („good insurance practice")[864].

Nachdem allerdings inzwischen der Löwenanteil des Lebensversicherungsgeschäfts der Kontrolle des Financial Services Act 1986 unterliegt, hat das Ombudsmannsystem im Lebensversicherungssektor stark an Einfluss eingebüsst. Im Bereich des Nichtlebensversicherungsgeschäfts decken die Mitgliedsunternehmen allerdings noch etwa 90% der privaten Versicherungspolicen ab[865].

7. Internet Best Practice Guide

Der Verband der britischen Versicherungswirtschaft (ABI) hat einen an seine Mitgliedsunternehmen gerichteten Katalog von Verhaltensempfehlungen im Umgang mit dem Internet als Vertriebsmedium herausgegeben. Dieser Internet Best Practice Guide enthält Hinweise und Empfehlungen zu Problemen des Copyright, des Markenrechts im Zusammenhang mit den Domains der Unternehmen, Überlegungen zu Fragen des Marketing und der Werbung, zum Zustandekommen von Internet-Verträgen im allgemeinen und bei Fällen mit internationalprivatrechtlichen Beziehungen, zum Steuerrecht sowie zu Fragen der Datensicherheit. Enthalten sind darüber hinaus Ratschläge hinsichtlich möglicher Missbräuche von Email und Chatrooms und der entsprechenden Haftung von Unternehmen. Abschließend sind im Internet Best Practice Guide auch Erläuterungen zur Sicherheit des Internet und vor allem zu den Möglichkeiten der

---

[863] McGee, Rn.1.21.
[864] Vgl. zum Ganzen Birds, S.6 f.
[865] Birds, S.6.

elektronischen Signatur sowie eine Auflistung der wichtigsten Gesetze und Richtlinien aufgeführt.

Diese Verhaltensempfehlungen haben zwar sehr allgemeinen Charakter und entfalten keinerlei rechtlich bindende Wirkung. Dennoch können sie indirekt für ein erhöhtes Maß an Verbraucherschutz im elektronischen Versicherungsgeschäftsverkehr beitragen, da die Mitgliedsunternehmen über den aktuellen Stand der Anforderungen, die an den Internet-Vertrieb von Versicherungen national wie international gestellt werden, Hinweise erhalten. Hierzu zählt etwa der Rat an die Anbieter der Websites sicherzustellen, dass dem Nutzer der Websites deutlich wird, welches Recht dem Vertrag zugrunde liegt, welche Schritte zum Vertragsschluss führen und welche Bedingungen im einzelnen Bestandteil des Vertrages sind[866]. Zudem steht auch den Verbrauchern auf diese Weise Material zur Verfügung, dass ihnen beispielsweise zum Themenkomplex der Datensicherheit einen Überblick über den empfohlenen Mindeststandard gibt.

8. Ergebnis

Die staatliche Kontrolle der britischen Versicherungswirtschaft bleibt nahezu ausschließlich auf die Überwachung der Solvenz der Unternehmen sowie die Geeignetheit des Leitungspersonals der Gesellschaften beschränkt. Eine aufsichtsrechtliche Kontrolle der verlangten Prämien und der gewählten Versicherungsbedingungen findet nicht statt. Die Kontrolle der Versicherungsbedingungen beruht statt dessen auf freiwilligen, rechtlich nicht bindenden Verhaltensempfehlungen der SRO's an ihre Mitgliedsunternehmen.

Dem Schutz des Policy Holders Protection Act unterliegen auch Lebensversicherungsverträge, die elektronisch im grenzüberschreitenden Geschäftsverkehr zwischen einem britischen Versicherer und einem deutschen Versicherungsnehmer geschlossen wurden.

Gemäß section 72 (6) des Insurance Companies Act 1982 kann die Aufsichtsbehörde den britischen Versicherungsunternehmen Vorschriften hinsichtlich der Form und des Inhalts von Werbemaßnahmen im Internet machen.

---

[866] Vgl. ABI, Internet Best Practice Guide, S.20 f.

Ferner sind Schriftlichkeitserfordernisse, die dem elektronischen Abschluss eines grenzüberschreitenden Lebensversicherungsvertrages entgegen stehen könnten, im Versicherungsaufsichtsrecht des Vereinigten Königreichs nicht vorhanden.

Schlussbetrachtung und Ausblick

Englisches Lebensversicherungsvertragsrecht ist für den Abschluss von Verträgen zwischen einem englischen Versicherer und einem deutschen Verbraucher zulässigerweise als Vertragsstatut vereinbar. Die Autonomie der vertragsschliessenden Parteien wird auch nicht durch das AGBG beschränkt. Dessen Anwendbarkeit ist insoweit auf die Fälle beschränkt, in denen entweder kraft Gesetzes oder aufgrund ausdrücklicher Vereinbarung zwischen den Vertragsparteien deutsches Recht die Grundlage des Versicherungsvertrages bildet. Begrenzende Wirkungen für über das Internet nach Deutschland vertriebene Lebensversicherungsprodukte britischer Versicherer können sich lediglich aus Art. 34 EGBGB sowie Art. 6 EGBGB ergeben, wobei über Art. 34 EGBGB keine Normen des VVG zur Anwendung gebracht werden können. Darüber hinaus genießen die Vertragsparteien gemäß Art. 9 Absatz 4 EGVVG völlige Freiheit in der Wahl des Vertragsstatuts.

Aus verbraucherschutzrechtlicher Sicht ergeben sich deshalb allerdings noch keine grundsätzlichen Bedenken gegen den vollständig auf elektronischem Wege erfolgenden Abschluss von Versicherungsverträgen. Denn bereits auf der Basis der existierenden Rechtsgrundlagen ist es möglich, den deutschen versicherungsaufsichts- und datenschutzrechtlichen Erfordernissen des Versicherungsvertriebs gerecht zu werden. Entgegen der herrschenden Ansicht stellen vor allem die Formvorschriften des deutschen Rechts, insbesondere die des § 10a VAG, diesbezüglich kein Hindernis für den vollständig via Internet getätigten Abschluss von Versicherungsverträgen mit Verbrauchern dar. Der Abschluss von Versicherungsverträgen kann daher schon heute vollständig rechtsverbindlich auf der Grundlage bestehender gesetzlicher Normierungen über das Internet abgewickelt werden. Zudem lässt sich am Maßstab des Allgemeininteresses i.S.d. Art. 28 der 3. RLLV eine Kontrolle besonders fragwürdiger ausländischer Angebote vornehmen und schützt die Verbraucher in den Mitgliedstaaten auf diese Weise vor sozialschädlichen Produktvarianten. Die seitens des BAV im Rahmen des Allgemeininteressebegriffs offenbar geforderte Beachtung nahezu aller deutschen Zivilrechtsnormen ist allein durch Verbraucherschutzerwägungen jedenfalls nicht begründbar und somit als unzulässig abzulehnen.

Das britische Lebensversicherungsvertragsrecht bietet den Vertragsparteien zwar aufgrund seiner weitgehenden Freiheit von gesetzlichen Beschränkungen zusätzliche Möglichkeiten, auf die speziellen Bedürfnisse von Verbrauchern einzugehen. Andererseits muss deutlich betont werden, dass gerade darin auch ein erhebliches finanzielles Risiko für Versicherungsnehmer liegen kann, da der Schutz durch die Festlegung gesetzlicher Mindeststandards im Vergleich zum deutschen Versicherungsvertragsrecht entsprechend geringer ist und die Anlagepolitik der britischen Gesellschaften mit einem höheren Anteil von Aktien nicht nur ein höheres Maß an Chancen mit sich bringt.

Soweit britische Versicherungsunternehmen ihren Geschäftsverkehr vollständig mittels der Kommunikationsmedien Internet und Email mit deutschen Versicherungsnehmern elektronisch abwickeln, stehen dem BAV nach der derzeitigen Rechtslage im Übrigen weder unmittelbar noch mittelbar Aufsichtsrechte zu. Auch die Aufnahme von Geschäftstätigkeiten auf dem Korrespondenzwege durch die Versicherer unterliegt keiner Erlaubnispflicht durch das BAV. Aufsichtsrechtlich sind für die im Internet präsenten Versicherer gemäß Art. 4 Absatz 1 der Richtlinie über den elektronischen Geschäftsverkehr daher lediglich die üblichen Zulassungserfordernisse der jeweiligen Mitgliedsstaaten bedeutsam. Hinsichtlich des gewählten Vertriebsweges ihrer Produkte über das Internet dürfen insofern keine speziellen Zulassungsschranken errichtet werden.

Betont werden muss auch, dass sich die staatliche Kontrolle der britischen Versicherungswirtschaft nahezu ausschließlich auf die Überwachung der Solvenz der Unternehmen sowie die Geeignetheit des Leitungspersonals der Gesellschaften beschränkt. Eine aufsichtsrechtliche Prüfung der verlangten Prämien und der gewählten Versicherungsbedingungen findet nicht statt. Die Kontrolle der Versicherungsbedingungen beruht statt dessen auf freiwilligen, rechtlich nicht bindenden Verhaltensempfehlungen der SRO's an ihre Mitgliedsunternehmen. Ferner sind Schriftlichkeitserfordernisse, die dem elektronischen Abschluss eines grenzüberschreitenden Lebensversicherungsvertrages entgegenstehen könnten, im Versicherungsaufsichtsrecht des Vereinigten Königreichs unstreitig nicht vorhanden.

Wie die Untersuchung zeigt, bietet sich das nahezu in Vergessenheit geratene Institut der Korrespondenzversicherung als Instrument zur Lösung sowohl der versicherungsvertrags- als auch aufsichtsrechtlichen Problemstellungen an. Diesem Rechtsinstitut könnte damit nicht nur eine gewisse Renaissance, sondern eine Zeit bislang nicht gekannter praktischer Bedeutung im internationalen Online-Vertrieb von Versicherungsprodukten bevorstehen.

Literaturverzeichnis

AHLENSTIEL, Wolfgang	„Die Staatsaufsicht über Versicherungsunternehmen in Großbritannien", Diss., Universität Hamburg 1967
ARNOLD, Dirk	„Verbraucherschutz im Internet", Computer und Recht, 1997, S.526 – 532
AUERNHAMMER, Herbert	Kommentar zum Bundesdatenschutzgesetz, 3. Aufl., Köln, Berlin, Bonn, München 1993
BÄHR, Gunne W.	Das Generalklausel- und Aufsichtssystem des VAG im Strukturwandel", Karlsruhe 2000, zugl. Diss., Universität Hamburg 2000
BASEDOW, Jürgen DRASCH, Wolfgang	„Das neue internationale Versicherungsrecht", Neue Juristische Wochenschrift, 1991, S. 785 – 795.
BAYER, Walter	„Lebensversicherung, Minderjährigenschutz und Bereicherungsausgleich", Versicherungsrecht, 1991, S.129 - 134
BECKER, Jürgen	„Rechtsprobleme internationaler Datennetze", Baden-Baden 1996
BENKEL, Gert Andreas HIRSCHBERG, Günther	Kommentar zur Berufsunfähigkeits- und Lebensversicherung, München 1990
BENDER, Gunnar SOMMER, Christian	„E-Commerce-Richtlinie: Auswirkungen auf den elektronischen Geschäftsverkehr in Deutschland", Recht der internationalen Wirtschaft, 2000, S.260 – 264

BERGMANN, Lutz MÖHRLE, Roland HERB, Armin	Handkommentar zum Datenschutz recht, Stuttgart, München, Hannover, Berlin, Weimar, Dresden, Stand: Juni 1999
BERLINER KOMMENTAR	Berliner Kommentar zum Versicherungsvertragsgesetz, Berlin 1999
BIRDS, John	„Modern Insurance Law“, 4th ed., London 1997
BLECKMANN, Albert	„Europarecht“, 6. Aufl., Köln, Berlin, Bonn, München 1997
BLEISTEINER, Stephan	„Rechtliche Verantwortlichkeit im Internet“, Köln, Berlin, Bonn, München 1999
BÖLSCHER, Jens ASCHENBRENNER, S. SCHULENBURG, J.-M. v.d.	„Nutzung des Internets als Informations-, Kommunikations- und Vertriebsmedium in der Versicherungswirtschaft“, Zeitschrift für die gesamte Versicherungswissenschaft, 1999, S.207 – 214
BÖLSCHER, Jens BLANKE, Michael SCHULENBURG, J.-M. v.d.	„Die Auswirkungen des Internet auf die Verbraucherinformation“, Versicherungswirtschaft, 2000, S.1018 – 1022
BORGES, Georg	„Verbraucherschutz beim Internet-Shopping“, Zeitschrift für Wirtschaftsrecht, 1999, S.130 – 136
BOSSE, Andreas	„Der Abschluß eines grenzüberschreitenden Versicherungsvertrags mit einem englischen Versicherer“, Diss., Universität Münster 1992
BRAUMÜLLER, Peter	Versicherungsaufsichtsrecht, Wien, New York 1999

BRISCH, Klaus M. „EU-Richtlinienvorschlag zum elektronischen Geschäftsverkehr“, Computer und Recht, 1999, S.235 – 244

BRUCK, Ernst; MÖLLER, Hans; WINTER, Gerrit: Kommentar zum Versicherungsvertragsgesetz, 8. Aufl., 5. Band, Zweiter Halbband, Lebensversicherung (§§ 159 – 178 VVG) Berlin, New York 1988

BÜLOW, Arthur; BÖCKSTIEGEL, Karl-Heinz: „Der internationale Rechtsverkehr in Zivil- und Handelssachen“, Loseblatt-Kommentar, Band 1, Stand: 1. Januar 1998, München

BULTMANN, Fritz A.; RAHN, Gerd-Jürgen: „Rechtliche Fragen des Teleshopping“, Neue Juristische Wochenschrift, 1988, S.2432 – 2438

CHISSICK, Michael; KELMAN, Alistair: „Electronic Commerce: Law and Practice“, London, 1999

CLARKE, Malcolm: „The Law of Insurance Contracts“, 2nd ed., London, New York, Hong Kong, 1994

CLEMENS, Rudolf: „Die elektronische Willenserklärung – Chancen und Gefahren“, Neue Juristische Wochenschrift, 1985, S. 1998 – 2005

COLINVAUX's: „Law of Insurance“, fortgeführt von Robert M. Merkin, 6th ed., London 1990

COULSON, Edward W.H.: „International Insurance Law and Regulations – England and Wales“, Loseblatt-Ausgabe, Stand: August 2000

CZECH, Susanne: „Freier Dienstleistungsverkehr und Allgemeininteresse“, Versicherungsrundschau, Ausgabe 1 – 2, 1998, S. IX-X

DARBYSHIRE, Penny — „Eddey on the English Legal System", 6th ed., London 1996

DARLING, Alistair — „Supervision of the life and personal pensions sector – The Labour Party's Approach", British Insurance Law Association Journal, May 1996 – No.91, S.42 – 45

DAVIS, Margaret
HOOD, John
STEIN, Bill — „Insurance Non-marine – an Introduction", London 1997

DEVILLE, Rainer
KALTHEGENER, Regina — „Wege zum Handelsverkehr mit elektronischer Unterschrift", Neue Juristische Wochenschrift – Computer-report, 1997, S.168 – 172

DICKSTEIN, Peter Steven — „Die Merkmale der Lebensversicherung im europäischen Binnenmarkt", Diss., Universität Hamburg 1995, Juristische Schriftenreihe, Band 82

DÖRNER, Heinrich — „Internationales Versicherungsvertragsrecht", Kommentar zu den Artikeln 7 bis 15 EGVVG, Berlin 1997

DONHAUSER, Volker — In einem dem Verfasser überlassenen Manuskript zu einem frei gehaltenen Vortrag zum Thema „Rechtliche, insbesondere versicherungsaufsichtsrechtliche Aspekte beim Vertrieb über das Internet" vom 13. September 2000

EBBING, Frank — „Schriftform und E-Mail", Computer und Recht, 1996, S.271 – 278

ECKERT, Hans-Werner — „Das neue Recht der Allgemeinen Geschäftsbedingungen", Zeitschrift für Wirtschaftsrecht, 1996, S.1238 – 1241

EGGER, Evelyn	„Geringes Allgemeininteresse“, Versicherungsrundschau, Ausgabe 2, 1996, S. VIII
ELLIS, T. Henry WILTSHIRE, James A.	„Kluwer's Regulation of Insurance in the United Kingdom and Ireland“, Loseblatt-Ausgabe, Stand: Issue 65, August 2000
EMMERT, Ulrich	„Haftung der Zertifizierungsstellen“, Computer und Recht, 1999, S.244 – 250
ENGEL-FLECHSIG, Stefan MAENNEL, Frithjof A. TETTENBORN, Alexander	„Das neue Informations- und Kommunikationsdienste-Gesetz“, Neue Juristische Wochenschrift,1997, S.2981 – 2992
ENGERT, Jochen	„Rechtsfragen der Korrespondenzversicherung“, Die Versicherungspraxis, 1970, S.49 – 53
ERNST, Stefan	„Wirtschaftsrecht im Internet“, Betriebs-Berater, 1997, S.1057 – 1062 Zit.: Ernst, BB 1997
ERNST, Stefan	„Der Mausklick als Rechtsproblem – Willenserklärungen im Internet“, Neue Juristische Wochenschrift – Computerreport, 1997, S.165 – 167 Zit.: Ernst, NJW-CoR 1997
ERNST, Stefan	„Verbraucherschutzrechtliche Aspekte des EU-Richtlinienvorschlags zum Electronic Commerce“, Verbraucher und Recht, 1999, S.397 – 405 Zit.: Ernst, VuR 1999

EUROPEAN CONSUMER LAW GROUP „Opinion on the Third Generation of Directives in the Life and Non-Life Insurance Sector", Journal of Consumer Policy, 1992, S.207 – 214
Zit.: ECLG, JoCP 1992

FAHR, Ulrich „Die Umsetzung der Versicherungsrichtlinien der dritten Generation in deutsches Recht", Versicherungsrecht, 1992, S.1033 – 1047

FIRSCHING, Karl
VON HOFFMANN, Bernd Internationales Privatrecht, 4. Aufl., München 1995

FÖRTSCH, Brigitte „Anleger- und objektgerechte Beratung in der Lebensversicherung", Versicherungswirtschaft, 1997, S.184 - 185

FRICKE, Martin „Das IPR der Versicherungsverträge außerhalb des Anwendungsbereichs des EGVVG", Versicherungsrecht 1994, S. 773 – 783.

FRITZ, Wolfgang „Die Dynamik des Internet-Marketing in der Versicherungswirtschaft 1997 und 1998 im Vergleich", Versicherungswirtschaft, 1998, S.1431 – 1434

FRITZSCHE, Jörg
MALZER, Hans M. „Ausgewählte zivilrechtliche Probleme elektronisch signierter Willenserklärungen", Deutsche Notar-Zeitschrift, 1995, S.3 – 25

GÄRTNER, Rudolf „EG-Versicherungsbinnenmarkt und Versicherungsvertragsrecht", Europäisches Wirtschafts- und Steuerrecht, 1994, S.114 – 123

GEIGER, Hermann	„Dienstleistungsfreiheit und Allgemeininteresse im Versicherungsbinnenmarkt“, Versicherungswirtschaft, 2000, S.616 – 618
GEIMER, Reinhold	„Internationales Zivilprozessrecht“, 2. Aufl., Köln 1993
GEIMER, Reinhold SCHÜTZE, Rolf A.	„Europäisches Zivilverfahrensrecht“, Kommentar zum EuGVÜ und zum Lugano-Übereinkommen, München 1997 Zit.: Geimer/Schütze
GEIS, Ivo	„Europäische Aspekte der digitalen Signatur und Verschlüsselung“, Multimedia und Recht, 1998, S.236 – 239
GRINGRAS, Clive	„The Laws of the Internet“, London, 1997
GROEBEN, Hans von der THIESING, Jochen EHLERMANN, Claus-Dieter	Kommentar zum EU-/EG-Vertrag, 5. Aufl., Baden-Baden 1999
HAEBERLIN, Thorsten	„Der aktuelle Stand des Versicherungsnehmerschutzes im englischen und deutschen Versicherungsvertragsrecht vor dem Hintergrund der jüngsten EG-Rechtsentwicklung“, Diss., Universität Hamburg 1998
HAILBRONNER, Kai NACHBAUR, Andreas	„Die Dienstleistungsfreiheit in der Rechtsprechung des EuGH“, Europäische Zeitschrift für Wirtschaftsrecht, 1992, S.105 – 113
HAMMER, Volker	„Rechtsverbindliche Telekooperation“, Computer und Recht, 1992, S.435 – 443

HANSELL, D. Stanley „Introduction to Insurance", 2nd ed., London, Hong Kong 1999

HARDY IVAMY, E. R. „General Principles of Insurance Law", 6th ed., London 1993

HEINRICHS, Helmut „Das Gesetz zur Änderung des AGB-Gesetzes", Neue Juristische Wochenschrift, 1996, S.2190 – 2197

HERRMANN, Harald „Customer Relations Center und Verbraucherschutz im Versicherungsprivatrecht", Versicherungsrecht, 1998, S.931 – 943

HEUN, Sven-Erik „Die elektronische Willenserklärung", Computer und Recht, 1994, S.595 – 600
Zit.: Heun, CR 1994

HEUN, Sven-Erik „Elektronisch erstellte oder übermittelte Dokumente und Schriftform", Computer und Recht, 1995, S.2 – 7
Zit.: Heun, CR 1995

HOEREN, Thomas „Der elektronische Geschäftsverkehr im Versicherungssektor", XIV. CEA Internationales Juristisches Kolloquium, 7. – 10. Oktober 1999, Santiago de Compostela
Zit.: Hoeren, CEA

HOEREN, Thomas „Rechtsfragen des Internet: ein Leitfaden für die Praxis", Köln, 1998
Zit.: Hoeren, Rechtsfragen des Internet

HOEREN, Thomas „Internet und Recht – Neue Paradigmen des Informationsrechts", Neue Juristische Wochenschrift, 1998, S.2849 – 2854
Zit.: Hoeren, NJW 1998

HOEREN, Thomas
SIEBER, Ulrich
Handbuch Multimedia-Recht: Rechtsfragen des elektronischen Geschäftsverkehrs, München 1999, Stand: Dezember 1998
Zit.: Hoeren/Sieber/Bearbeiter

HOHENEGG, Christoph
TAUSCHECK, Stefan
„Rechtliche Problematik digitaler Signaturverfahren", Betriebsberater, 1997, S.1541 – 1548

HOLYOAKE, Julia
WEIPERS, Bill
„Insurance", Canterbury 1999

HOPPMANN, Carsten
MOOS, Flemming
„Rechtsfragen des Internet-Vertriebs von Versicherungsdienstleistungen", Neue Zeitschrift für Versicherung und Recht, 1999, S.197 – 204

HOUSEMAN AND DAVIES
„Law of Life Assurance", 11th ed., London 1994

HÜBNER, Heinz
Allgemeiner Teil des Bürgerlichen Gesetzbuchs, Berlin 1996

JAUERNIG, Othmar
Bürgerliches Gesetzbuch, Kommentar, 9. Aufl., München 1999

JESS, Digby Charles
„The Insurance of Commercial Risks: Law and Practice", 2nd ed., London, Dublin, Edinburgh 1993

JUNKER, Abbo
Internationales Privatrecht, München 1998

KAGELMACHER, Bettina
„Die Beschränkungen der Privatversicherungsfreiheit im Hinblick auf das Allgemeininteresse sowie auf Rechte Dritter", Diss., Universität Hamburg 1997

KEENAN, Denis RICHES, Sarah	„Business Law", 4th ed., London 1995
KOCH, Frank A.	Internet-Recht: Praxishandbuch, München 1998 Zit.: Koch, Internet-Recht
KOCH, Gottfried WAGNER, Fred	„Electronic Commerce in der Versicherungswirtschaft", Versicherungswirtschaft, 1998, S.1643 – 1649 Zit.: Koch/Wagner, VW 1998
KOEHLER, Philipp	„Allgemeine Geschäftsbedingungen im Internet", Multimedia und Recht, 1998, S.289 – 294
KÖHLER, Helmut	„Die Problematik automatisierter Rechtsvorgänge, insbesondere von Willenserklärungen", Archiv für die civilistische Praxis, Band 182, 1982, S.126 – 171 Zit.: Köhler, AcP 182 (1982)
KÖHLER, Helmut	„Die Rechte des Verbrauchers beim Teleshopping (TV-Shopping, Internet-Shopping)", Neue Juristische Wochenschrift, 1998, S. 185 – 190 Zit.: Köhler, NJW 1998
KÖNDGEN, Johannes	„Selbstbindung ohne Vertrag: zur Haftung aus geschäftsbezogenem Handeln", Tübingen 1981
KÖRNER-DAMMANN, M.	„Weitergabe von Patientendaten an ärztliche Verrechnungsstellen", Neue Juristische Wochenschrift, 1992, S.729 – 731
KOZUCHOWSKI, W.	„Der internationale Schadensversicherungsvertrag im EG-Binnenmarkt", Diss., Trier 1995

KRAMER, Ulrich	„Internationales Versicherungsvertragsrecht", Diss. Universität Münster 1994
KREIS, Michael	„Thesen zu Vertragsschluß mittels Btx", Juris-pc, 1994, S.2879 – 2883
KRONKE, Herbert	„Electronic Commerce und Europäisches Verbrauchervertrags-IPR", Recht der Internationalen Wirtschaft, 1996, S.985 – 993
KROPHOLLER, Jan	„Europäisches Zivilrecht", Kommentar zu EuGVÜ und Lugano-Übereinkommen, 6. Aufl., Heidelberg 1998
KUHN, Matthias	„Rechtshandlungen mittels EDV und Telekommunikation: Zurechenbarkeit und Haftung", München 1991
LAGRANGE, Maurice MÖLLER, Hans SIEG, Karl STEINDORFF, Ernst	„Dienstleistungsfreiheit und Versicherungsaufsicht im Gemeinsamen Markt – Vier Rechtsgutachten", Stuttgart 1971
LEHMANN, Michael	„Rechtsgeschäfte im Netz – Electronic commerce", Stuttgart 1999
LÖHNIG, Martin	„Die Einbeziehung von AGB bei Internet-Geschäften", Neue Juristische Wochenschrift, 1997, S.1688 – 1689
LOEWENHEIM, Ulrich KOCH, Frank A.	„Praxis des Online-Rechts", Wiley-VCH, Weinheim 1998
LORENZ, Egon	„Das auf grenzüberschreitende Lebensversicherungsverträge anwendbare Recht – eine Übersicht über die kollisionsrechtlichen Rechtsgrundlagen", Zeitschrift für die gesamte Versicherungswissenschaft, 1991, S.121 – 144 Zit.: Lorenz, ZVersWiss 1991

LORENZ, Egon — „Zur Kontrolle der Lebensversicherungsverträge anhand der „Rechtsvorschriften des Allgemeininteresses“ im freien Dienstleistungsverkehr innerhalb der EG“, Festschrift für Georg Büchner, Karlsruhe 1991, S.89 – 95
Zit.: Lorenz, FS Büchner

LORENZ, Egon — „Zum Abschluß eines Versicherungsvertrages nach § 5a VVG“, Versicherungsrecht, 1995, S.616 – 626
Zit.: Lorenz, VersR 1995

LORENZ, Egon — „Zur Kontrolle grenzüberschreitender Versicherungsverträge anhand der „Rechtsvorschriften des Allgemeininteresses“ im freien Dienstleistungsverkehr innerhalb der EU“, Versicherungsrundschau, 1995, S.8 – 22
Zit.; Lorenz, VersRdsch 3/1995

MACGILLIVRAY — „MacGillivray on Insurance Law - relating to all other risks than marine“, 9th ed., London 1997

MAENNEL, Frithjof A. — „Elektronischer Geschäftsverkehr ohne Grenzen – der Richtlinienvorschlag der Europäischen Kommission“, Multimedia und Recht, 1999, S.187 – 192

MÄSCH, Gerald — „Rechtswahlfreiheit und Verbraucherschutz“, Schriften zum Internationalen Recht, Band 62, Zugl. Diss., Universität Passau, Berlin 1993

MANKOWSKI, Peter — „Internationales Versicherungsvertragsrecht und Internet“, Versicherungsrecht, 1999, 923 – 932
Zit.: Mankowski, VersR 1999

MANKOWSKI, Peter „Das Internet im Internationalen Vertrags- und Deliktsrecht", Rabels Zeitschrift für ausländisches und internationales Privatrecht, 63. Jahrgang, 1999, 203 – 294
Zit.: Mankowski, RabelsZ 63 (1999)

MCGEE, Andrew „The Law and Practice of Life Assurance Contracts", London 1995

MEENTS, Jan Geert „Verbraucherschutz bei Rechtsgeschäften im Internet", Rechtsfragen der Wirtschaft, Band 20, Köln 1998

MELULLIS, Klaus-J. „Zum Regelungsbedarf bei der elektronischen Willenserklärung", Monatsschrift für Deutsches Recht, 1994, S.109 – 114

MEWES, Hans „Internationales Versicherungsvertragsrecht unter besonderer Berücksichtigung der europäischen Dienstleistungsfreiheit im gemeinsamen Markt", Diss., Karlsruhe 1995

MEYER, Claus-Peter „Britischer Verbraucherschutz dient als Vorbild", Versicherungskaufmann, 2000, S.24 – 25

MITTEREGGER, Peter „Der Binnenmarkt der Versicherungen und das sogenannte Allgemeininteresse", Versicherungsrundschau, Ausgabe 2, 1996, S.VII

MÖSCHEL, Wernhard „Dogmatische Strukturen des bargeldlosen Zahlungsverkehrs", Archiv für die civilistische Praxis, Band 186, 1986, S.187 – 236

MORITZ, Hans-Werner	„Quo vadis elektronischer Geschäftsverkehr?", Computer und Recht, 2000, S.61 – 72
MÜLLER, Helmut	„Versicherungsbinnenmarkt", Diss., Münster 1995
MÜNCHENER Kommentar	Kommentar zum Bürgerlichen Gesetzbuch, Band 1, 3. Aufl., München 1993; Band 10, 3. Aufl., München 1998 Zit.: MüKo/Bearbeiter
NEUHAUS, Ralf	„Die aufsichtsrechtlichen Rahmenbedingungen der Versicherungswirtschaft in Großbritannien", Beiträge zum Privat- und Wirtschaftsrecht, Band 65, Zugl. Diss., Universität Köln 1989, Karlsruhe 1990
ORDEMANN, H.-J. SCHOMERUS, Rudolf GOLA, Peter	Kommentar zum Bundesdatenschutzgesetz, 5. Aufl., München 1992
OSING, Stefan	„Informationspflichten des Versicherers und Abschluß des Versicherungsvertrages", Diss., Köln 1995
OHNE VERFASSER	„Dienstleistungsrecht und Allgemeininteresse", Die Versicherungspraxis, 2000, S.78 – 79 Zit.: O.V., VP 2000
PAEFGEN, Thomas C.	"Forum: Bildschirmtext – Herausforderung zum Wandel der allgemeinen Rechtsgeschäftslehre?", Juristische Schulung, 1988, S.592 – 598
PALANDT, Otto	Kommentar zum Bürgerlichen Gesetzbuch, 58. Aufl., München 1999 Zit.: Palandt/Bearbeiter

PFEIFFER, Thomas — „Die Entwicklung des Internationalen Vertrags-, Schuld- und Sachenrechts in den Jahren 1995/96", Neue Juristische Wochenschrift, 1997, S.1207 – 1216

PREUSS, Frank — „Grenzüberschreitender Versicherungsverkehr unter Staatsaufsicht", Karlsruhe 1972

PRÖLSS, Erich R. — Kommentar zum Versicherungsaufsichtsgesetz, 11. Aufl., München 1997
Zit.: Prölss/Bearbeiter, VAG

PRÖLSS, Erich R.
MARTIN, Anton — Kommentar zum Versicherungsvertragsgesetz, 26. Auflage, München 1998
Zit.: Prölss/Martin, VVG

PRÖLSS, Jürgen
ARMBRÜSTER, Christian — „Europäisierung des deutschen Privatversicherungsrechts (Schluß)", Deutsche Zeitschrift für Wirtschafts-recht, 1993, S.449 – 459
Zit.: Prölss/Armbrüster, DZWir 1993

RABE, Thomas — „Liberalisierung und Deregulierung im Europäischen Binnenmarkt für Versicherungen", Diss., Universität Köln 1995

RAUSCHER, Thomas — „Internationales und europäisches Zivilverfahrensrecht", Heidelberg 1999

REDEKER, Helmut — „Geschäftsabwicklung mit externen Rechnern im Bildschirmtextdienst", Neue Juristische Wochenschrift, 1984, S.2390 – 2394

REITHMANN, Christoph
MARTINY, Dieter — „Internationales Privatrecht, Das internationale Privatrecht der Schuldverträge", 5. Aufl., Köln 1996

REUSCH, Peter	„Schriftformerfordernisse beim Abschluss von Versicherungsverträgen über das Internet“, Neue Zeitschrift für Versicherung und Recht, 1999, S.110 – 118
RGKR	Reichsgerichtsräte-Kommentar zum Bürgerlichen Gesetzbuch, 12. Aufl., Berlin, New York 1982 Zit.: RGKR/Bearbeiter
RICHTER, Achim	„Das EWG-Übereinkommen über die gerichtliche Zuständigkeit und die Vollstreckung in Zivil- und Handelssachen aus versicherungsrechtlicher Sicht“, Versicherungsrecht, 1978, S.801 – 805
RÖMER, Wolfgang LANGHEID, Theo	Kommentar zum Versicherungsvertragsgesetz,München 1997 Zit.: Römer/Langheid, VVG
ROTH, Wulf-Henning	„Das Allgemeininteresse im europäischen Internationalen Versicherungsvertragsrecht“, Versicherungsrecht, 1993, S.129 – 139 Zit.: Roth, VersR 1993
ROTH, Wulf-Henning	„Verbraucherschutz über die Grenze“, Recht der internationalen Wirtschaft, 1994, S.275 – 278 Zit.: Roth, RIW 1994
ROTT, Peter	„Rechtsprechungsüberblick zu Verträgen im Internet“, Verbraucher und Recht, 1999, S.405 – 409
RUDOLF, Bernhard	„Assekuranz muss beim Online-Verkauf nachlegen“, Versicherungsmagazin, 03/2000, S.34

RÜßMANN, Helmut	„Verbraucherschutz im Internet", Kommunikation & Recht, 1998, S.129 – 137
SANDL, Ulrich	„Wirtschaftspolitische Bedeutung digitaler Signaturen", Computer und Recht, 2000, S.319 – 324
SCHACK, Haimo	„Internationales Zivilverfahrensrecht", 2. Aufl., München 1996
SCHAFFLAND, H.-J. WILTFANG, Noeme	Kommentar zum Bundesdatenschutzgesetz, Berlin 1977
SCHERER, Josef BUTT, Marc Eric	„Rechtsprobleme bei Vertragsschluss via Internet", Der Betrieb, 2000, S.1009 – 1016.
SCHIMIKOWSKI, Peter	„Verbraucherinformation – Einbeziehung von AVB und Abschluß des Versicherungsvertrags", Recht und Schaden, 1998, S.1 – 7
SCHLOSSER, Peter F.	„EuGVÜ: Europäisches Gerichtsstands- und Vollstreckungsübereinkommen mit Luganer Übereinkommen und den Haager Übereinkommen über Zustellung und Beweisaufnahme", München 1996
SCHNEIDER, Jochen	„Handbuch des EDV-Rechts", 2. Aufl., Köln 1997
SCHNYDER, Anton K.	„Internationale Versicherungsaufsicht zwischen Kollisionsrecht und Wirtschaftsrecht", Tübingen 1989
SCHÖFFSKI, Oliver SAMUSCH, Timon	„Das Internet – Grundlagen und Nutzungsmöglichkeiten in der Versicherungswirtschaft", Zeitschrift für die gesamte Versicherungswissenschaft, 1997, S.171 – 210

SCHIRMER, Helmut — „Änderungen des VVG nach der Deregulierung mit den Schwerpunkten: Abschluß des Versicherungsvertrages und Einbeziehung von AVB", Versicherungsrecht, 1996, S.1045 – 1056

SIMITIS, Spiros
DAMMANN, Ulrich
GEIGER, Hansjörg
MALLMANN, Otto
WALZ, Stefan — Kommentar zum Bundesdatenschutzgesetz, 4. Aufl., Baden-Baden 1992

SKUDLIK, Reinhard M. — „Vertriebs-Aufsicht nach Art der Briten: Schreckens-Szenario für den Vertrieb oder bald Realität in Deutschland?", Versicherungswirtschaft, 1996, S.1638 – 1641

SMITH, Kenneth
KEENAN, Denis — „English Law", 12th ed., London 1998

SOERGEL, Hans Theodor — Kommentar zum Bürgerlichen Gesetzbuch, Band 1, 12. Aufl., Stuttgart, Berlin, Köln, Mainz 1987; Band 10, 12. Aufl., Stuttgart, Berlin, Köln 1996
Zit.: Soergel/Bearbeiter

SONNENBERGER, Hans J. — „Die Umsetzung kollisionsrechtlicher Regelungsgebote in EG-Richtlinien", Zeitschrift für europäisches Privatrecht, 1996, S.382 – 398
Zit.: Sonnenberger, ZEuP 1996

SONNENBERGER, Hans J. — „Die Eingriffsnorm: ein internationalprivatrechtliches skandalon? Beobachtungen und Betrachtungen", Festschrift für Wolfgang Fikentscher zum 70. Geburtstag, Tübingen 1998
Zit.: Sonnenberger, FS Fikentscher

STAUDINGER, Julius von — Kommentar zum Bürgerlichen Gesetzbuch, 1. Buch: §§ 134 – 163, 13. Bearbeitung, Berlin 1996
Zit.: Staudinger/Bearbeiter

STAUDINGER, Julius von — Kommentar zum Gesetz zur Regelung des Rechts der Allgemeinen Geschäftsbedingungen, 13. Bearbeitung, Berlin 1998
Zit.: Staudinger/Bearbeiter, AGBG

TETTENBORN, Alexander — „Europäischer Rechtsrahmen für den elektronischen Geschäftsverkehr", Kommunikation und Recht, 1999, S.252 – 258
Zit.: Tettenborn, K&R 1999

TETTENBORN, Alexander — „E-Commerce-Richtlinie: Politische Einigung in Brüssel erzielt", Kommunikation und Recht, 2000, S.59 – 63
Zit.: Tettenborn, K&R 2000

THOMAS, Heinz; PUTZO, Hans — Kommentar zur Zivilprozessordnung, 21. Aufl., München 1998

ULMER, Peter; BRANDNER, Hans Erich; HENSEN, Hans-Diether — „AGB-Gesetz", Kommentar, 7. Aufl., Köln, 1993
Zit.: Ulmer/Brandner/Hensen, AGBG

ULMER, Peter; HÜBNER, Ulrich — „Das Recht der Allgemeinen Geschäftsbedingungen nach der Umsetzung der EG-Richtlinie über missbräuchliche Klauseln in Verbraucherverträgen", Karlsruher Forum 1997, Schriftenreihe der Zeitschrift Versicherungsrecht (VersR), Heft 3, Karlsruhe 1998
Zit.: Ulmer/Hübner

ULTSCH, Michael L. — „Zugangsprobleme bei elektronischen Willenserklärungen", Neue Juristische Wochenschrift, 1997, S.3007 – 3009

VALLONI, Lucien William — "Der Gerichtsstand des Erfüllungsortes nach Lugano- und Brüsseler-Übereinkommen", Diss., Universität Zürich 1998

VON CRIEGERN, Ulrike — „Die Bedeutung der Dritten Schaden-richtlinie unter aufsichtsrechtlichen Gesichtspunkten für die Dienstleistungsfreiheit der Versicherungsunternehmen in dem Binnenmarkt", Diss., Universität Hamburg 1996

WAGNER, Rolf — „Verfahrens- und internationalprivatrechtliche Fragen beim Teleshopping", Wertpapiermitteilungen, Zeitschrift für Wirtschafts- und Bankrecht, 1995, S.1129 – 1137

WALDENBERGER, Arthur — „Grenzen des Verbraucherschutzes beim Abschluß von Verträgen im Internet", Betriebs-Berater, 1996, S.2365 - 2371
Zit.: Waldenberger, BB 1996

WALDENBERGER, Arthur — „Electronic Commerce: der Richtlinienvorschlag der EG-Kommission", Europäische Zeitschrift für Wirtschaftsrecht, 1999, S.296 – 303
Zit.: Waldenberger, EuZW 1999

WALKER, Ronald J.
WARD, Richard — „Walker & Walker's English Legal System, 7th ed., London 1994

WASNER, Peter — „Die deutsche und britische Lebensversicherung", Karlsruhe 1992, zugl. Diss. Universität München, 1991

WANDT, Manfred — „Verbraucherinformation und Vertragsschluß nach neuem Recht – Dogmatische Einordnung und praktische Handhabung - “, Münsteraner Reihe, Band 24, Karlsruhe 1995

WERBER, Manfred — „'Best Advice' und die Sachwalterhaftung des Versicherungsmaklers, Versicherungsrecht, 1992, S.917 - 923

WERLE, Franz-Josef — „Freier Dienstleistungsverkehr in Europa“, Versicherungsrundschau, Ausgabe 4, 1996, S.62 – 69

WIESGICKL, Margareta — „Rechtliche Aspekte des Online-Banking“, Wertpapier-Mitteilungen, Zeitschrift für Wirtschafts- und Bankrecht, 2000, S.1039 – 1050

WILMOWSKY, Peter von — „Der internationale Verbrauchervertrag im EG-Binnenmarkt“, Zeitschrift für europäisches Privatrecht, 1995, S.735 – 768

WINTER, Gerrit — „Erfordernis vormundschaftsgerichtlicher Genehmigung bei Lebensversicherungsverträgen Minderjähriger?“, Zeitschrift für die gesamte Versicherungswissenschaft, 66. Band, 1977, S.145 - 168

WINTER, Gerrit — „Ausgewählte Fragen der Lebensversicherung“, Zeitschrift für die gesamte Versicherungswissenschaft, 80. Band, 1991, S.203 – 232

WOLF, Manfred
HORN, Norbert
LINDACHER, Walter F. — Kommentar zum AGB-Gesetz, Gesetz zur Regelung des Rechts der Allgemeinen Geschäftsbedingungen, 4. Aufl., München 1999

VERSICHERUNGSRECHTLICHE STUDIEN

Herausgegeben von Prof. Dr. Gerrit Winter

Band 1 Maximilian Teichler: Berufshaftpflichtversicherungen. Eine Untersuchung der Berufshaftpflicht, ihrer Versicherung und deren Beziehung zueinander am Beispiel der Rechtsanwälte, Ärzte und Architekten in Deutschland. 1985.

Band 2 Burkhard Messerschmidt: Hinweis- und Belehrungspflichten des Versicherers. 1986.

Band 3 Chao-Kuo Chiang: Das Interesse im Seeversicherungsrecht. 1986.

Band 4 Michael Grebe: Die vorläufige Deckungszusage unter besonderer Berücksichtigung ihrer Handhabung in der Lebensversicherung. 1987.

Band 5 Harald Zeller: Die Deckung von Haftpflicht-Risiken im Rahmen der Seekaskoversicherung. 1987.

Band 6 Annemarie Bender: Die Rechtsproblematik der Wartezeiten in der Privatversicherung unter besonderer Berücksichtigung der Rechtsschutzversicherung. 1988.

Band 7 Gerd Kühborth: Die Obliegenheiten des Versicherungsnehmers in der Rechtsschutzversicherung beim und nach dem Eintritt eines Versicherungsfalles. 1988.

Band 8 Peter Caninenberg: Die Sportveranstaltungsausfallversicherung. 1988.

Band 9 Carsten Meyer: Der Rückkaufswert in der Lebensversicherung. Eine Untersuchung aktueller Kritik an dem Recht des Lebensversicherungsvertrages unter Berücksichtigung des AGB-Gesetzes und des Aufsichtsrechts. 1989.

Band 10 Heike Schwesinger: Versorgungsausgleich und berufsständische Versorgungswerke. 1989.

Band 11 Jens Fortmann: Die Investitionsgüterkreditversicherung. 1989.

Band 12 Hans Wille: Bedingungs- und satzungsgemäße Privilegien öffentlich-rechtlicher "Wettbewerbsanstalten" in der Gebäude-Feuerversicherung. Eine Untersuchung zum BGB, VVG, AGBG, GWB (UWG) und EWGV unter kritischer Berücksichtigung alter und neuer deutscher sowie supranationaler Judikatur. 1990.

Band 13 Ulrich Joseph: Lebensversicherung und Abtretung. 1990.

Band 14 Udo Hansen: Beweislast und Beweiswürdigung im Versicherungsrecht. 1990.

Band 15 Uwe Hamann: Die Rückdeckungsversicherung aus zivil-, versicherungs- und arbeitsrechtlicher Sicht. 1991.

Band 16 Hans-Eckhard Tribess: Die Leistungsfreiheit des Versicherers aus § 67 Abs. 1 Satz 3 VVG im Falle des Vorausverzichtes. 1991.

Band 17 Regina Testorf: Gewerbliche Schmuckversicherungen. 1991.

Band 18 Dieter Armbrust: Subsidiaritätsabreden in Versicherungsverträgen. 1991.

Band 19 Cornelia Thies: Die Auswirkungen von AIDS im Privatversicherungsrecht. Eine Untersuchung über AIDS-spezifische Probleme im Kranken-, Lebens- und Haftpflichtversicherungsrecht. 1991.

Band 20 Utz Meyer-Reim: Die Elektronik-Versicherung. Sachversicherung von Fernmelde- und sonstigen elektrotechnischen Anlagen. 1992.

Band 21 Thorsten Hinnekeuser: Der Versicherungsfall in der Bauleistungsversicherung. 1992.

Band 22 Christian Luckey: Mündliche Nebenabreden zu Allgemeinen Versicherungsbedingungen. 1992.

Band 23 Jürgen Möhle: Die Haftpflichtversicherung im Heilwesen. Eine Studie über die versicherungsrechtliche Deckung medizinischer Haftpflichtschäden. 1992.

Band 24 Torsten Busch: Genußkapital als Eigenmittel von Versicherungsunternehmen. 1992.

Band 25 Ulrich Möhrle: Verhaltensabhängige Risikobeschränkungen in der Gewässerschadenhaftpflichtversicherung. 1993.

Band 26 Paul Wollny: Die Directors' and Officers' Liability Insurance in den Vereinigten Staaten von Amerika (D&O-Versicherung). Vorbild für eine Aufsichtsratshaftpflichtversicherung in Deutschland? 1993.

Band 27 Jan Dreyer: Die Reiserücktrittskostenversicherung. 1993.

Band 28 Robert Nehrer: Entwendung und Entwendungsfolgeschäden in der Kraftfahrzeugkaskoversicherung. 1994.

Band 29 Jürgen Sackhoff: Die Anzeige-, Auskunfts- und Belegpflicht des Versicherungsnehmers nach Eintritt des Versicherungsfalles. Eine rechtsvergleichende Untersuchung unter besonderer Berücksichtigung des Richtlinienentwurfes zur Harmonisierung des Versicherungsvertragsrechts. Zugleich ein Beitrag zur Relevanzrechtsprechung des Bundesgerichtshofes. 1994.

Band 30 Anne Heidelbach: Der kleinere Versicherungsverein auf Gegenseitigkeit unter besonderer Berücksichtigung der gesellschaftsrechtlichen Probleme. 1994.

Band 31 Claudius Mann: Die zeitliche Beschränkung des Versicherungsschutzes in der Rechtsschutzversicherung. 1994.

Band 32 Martin Dietrich: Produktbeobachtungspflicht und Schadenverhütungspflicht der Produzenten. 1994.

Band 33 Barbara Halser: Die versicherte Gefahr und der Versicherungsfall in der Industrie-Straf-Rechtsschutzversicherung. 1994.

Band 34 Hans von Gehlen: Die Beeinflussung des Versicherungsfalls durch den Versicherungsnehmer in der Rechtsschutzversicherung. 1995.

Band 35 Thomas Adler: Das Tagegeld in der Krankenversicherung als Schadens- oder Summenversicherung. 1995.

Band 36 Achim Gmilkowsky: Die Produkthaftung für Umweltschäden und ihre Deckung durch die Produkthaftpflichtversicherung. 1995.

Band 37 Jens Hilgenhövel: Die gewohnheitsrechtliche Erfüllungshaftung des Versicherers für Auskünfte seiner Agenten. 1995.

Band 38 Wiebke Heinrich: Das Sachverständigenverfahren im Privatversicherungsrecht. 1996.

Band 39 Arnt Vespermann: Staatshaftung im Versicherungswesen. 1996.

Band 40 Hubertus W. Labes: Schiedsgerichtsvereinbarungen in Rückversicherungsverträgen. 1996.

Band 41 John Benjamin Schroeder: Die Kriegsgefahr im deutschen Versicherungsrecht. 1996.

Band 42 Hilke Wesselhöft: Datenschutz im Versicherungswesen. 1996.

Band 43 Klaus C. Kossen: Die Kautionsversicherung. 1996.

Band 44 Cord Imelmann: Versicherungsaufsichtsrechtliche Fragen der Allfinanzkonzeption. 1996.

Band 45 Marcus Lüpke: Versicherungsschutz bei behördlicher Inanspruchnahme zur Altlastsanierung. 1996.

Band 46 Bettina Kagelmacher: Die Beschränkungen der Privatversicherungsfreiheit im Hinblick auf das Allgemeininteresse sowie auf Rechte Dritter. Die Grenzen der Versicherbarkeit widerrechtlichen Verhaltens. 1997.

Band 47 Moritz Mittelbach: Die Verdienstausfallversicherung für See- und Binnenschiffe. 1997.

Band 48 Marc-Alexander Lüth: Rechtsberatung durch den Rechtsschutzversicherer. 1997.

Band 49 Ulf Liebelt-Westphal: Schadenverhütung und Versicherungsvertragsrecht. Schadenverhütung durch die Gestaltung des Versicherungsvertrages (Risikobeschreibung, Ausschluß von Risiken und Auferlegung von Obliegenheiten). 1997.

Band 50 Katrein Schneider: Die Feuer-Betriebsunterbrechungsversicherung. 1997.

Band 51 Hubertus Wegmann: Obliegenheiten in der Privaten Krankenversicherung. 1997.

Band 52 Sven Schubert: Das Sachverständigenverfahren im Seeversicherungsrecht. 1998.

Band 53 Horst Suhren: Alte und neue Informationspflichten des Rechtsschutzversicherers. 1998.

Band 54 Bianca Müller: Verbraucherschutz durch das Bundesaufsichtsamt für das Versicherungswesen. 1998.

Band 55 Thorsten Haeberlin: Der aktuelle Stand des Versicherungsnehmerschutzes im englischen und deutschen Versicherungsvertragsrecht vor dem Hintergrund der jüngsten EG-Rechtsentwicklung. 1998.

Band 56 Thorsten Meinert: Das Bereicherungsverbot im deutschen Seeversicherungsrecht. Mit einem Exkurs zum Entschädigungsprinzip im englischen Seeversicherungsrecht. 1998.

Band 57 Annette Wenckstern: Die Haftung bei der Arzneimittelprüfung und die Probandenversicherung. Haftungsersetzung durch Versicherungsschutz. 1999.

Band 58 Jan-Uwe Hungar: Die Rechtsstellung des Schiffshypothekengläubigers im Versicherungsfall. 1999.

Band 59 Torsten Stade: Die Kaskoversicherung für Luftfahrzeuge. 1999.

Band 60 Michael Rudolf Fischer: Versicherungsaufsichtsrecht und öffentliches Übernahmeangebot. 1999.

Band 61 Jill Bohnhorst: Gentechnologie in der Haftpflichtversicherung. 1999.

Band 62 Nils Abram: Die Berufshaftpflichtversicherung für Versicherungsvermittler. 2000.

Band 63 Carsten Hoppmann: Vorstandskontrolle im Versicherungsverein auf Gegenseitigkeit. 2000.

Band 64 Georg Lange: Die Reparaturkostenversicherung. 2000.

Band 65 Nikolas Streuf: Der Vertragsschluss mit einem englischen Versicherer via Internet. 2002.

Band 66 Jan Philipp Tietjen: Die Versicherungsdauer in der (See-)Güterversicherung nach den Grundsätzen der Haus-zu-Haus-Klausel. 2002.

Band 67 Axel Wehling: Schutz innovativer Versicherungsdienstleistungen. 2002.

Kolibri 360 GmbH
Ferdinand-Jühlke-Straße 7
99095 Erfurt, Deutschland
produktsicherheit@kolibri360.de

Druck:
CPI Druckdienstleistungen GmbH
im Auftrag der
Kolibri 360 GmbH
Ferdinand-Jühlke-Str. 7
99095 Erfurt